# 城乡融合与区域协调发展

## 2024年浙江省县域高质量发展报告

浙江省发展规划研究院 编著

中国发展出版社
CHINA DEVELOPMENT PRESS

**图书在版编目（CIP）数据**

城乡融合与区域协调发展：2024年浙江省县域高质量发展报告 / 浙江省发展规划研究院编著 . -- 北京：中国发展出版社，2024.10（2024.11重印）. -- ISBN 978-7-5177-1430-9

Ⅰ. F127.554

中国国家版本馆 CIP 数据核字第 2024XK2346 号

书　　　　名：城乡融合与区域协调发展：2024年浙江省县域高质量发展报告

著作责任者：浙江省发展规划研究院

责 任 编 辑：张　楠

出 版 发 行：中国发展出版社

联 系 地 址：北京经济技术开发区荣华中路 22 号亦城财富中心 1 号楼 8 层（100176）

标 准 书 号：ISBN 978-7-5177-1430-9

经 　销 　者：各地新华书店

印 　刷 　者：北京博海升彩色印刷有限公司

开　　　　本：710mm×1000mm　1/16

印　　　　张：15.5

字　　　　数：250 千字

版　　　　次：2024 年 10 月第 1 版

印　　　　次：2024 年 11 月第 2 次印刷

定　　　　价：58.00 元

联 系 电 话：（010）68990635　68990625

购 书 热 线：（010）68990682　68990686

网 络 订 购：http://zgfzcbs.tmall.com

网 购 电 话：（010）88333349　68990639

本 社 网 址：http://www.develpress.com

电 子 邮 件：814700996@qq.com

# 《城乡融合与区域协调发展：2024年浙江省县域高质量发展报告》编委会

# 前　言

进一步发挥浙江的城乡协调发展优势，加快推进城乡一体化是"八八战略"的重要内容。2005年1月，浙江省委、省政府印发《浙江省统筹城乡发展推进城乡一体化纲要》，吹响了浙江统筹城乡经济社会发展、加快农业农村现代化建设步伐的号角。近20年来，浙江省一张蓝图绘到底，努力探索贯彻新发展理念、促进城乡区域协调、全面推进乡村振兴的科学路径，走出了一条城乡互促、山海共进的均衡之道，涌现出"千万工程""山海协作"等一批与时俱进的典型经验。

浙江省发展规划研究院作为省委、省政府确定的5家省级高端智库建设试点单位之一，锚定"全国一流、全球视野"，积极打造具有全国影响力的综合性智库。自2019年起，我院已连续5年与浙江省委宣传部、浙江省社会科学界联合会、浙江日报报业集团联合举办浙江省高质量发展智库研讨会，并发布浙江省县域高质量发展报告。2024年浙江省县域高质量发展报告主题为"城乡融合与区域协调发展"，旨在总结浙江省城乡与区域协调发展做法成效，为经济社会高质量发展提供浙江经验、贡献浙江智慧。

《城乡融合与区域协调发展：2024年浙江省县域高质量发展报告》分为3篇。"研究篇"延续往年开展的浙江省县域高质量发展评价，主要变化是对37个市辖区和53个县（市）分开评价，分别形成县域高质量发展指数榜单；同时还聚焦年度主题，创新开展省域城乡区域协调评价，首度形成了基于省域比较的城乡区域协调指数。"专题篇"收录了浙江省发展规划研究院近年来有关城乡与区域协调方面主要成果，围绕缩小"三大差距"、推进农业转移人口市民化、推动县域融入都市圈经济、提升县城承载能力、构建高品质物流体系、优化开放布局、完善生态保护补偿机制、高铁站区综合开发等重点领域、特色领域，展现浙江省促进城乡区域协调发展、实现县域高质量发展的做法、经验及下一步的考虑。"案例篇"在调研基础上结合公开报道，按照"城乡融合类"与"区域协调类"两个方向，各遴选出12个县域典型案例。

打造"城乡区域协调发展引领区"，是浙江高质量发展建设共同富裕示范区的四大战略定位之一。2023年，国家15个部委联合下发《关于支持浙江率先实现城乡融合发展的意见》，对浙江城乡融合工作提出"率先实现"的新定位。如何通过高质量发展解决城乡间、区域间不平衡不充分问题始终是一个关键命题，下一步我们将继续深入开展浙江县域高质量发展研究，破解城乡区域协调发展之问，为浙江实现中国式现代化先行贡献智库力量！

浙江省发展规划研究院党组书记、院长

吴红梅

2024年10月

# 目　录

## • 案例篇

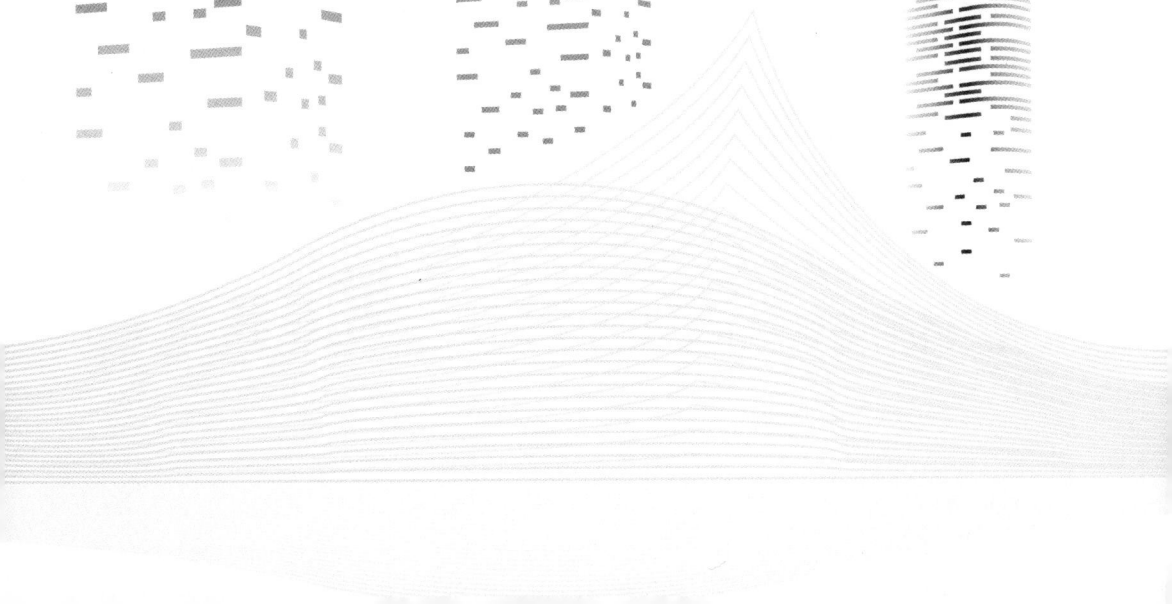

研究篇

# 第一章

## 2024 年浙江省县域高质量发展评价报告

县域是国家治理体系的重要一环，县域的繁荣和稳定是经济社会高质量发展的基础。2024 年，浙江省紧扣"中国式现代化的先行者"新定位和"奋力谱写中国式现代化浙江新篇章"新使命，忠实践行"八八战略"，坚决扛起共同富裕示范区建设政治责任，以新发展理念为指引，以山区海岛县为重要抓手，量身定制"一县一策"、做强做优"一县一业"，出台一系列超常规政策，持续推动县域高质量发展。

### 一、浙江省县域高质量发展的阶段特征

#### （一）新质生产力为县域高质量发展注入动力

发展新质生产力是推动高质量发展的内在要求和重要着力点。新质生产力所蕴含的关键性技术创新，能够促进传统产业升级，可以推动战略性新兴产业、未来产业的形成和发展。县域是产业经济的重要载体，产业经济占比重、覆盖面广，全国百强县的工业增加值总和已经超过粤、苏、浙、鲁等经济强省。同时，县域产业经济尤其是市辖区以外的县（市），面临整体层次不高、资源要素短缺等问题，亟须新质生产力的赋能。县域高质量发展，推动县域成为人才、教育、技术等先进生产要素的集聚空间，培育创新主体，提高创新能力，加强产研融合，有助于从根本上推动县域增长模式的转型和经济效益的提升，在高质量增长中实现强县和富民的统一。

### （二）新型城镇化为县域高质量发展带来机遇

新型城镇化是解决农业、农村、农民问题的重要途径，是推动区域协调发展的有力支撑，是扩大内需和促进产业升级的重要抓手。县域内部连接城乡、外部连接周边城市群和都市圈，具有吸纳人口、保障民生、辐射乡村的重要作用，在中国特色新型城镇化战略体系中地位突出。2023 年，浙江省 53 个县（市）常住人口城镇化率均值为 64.4%，较 37 个市辖区均值低 14.8 个百分点、较全省低 9.8 个百分点，县域城镇化潜力巨大、任务艰巨。以县域为载体积极推动新型城镇化建设，统筹城乡融合与区域协调，创新人口、土地、资金、公共服务等重点领域的体制机制改革，促进产业升级、人口集聚、城镇发展良性互动，更好满足人民群众对美好生活的期待。

### （三）高水平开放为县域高质量发展打开空间

开放一直是浙江经济的活力所在。改革开放以来，一批县域在外向型经济壮大的过程中快速发展，义乌、萧山、北仑等开放大县（区）涌现，温商、甬商声名在外。习近平总书记强调，以开放促改革、促发展是我国现代化建设不断取得新成就的重要法宝[1]。在全球贸易新格局下，一方面，传统商品、要素、服务流动的开放，对县域经济增长的驱动明显放缓；另一方面，跨境电商、海外仓、市场采购等新业态新模式，为县域开放开辟新路径和新市场。浙江省县域高质量发展，必须推动更高能级、更高水平的开放，积极主动融入全球经济和全国市场，在重塑"地瓜经济"优势中，增强县域发展的空间和韧劲。

### （四）共同富裕先行为县域高质量发展赢得优势

在全国层面，浙江省县域高质量发展水平十分突出。根据壹城经济咨询中心发布的《中国县域高质量发展报告 2023》，浙江共 21 个县（市）进入全国百强；新华社中国经济信息社与财经城市研究院组建中国县域高质量发展

---

[1] 《积极参与世界贸易组织改革 提高驾驭高水平对外开放能力》，《人民日报》2023 年 9 月 28 日第 1 版。

指数研究课题组，发布的《2023 中国县域高质量发展指数报告》显示，浙江共 22 个县（市）进入全国百强。在这两个榜单里，浙江省上榜县（市）数量均位居全国第二，仅比第一名的江苏省少 1~2 个，明显缩小了按 GDP 单维度评价时的差距。其中，浙江在共同富裕方面的优势发挥了巨大作用。

2023 年浙江全省居民人均可支配收入为 63830 元，有 44 个县（市）进入全国"百富榜"，数量位居全国第一且遥遥领先；义乌市居民人均可支配收入达到 83954 元，是全国唯一超过 8 万元的县（市）[①]。浙江省高质量发展建设共同富裕示范区以来，"三大差距"[②]进一步缩小，2023 年全省城乡居民人均可支配收入倍差为 1.86，地区人均可支配收入最高最低倍差为 1.56[③]，在全国省级行政区中处于领先位置。习近平总书记强调，要把县域作为城乡融合发展的重要切入点，推进空间布局、产业发展、基础设施等县域统筹，把城乡关系摆布好处理好，一体设计、一并推进[④]。浙江省要充分利用好共同富裕基础扎实、先行探索的优势，发挥出县域连接城市、服务乡村的作用，促进城乡互补、区域互融、共同繁荣。

## 二、浙江省县域高质量发展的评价体系

### （一）评价对象

以浙江省 90 个县级行政区为研究对象，包括 37 个市辖区和 53 个县（市）。考虑到在实际发展中，市辖区和县（市）无论是发展资源还是发展水平均存在差异，一同评价会凸显市辖区的发展程度，而掩盖县（市）的追赶速度和特色优势。因此本研究在对 90 个县级行政区高质量发展情况作整体画像的基础上，对 37 个市辖区和 53 个县（市）分开评价，更好展现浙江省县域高质量发展的水平和成效。

---

① 资料来源：《中郡研究所发布"2024 全国县域居民收入百富县"监测报告》，县域经济与县域发展公众号，2024 年 7 月 23 日。
② "三大差距"即城乡差距、区域差距、收入差距。
③ 资料来源：《2023 年浙江省国民经济和社会发展统计公报》。
④ 习近平：《坚持把解决好"三农"问题作为全党工作重中之重 举全党全社会之力推动乡村振兴》，《求是》2022 年第 7 期。

### （二）评价体系及指标选取

浙江省县域高质量发展评价已连续开展 5 年，评价体系紧紧围绕五大发展理念，由 1 个总指数和 6 个分指数构成。1 个总指数即县域高质量发展综合评价指数，是对浙江省县域整体高质量发展总体水平的综合评价；6 个分指数是综合质量效益指数、创新发展指数、协调发展指数、绿色发展指数、开放发展指数和共享发展指数。2024 年的评价继续在此体系框架下开展。

指标选取上，考虑到评价工作的延续性和可比性，评价指标基本与往年保持一致，按实际情况对个别指标略作调整。具体指标和调整原因如下。

#### 1. 综合质量效益指数

综合质量效益指数分为宏观、微观两个层面，主要从人均水平、工业效益、政府财力保障等方面，反映各县级行政区经济增长质量和效益情况。包括人均生产总值、全员劳动生产率、一般公共预算收入、一般公共预算收入与生产总值之比、规模以上工业增加值率5个指标。原"规上工业亩均税收"①因 2023 年数据暂不可得，移除。

#### 2. 创新发展指数

创新发展指数从创新投入、创新产出、创新主体、创新效率等层面，反映各县级行政区在推动科技创新方面的进展、新兴产业动能的发展和创新环境的优化。包括 R&D 经费支出占生产总值比重、每万人发明专利拥有量、高新技术产业增加值占工业增加值比重、每千家企业中科技型中小企业数、数字产业化和产业数字化指数 5 个指标。原"战略性新兴产业增加值占地区生产总值比重"因高新技术产业增加值占比可替代，移除。

#### 3. 协调发展指数

协调发展指数重点突出区域经济协调、城乡发展协调、经济社会协调。包括居民人均可支配收入与人均生产总值之比、城乡居民收入比、常住人口城镇化率、居民最低生活保障线以下人数与户籍人口数之比、人均一般性财政支出 5 个指标。与 2023 年报告保持一致。

---

① "规上工业"是"规模以上工业"的简称。

### 4. 绿色发展指数

绿色发展指数主要从环境质量提升、生态环境保护治理、能源利用效率等方面反映各县级行政区生态资源利用效率和生态环境保护水平。包括生态质量指数（EQI）、空气质量优良天数占比、单位GDP用电量3个指标。原"一般工业固体废物综合利用率"因2023年数据暂不可得，移除。原"单位能耗的税收贡献"由"单位GDP用电量"替代。

### 5. 开放发展指数

开放发展指数重点突出对外贸易、实际利用外资、人口流动和营商环境方面的进展与成效。包括进出口占全省比重、实际利用外资总额、区域人口净流入率、净增企业法人单位数占企业法人单位总数比重、政府和社会数字化水平指数5个指标。与2023年报告保持一致。

### 6. 共享发展指数

共享发展指数重点突出社会就业、社会事业、公共服务供给水平，充分体现发展成果更多更公平惠及全体人民。包括城镇新增就业人员、数字基础设施指数、平安指数、千人医疗机构床位数、千人医生数5个指标。原"城镇调查失业率"因2023年数据暂不可得，由"城镇新增就业人员"替代。

综上，2024年浙江省县域高质量发展评价指标体系共由6个一级指标、28个二级指标构成。

## （三）指标权重设置

研究认为五大发展理念各个维度相互贯通、相互促进，是具有内在联系的集合体，应"一视同仁、不可偏废"。因此，指标权重设置整体采用均权法，若出现无法平均分配分值的情况，对综合性较强的指标适当调高权重。

## （四）指标数据来源

对2023年浙江省县域高质量发展水平开展评价，数据来源主要是省市统计年鉴、统计公报，政府网站公开数据以及专业数据库等。具体指标、数据来源及权重如表1-1所示。

表 1-1　2024 年浙江省县域高质量发展评价指标体系及数据来源说明 [1]

| 序号 | 一级指标 | 二级指标 | 指标属性 | 数据来源 | 权重 [2]（%） |
|---|---|---|---|---|---|
| 1 | 综合质量效益 | 人均生产总值 | 正向指标 | 各县级行政区统计公报、"企业预警通"数据库 | 3.40 |
| 2 | | 全员劳动生产率 | 正向指标 | 省科技厅《浙江省县（市、区）科技进步统计监测报告》 | 3.40 |
| 3 | | 一般公共预算收入 | 正向指标 | 各县级行政区统计公报、"企业预警通"数据库 | 3.40 |
| 4 | | 一般公共预算收入与生产总值之比 | 正向指标 | 各县级行政区统计公报、"企业预警通"数据库 | 3.40 |
| 5 | | 规模以上工业增加值率 | 正向指标 | 各县级行政区统计公报 | 3.40 |
| 6 | 创新发展 | R&D 经费支出占生产总值比重 | 正向指标 | 各县级行政区统计公报、国民经济和社会发展计划执行情况 | 3.32 |
| 7 | | 每万人发明专利拥有量 | 正向指标 | 省市场监管管理局公布数据 | 3.32 |
| 8 | | 高新技术产业增加值占工业增加值比重 | 正向指标 | 省统计局《数据要情》 | 3.32 |
| 9 | | 每千家企业中科技型中小企业数 | 正向指标 | 省科技厅《2023 年度浙江省科技型中小企业备案名单》 | 3.32 |
| 10 | | 数字化产业和产业数字化指数 | 正向指标 | 省经信厅《浙江省数字经济发展综合评价报告》 | 3.32 |
| 11 | 协调发展 | 居民人均可支配收入与人均生产总值之比 | 正向指标 | 省统计局《数据要情》 | 3.32 |
| 12 | | 城乡居民收入比 | 逆向指标 | 省统计局《数据要情》 | 3.32 |
| 13 | | 常住人口城镇化率 | 正向指标 | 各地市人口主要数据公报 | 3.32 |
| 14 | | 居民最低生活保障线以下人数与户籍人口数之比 | 逆向指标 | 省统计年鉴 | 3.32 |
| 15 | | 人均一般性财政支出 | 正向指标 | 各县级行政区统计公报、"企业预警通"数据库 | 3.32 |

① 本书所有图表均为作者自制。
② 本表数据为四舍五入后的结果。

续表

| 序号 | 一级指标 | 二级指标 | 指标属性 | 数据来源 | 权重（%） |
|------|---------|---------|---------|---------|----------|
| 16 | 绿色发展 | 生态质量指数（EQI） | 正向指标 | 省生态厅《浙江省生态环境质量公报》 | 5.53 |
| 17 | | 空气质量优良天数占比 | 逆向指标 | 各地市生态环境质量公报，各县级行政区统计公报 | 5.53 |
| 18 | | 单位 GDP 用电量 | 正向指标 | 各设区市经济运行监测数据 | 5.53 |
| 19 | 开放发展 | 进出口占全省比重 | 正向指标 | 各县级行政区统计公报 | 3.32 |
| 20 | | 实际利用外资总额 | 正向指标 | 各县级行政区统计公报，"企业预警通"数据库 | 3.32 |
| 21 | | 区域人口净流入率 | 正向指标 | "企业预警通"数据库 | 3.32 |
| 22 | | 净增企业法人单位数占企业法人单位总数比重 | 正向指标 | "企查查"数据库 | 3.32 |
| 23 | 共享发展 | 政府和社会数字化水平指数 | 正向指标 | 省经信厅《浙江省数字经济发展综合评价报告》 | 3.32 |
| 24 | | 城镇新增就业人员 | 逆向指标 | 各县级行政区统计公报和省政府工作报告 | 3.32 |
| 25 | | 数字基础设施指数 | 正向指标 | 省经信厅《浙江省数字经济发展综合评价报告》 | 3.32 |
| 26 | | 平安指数 | 正向指标 | 根据省平安办发布的月度指数求均值 | 3.32 |
| 27 | | 千人医疗机构床位数 | 正向指标 | 各县级行政区统计公报 | 3.32 |
| 28 | | 千人医生数 | 正向指标 | 各县级行政区统计公报 | 3.32 |

## （五）指数计算方法

### 1. 数据处理

为保证各指标之间具有可比性、可靠性，对数据进行趋同化和标准化处理，公式为：

$$正向指标标准化值 =（实际值 - 最小值）/ 极差 \qquad （式1-1）$$

$$逆向指标标准化值 =（最大值 - 实际值）/ 极差 \qquad （式1-2）$$

其中，极差 = 最大值 - 最小值。

### 2. 评价方法

（1）计算二级指标评分

将各指标进行无量纲化处理后，按照正向指标、逆向指标分别计算单个指标评分，公式为：

$$正向指标评分 = 正向指标标准化值 \times 40 + 60 \qquad （式1-3）$$

$$逆向指标评分 = 逆向指标标准化值 \times 40 + 60 \qquad （式1-4）$$

（2）计算一级指标评分

分别计算县域综合质量效益、创新发展、协调发展、绿色发展、开放发展、共享发展 6 个一级指标的分项得分，公式为：

$$一级指标评分 = \sum（二级指标评分 \times 权重） \qquad （式1-5）$$

（3）计算综合指标评分

采用国际上通用的综合指数法进行指数合成，公式为：

$$高质量发展综合评分 = \sum（一级指标评分 \times 权重） \qquad （式1-6）$$

经过以上处理，所有指标均为正，并且取值范围在 [60，100]。

### 3. 特别说明

①指标生态质量指数（EQI）的原始数据为分类数据，即将生态质量类型分为"一类""二类""三类"等。为了将该指标转化为与其他指标可比的数值型数据，结合生态质量指数分类的依据，即：$EQI \geqslant 70$，生态质量等级为一类；$55 \leqslant EQI < 70$，生态质量等级为二类；$40 \leqslant EQI < 55$，生态质量等级为

三类。将生态质量属于一类的评级赋值为 70，二类的评级赋值为 55，三类的评级赋值为 40。

②由于杭州市上城区、拱墅区、西湖区、滨江区没有农村居民，城乡居民收入比数据采用全省的数据替代。

2023 年浙江省 90 个县级行政区高质量发展指数评价结果见附表一。

## 三、浙江省县域高质量发展的全景画像

### （一）浙江省县域高质量发展整体情况

#### 1. 县域高质量发展总体水平较高

2023 年，90 个县级行政区总指数的平均得分为 75.6 分。其中，绿色发展指数的平均得分相对较高，达 86.0 分；协调发展指数平均得分为 79.8 分；共享发展、创新发展两个指数平均得分较为接近，分别为 73.7 分、73.8 分；综合质量效益、开放发展的平均得分相对低些，分别为 70.5 分、70.1 分（见图 1-1）。

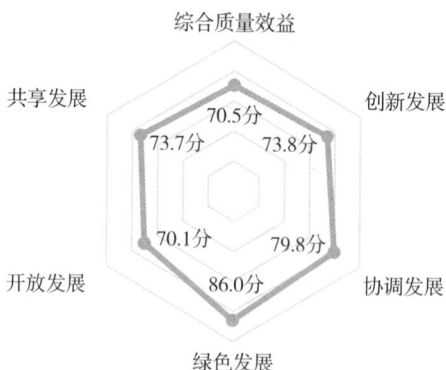

图 1-1　2023 年浙江省县域高质量发展各分项指数得分情况

#### 2. 县域间总指数得分差距小，个别维度得分出现分化

2023 年，90 个县级行政区高质量发展总指数标准差仅为 1.9，县域高质量

发展水平差距不大。具体看分维度指数，协调发展的县域差距最小，标准差为2.6；共享发展、综合质量效益、开放发展、创新发展 4 个维度的标准差分别为4.1、4.3、4.5、4.6；绿色发展得分差距相对最大，标准差达 8.8（见图 1-2）。

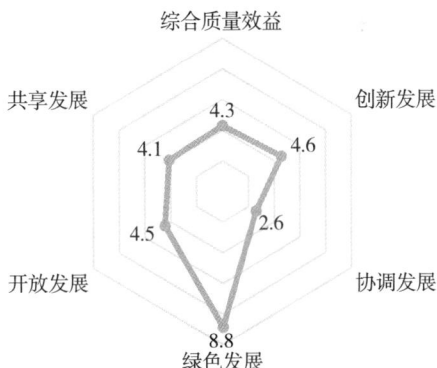

图 1-2　2023 年浙江省县域高质量发展各分项指数得分标准差

### 3. 37 个市辖区发展水平更高，53 个县（市）发展均衡性更好

从县域排名看，2023 年总指数平均得分排名前 10 位的，市辖区占有 8 席；前 30 位中，市辖区有 20 个，占比达 66.7%，整体高质量发展水平较高。

从得分差距看，2023 年 37 个市辖区总指数平均得分为 76.3 分，53 个县（市）平均得分为 75.1 分，均分差距不明显。而市辖区总指数得分的标准差为2.4，县（市）标准差仅为 1.2，县（市）高质量发展的均衡程度更高一些。

### （二）县域经济能级持续提升

#### 1. 七成县域综合质量效益水平有所上涨

对比 2022 年各县域综合质量效益指数评分，2023 年有 64 个县级行政区的得分有所增加，占比 71%。其中，衢江区、柯桥区分别有 5.7 分、3.0分的上涨；云和县、秀洲区、海宁市、金东区、乐清市、永康市得分增加超过 2 分（见图 1-3）。

（分）

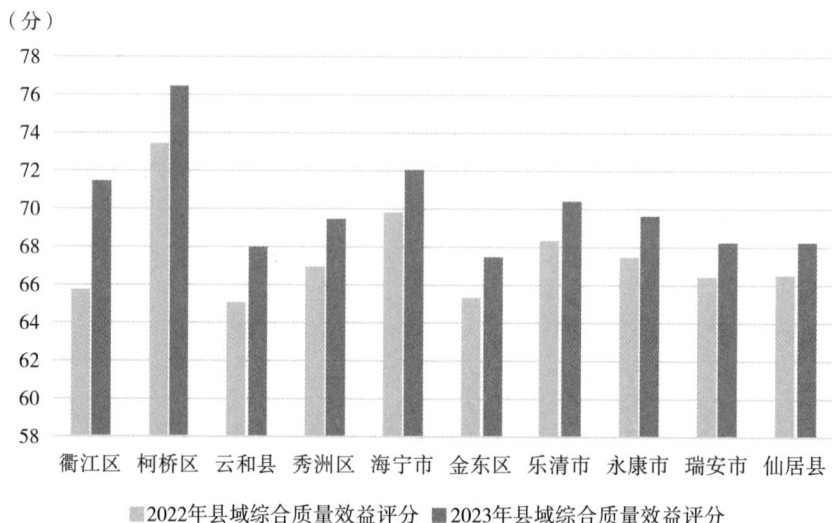

图1-3　2022—2023年综合质量效益指数得分增加前10位的县级行政区

### 2. 全省"千亿县"数量达 28 个、"准千亿县"7 个

2023 年，浙江省 GDP "千亿县"数量达 28 个，其中有 17 个市辖区、11 个县（市），超过 2000 亿元的有 11 个。"千亿县"实力雄厚，GDP 合计占全省比重达 60.3%，一般公共预算收入占全省比重达 63.6%。

若以 900 亿元 GDP 为标准线，富阳区、奉化区、吴兴区、龙湾区、江北区、嘉善县、秀洲区七地迈入"准千亿县"行列。其中，富阳区、奉化区GDP 超 960 亿元，人均生产总值分别高于平均水平 1.38 万元、4.04 万元。

### （三）县域创新实力不断增强

#### 1. 山区海岛县创新发展进步大

对比 2022 年各县域创新发展指标评分，2023 年超半数县级行政区的得分有所增加。尤其是山区海岛县，得分涨幅较为明显，在上涨前 10 位中占 7 席（见图 1-4）。看具体指标变化，90 个县级行政区每万人发明专利拥有量平均增加 8.1 件；有 56 个县级行政区 R&D 经费支出占生产总值比重增幅明显，85个县级行政区科技型中小企业数量增速高于全部企业数量的涨幅。

（分）

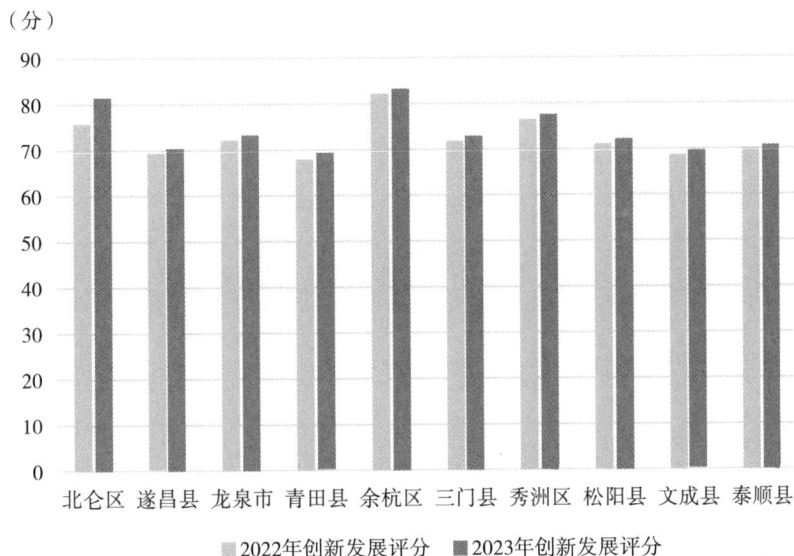

图 1-4　2022—2023 年创新发展指数得分增加前 10 位的县级行政区

**2. 县域创新模式各具特色**

各县域根据各自资源禀赋和科研条件，因地制宜推动新产业、新模式、新动能发展。如以滨江区、钱塘区、西湖区（市辖区创新发展评分前 3 名）等为代表的人工智能产业集聚、多点布局创新模式；新昌县（县市创新发展评分第 1 名）为代表的资源不足科技补、区位不足服务补、动力不足改革补的创新模式；德清县、嘉善县（县市创新发展评分分别为第 2 名、第 3 名）为代表的化区位优势为产业优势，积极融入长三角一体化发展战略的创新模式。

**（四）城乡和区域协调全国领先**

**1. 县域间协调发展水平相对均衡**

2023 年，90 个县级行政区协调发展的标准差在六大维度中最低，仅为2.6。对比 2022 年指数评分，55.6% 的县级行政区评分有小幅上涨；上涨幅度排名前 10 位中，市辖区数量较县（市）多（见图 1-5）。

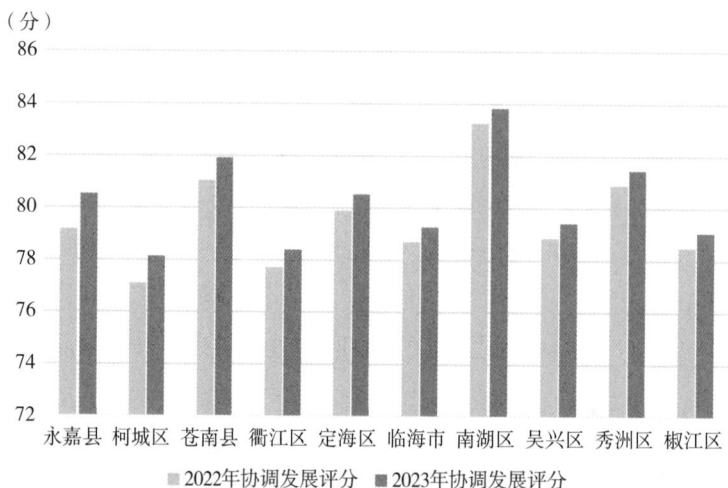

图 1-5　2022—2023 年协调发展指数得分增加前 10 位的县级行政区

**2. 城乡差距持续缩小，区域差距水平先进但有所反弹**

2023 年，浙江省城乡居民人均可支配收入倍差为 1.86，保持下降趋势。90 个县级行政区中，97.8% 的县域城乡收入比呈下降态势，其中柯城区、文成县、遂昌县的城乡收入比缩差最明显（见图 1-6）。2023 年浙江省地区人均可支配收入最高最低倍差为 1.56，保持全国领先水平。但 90 个县级行政区的人均生产总值、人均可支配收入标准差同比分别上涨 10.7 个百分点、5.1 个百分点，地区差距有所反弹。

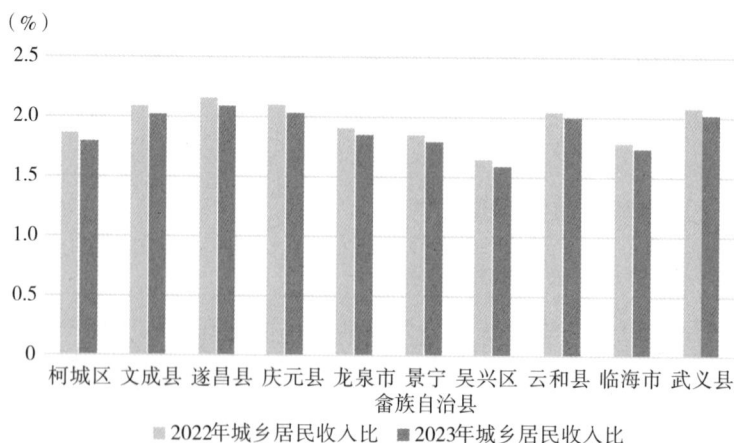

图 1-6　2022—2023 年城乡收入比缩差前 10 位的县级行政区

## （五）县域生态环境更加绿色

### 1. 工业强县绿色发展水平提升明显

对比 2022 年县域绿色发展指数评分，2023 年有 65 个县级行政区的得分提高，且排名前 10 的多为工业大县[①]（见图 1-7），如镇海区、上虞区提高超过 4 分，海盐县提高 3.7 分，绿色转型成效明显。从具体指标看，有 71 个县级行政区空气质量优良天数与 2022 年相比有增加或持平，42 个县级行政区生态质量指数达一类水平。随着"美丽浙江"建设持续推进，绿色成为浙江发展的底色。

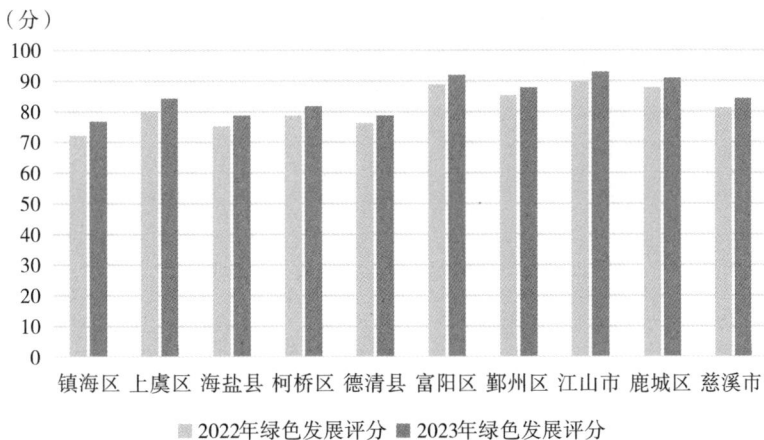

（分）

■ 2022年绿色发展评分 ■ 2023年绿色发展评分

**图 1-7　2022—2023 年绿色发展指数得分增加前 10 位的县级行政区**

### 2. 节能减排成效显著但还需加力

2023 年，浙江省万元 GDP 能耗为 0.4 吨标准煤，同比下降 3.5%[②]。有 46 个县级行政区单位 GDP 电耗有所降低，其中黄岩区单位 GDP 用电下降幅度最大，达 137.69 千瓦时 / 万元。但也有 44 个县级行政区单位 GDP 电耗不降反升，能耗双控任务承压前行。

---

① 根据浙江省制造业高质量发展（数字经济发展）领导小组划定，2023 年规上工业总产值 1000 亿元以上，或规上工业增加值 200 亿元以上，或规上工业企业数 1000 家以上为工业大县（市、区）。按此标准，镇海区、上虞区、海盐县、柯桥区、富阳区、鄞州区、慈溪市 7 个均为工业大县（市、区）。

② 资料来源：《用能更省 用电更绿》，《浙江日报》2024 年 5 月 14 日第 2 版。

**（六）县域对外开放力度不减**

**1. 主要开放指标受大环境影响较大**

对外贸易方面，2023 年，浙江省进出口总额达 4.90 万亿元，较上年增长 4.6%[①]。有 38 个县级行政区进出口占全省比重有所提高，46 个县级行政区实际利用外资额有所提升，成绩不易。受大环境影响，县域开放发展指数得分以持平、走低居多，仅文成县、瓯海区、浦江县、婺城区有所提高，鹿城区列第 5 位，分数与上年持平（见图 1-8）。

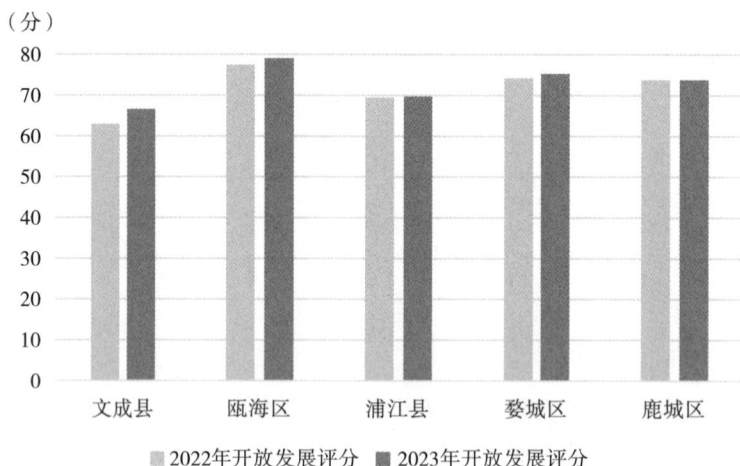

图 1-8　2022—2023 年开放发展指数得分增加前 5 位的县级行政区

营商环境方面，在营商环境"一号改革工程"牵引下，2023 年全省市场经营主体规模进一步扩大，有 69 个县级行政区的净增企业法人单位数占企业法人单位总数比重提高。

**2. "走出去"水平不断提高**

2023 年，义乌市持续推进国际贸易综合改革试点，全年出口总额 5005.7 亿元，同比增长 16%，开放发展指数得分保持第 1 名。萧山区 2023 年在全省率先发起外贸企业出海拓市"双百竞赛"行动，外贸出口 20 年蝉联杭州市第

---

① 资料来源：《2023 年浙江省国民经济和社会发展统计公报》。

1 名①，开放发展指数得分位列第 4 名。第 5 名的瓯海区抓住跨境电商发展红利，构建"平台＋产业＋体系"跨境电商生态，全区跨境电商经营企业超 3000 家。

### （七）县域品质生活更有温度

#### 1. 就业形势总体稳定，民生保障更加有力

对比 2022 年县域共享发展指数评分，2023 年有 59 个县级行政区得分增加，其中海宁市、富阳区增加超 2 分，嵊泗县、嘉善县、海曙区、临海市增加超 1.5 分（见图 1-9）。全年城镇新增就业 116.3 万人②，比上年增长 0.6%；90 个县级行政区平安指数得分平均增加 0.72 分，每千人医疗机构床位数平均增加 0.35 张，每千人拥有医生数平均增加 0.01 位。

（分）

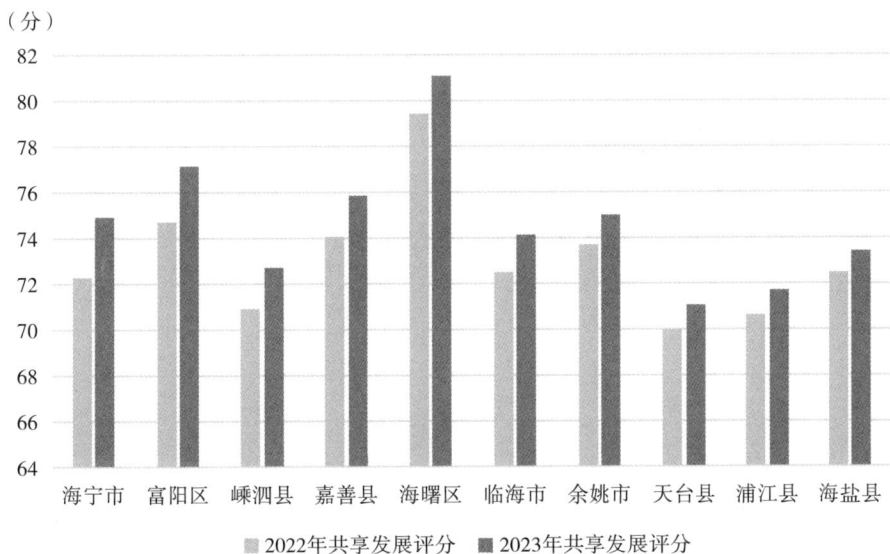

图 1-9　2022—2023 年共享发展指数得分增加前 10 位的县级行政区

#### 2. 53 个县（市）共享指数得分涨势优于 37 个市辖区

分市辖区和县（市）看，2023 年 37 个市辖区中，共享发展指数评分上涨

---

① 资料来源：《新春第一会！看萧山怎么拼！》，杭州政协网，2024 年 2 月 21 日。
② 资料来源：《2023 年浙江省国民经济和社会发展统计公报》。

的占51.4%；53个县（市）中，评分上涨的占77.4%，高于市辖区26个百分点。另外，70%的山区海岛县共享发展指数上涨情况也高于全省平均水平。

## 四、37个市辖区发展评价

### （一）高质量发展总指数评价

#### 1. 得分情况

2023年，37个市辖区高质量发展总指数得分，平均数和中位数均为76.3，标准差为2.4，与2022年基本持平。6个分维度指数中，绿色发展和协调发展表现较为突出，平均得分在80分以上；共享发展、创新发展、开放发展、综合质量效益的平均得分均为70~80分（见图1-10）。

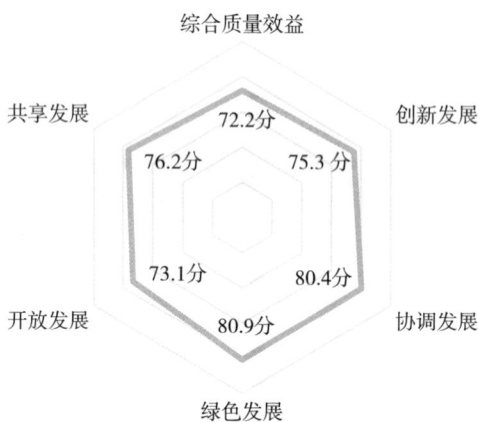

图1-10　2023年37个市辖区高质量发展各分项指数得分情况

#### 2. 排名和分布

地区排名方面，2023年滨江区的高质量发展总评分在37个市辖区中位居第1，得分为82.5分；其次为北仑区、余杭区和鄞州区，得分均超过80分；莲都区突围排名第7（见表1-2）。其余33个区的得分均在70分以上。

表 1-2　2023 年高质量发展总指数得分排名前 10 位的市辖区

| 排序 | 市辖区 | 所属地市 | 分值（分） |
|---|---|---|---|
| 1 | 滨江区 | 杭州市 | 82.5 |
| 2 | 北仑区 | 宁波市 | 81.2 |
| 3 | 余杭区 | 杭州市 | 80.3 |
| 4 | 鄞州区 | 宁波市 | 80.1 |
| 5 | 钱塘区 | 杭州市 | 79.4 |
| 6 | 西湖区 | 杭州市 | 79.1 |
| 7 | 莲都区 | 丽水市 | 78.7 |
| 8 | 瓯海区 | 温州市 | 77.9 |
| 9 | 萧山区 | 杭州市 | 77.7 |
| 10 | 临安区 | 杭州市 | 77.6 |

地域分布方面，2023 年得分排名前 20 位的市辖区中，杭州市、宁波市分别占 9 席和 6 席，数量占比达 75%（见图 1-11）。

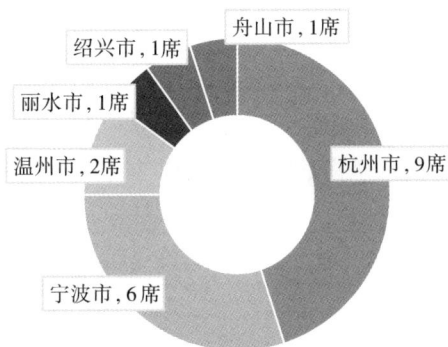

图 1-11　2023 年 37 个市辖区总指数平均得分排名前 20 位的地市分布图

**（二）综合质量效益发展指数评价**

**1. 得分情况**

2023 年，37 个市辖区的综合质量效益指数平均得分为 72.2 分，中位数为 71.4，标准差为 5.6，各区之间的综合质量效益差距明显。看 37 个市辖区综合质量效益具体指标均值，人均生产总值为 151839.7 元，同比增长 9.1%；一般公共预算收入为 115.8 亿元，同比增长 5.6%；一般公共预算收入与生产总值之比为 0.083，同比下降 2.1%；规模以上工业增加值率为 5.5%，同比增长 31.1%。

2. 排名和分布

2023 年，综合质量效益得分排名第 1 位的是北仑区，得分为 88.2 分；排名第 2 位和第 3 位的分别是滨江区和余杭区，得分分别为 87.4 分和 83.2 分（见表 1-3）。得分在 70 分到 80 分的共 18 个区，得分在 60 分到 70 分的共 16 个区。

表 1-3    2023 年综合质量效益指数得分排名前 10 位的市辖区

| 排序 | 市辖区 | 所属地市 | 分值（分） |
| --- | --- | --- | --- |
| 1 | 北仑区 | 宁波市 | 88.2 |
| 2 | 滨江区 | 杭州市 | 87.4 |
| 3 | 余杭区 | 杭州市 | 83.2 |
| 4 | 鄞州区 | 宁波市 | 78.4 |
| 5 | 萧山区 | 杭州市 | 77.8 |
| 6 | 镇海区 | 宁波市 | 76.6 |
| 7 | 柯桥区 | 绍兴市 | 76.3 |
| 8 | 江北区 | 宁波市 | 76.2 |
| 9 | 上城区 | 杭州市 | 75.6 |
| 10 | 西湖区 | 杭州市 | 74.9 |

2023 年，综合质量效益指数得分排名前 20 位中，有 16 个集中于杭州市和宁波市。其中，杭州市所辖区有 10 个，比重达 50%，宁波市所辖区有 6 个，占比达 30%。然后是绍兴市、衢州市，分别占据 3 席和 1 席（见图 1-12）。

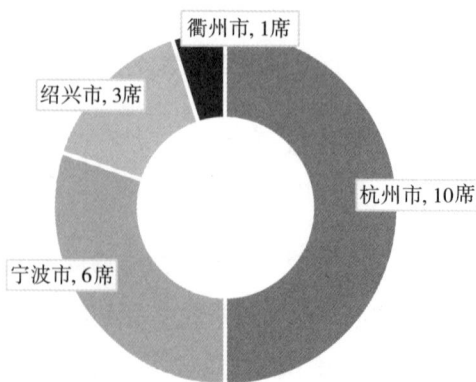

图 1-12    2023 年 37 个市辖区综合质量效益指数得分排名前 20 位的地市分布图

### （三）创新发展指数评价

#### 1. 得分情况

2023 年，37 个市辖区创新发展指数评分的平均数和中位数分别为 75.3、74.8，标准差为 5.3，极差达 28.5，各区之间的创新发展水平差异较大。看 37 个市辖区创新发展具体指标均值，R&D 经费支出占生产总值比重为 3.4%，同比增长 8%；每万人发明专利拥有量为 84.0 项，同比增长 20.4%；高新技术产业增加值占工业增加值比重为 64.3%，同比下降 8.8%；每千家企业中科技型中小企业数为 42.1 家，同比增长 6.5%。

#### 2. 排名和分布

2023 年，创新发展得分排名前 4 位的区均属于杭州市，其中滨江区的得分为 94.8 分，领先第二名 9.5 分，相比其他区具有较大优势；得分为 80~90 分的区共计 5 个，包括钱塘区、西湖区、余杭区、龙湾区和北仑区（见表 1–4）；得分为 70~80 分的区共计 27 个，分布较为集中。创新发展总体呈现"一超多强"的格局。

表 1–4　2023 年创新发展指数得分排名前 10 位的市辖区

| 排序 | 市辖区 | 所属地市 | 分值（分） |
| --- | --- | --- | --- |
| 1 | 滨江区 | 杭州市 | 94.8 |
| 2 | 钱塘区 | 杭州市 | 85.3 |
| 3 | 西湖区 | 杭州市 | 82.9 |
| 4 | 余杭区 | 杭州市 | 82.6 |
| 5 | 龙湾区 | 温州市 | 81.7 |
| 6 | 北仑区 | 宁波市 | 80.8 |
| 7 | 临安区 | 杭州市 | 78.4 |
| 8 | 南湖区 | 嘉兴市 | 77.8 |
| 9 | 鄞州区 | 宁波市 | 77.5 |
| 10 | 吴兴区 | 湖州市 | 76.8 |

2023年，创新发展指数得分排名前20位的区分布于全省的7个地级市。其中，杭州市、宁波市两地共占据12席，占全省比重达到60%（见图1-13）。

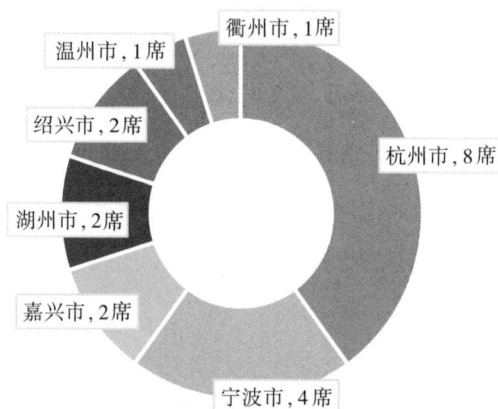

图1-13　2023年37个市辖区创新发展指数得分排名前20位的地市分布图

## （四）协调发展指数评价

### 1.得分情况

2023年，37个市辖区的协调发展指数平均得分为80.4分，中位数为80.2，标准差仅为2.9，协调发展水平整体较高，且相较上年的分值分布更集中。看37个市辖区协调发展具体指标均值，居民人均可支配收入与人均生产总值之比为0.5，同比下降2.0%；城乡居民收入比为1.7，同比下降1.2%；常住人口城镇化率为79.2%，同比增长0.8%；居民最低生活保障线以下人数占户籍人口数比重为15.31%；人均一般性财政支出为15641.9元，同比增长1.8%。

### 2.排名和分布

2023年，协调发展指数得分排名第1的是临平区，得分为87.0分；杭州市和温州市分别有所辖的4个区和3个区进入前10名（见表1-5）。得分在80分以上的区共计20个，其余17个区的得分均在70分以上。

表 1-5　2023 年协调发展指数得分排名前 10 位的市辖区

| 排序 | 市辖区 | 所属地市 | 分值（分） |
|---|---|---|---|
| 1 | 临平区 | 杭州市 | 87.0 |
| 2 | 瓯海区 | 温州市 | 86.2 |
| 3 | 钱塘区 | 杭州市 | 85.8 |
| 4 | 龙湾区 | 温州市 | 84.3 |
| 5 | 萧山区 | 杭州市 | 84.3 |
| 6 | 南湖区 | 嘉兴市 | 83.7 |
| 7 | 莲都区 | 丽水市 | 83.6 |
| 8 | 洞头区 | 温州市 | 83.1 |
| 9 | 金东区 | 金华市 | 82.3 |
| 10 | 余杭区 | 杭州市 | 81.8 |

2023 年，协调发展指数得分排名前 20 位的区中，杭州市、温州市、宁波市三地共占据 13 席，占比达 65%（见图 1-14）。

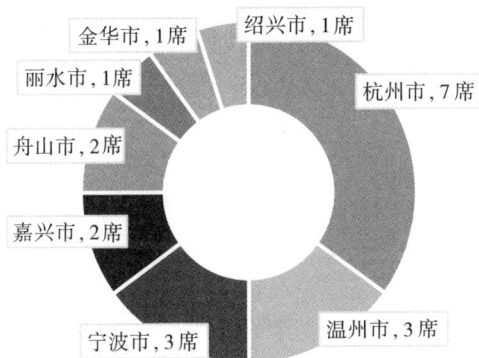

图 1-14　2023 年 37 个市辖区协调发展指数得分排名前 20 位的地市分布图

### （五）绿色发展指数评价

#### 1. 得分情况

2023 年，37 个市辖区绿色发展指数得分的平均数和中位数分别为 80.9、

82.3，绿色发展水平整体处于高位，但标准差达到8.7，市辖区之间绿色发展水平差距较大。绿色发展细分指标中，37个市辖区生态质量指数评级为一类的共5个，二类的共17个，三类的共15个；平均空气质量优良天数比例为90.3%，同比上升2.7%；平均单位GDP用电量为708.0千瓦时/万元，同比上升6.5%。

2. 排名和分布

2023年，绿色发展指数得分排名第1的是莲都区，得分为97.4分。得分在90分以上的区有5个（见表1-6），得分在80分到90分的有16个，得分在70分到80分的有10个，70分以下的有6个。

表1-6　2023年绿色发展指数得分排名前10位的市辖区

| 排序 | 市辖区 | 所属地市 | 分值（分） |
| --- | --- | --- | --- |
| 1 | 莲都区 | 丽水市 | 97.4 |
| 2 | 奉化区 | 宁波市 | 93.5 |
| 3 | 普陀区 | 舟山市 | 93.0 |
| 4 | 富阳区 | 杭州市 | 90.8 |
| 5 | 洞头区 | 温州市 | 90.1 |
| 6 | 鹿城区 | 温州市 | 89.8 |
| 7 | 临安区 | 杭州市 | 89.2 |
| 8 | 定海区 | 舟山市 | 88.8 |
| 9 | 路桥区 | 台州市 | 87.9 |
| 10 | 瓯海区 | 温州市 | 87.7 |

2023年，绿色发展指数得分排名前20位的区分布在全省的9个地级市，地域分布较为均匀。其中，杭州市占据4席，宁波市、温州市和台州市各占据3席，舟山市、衢州市各占据2席，绍兴市、金华市、丽水市各占据1席（见图1-15）。

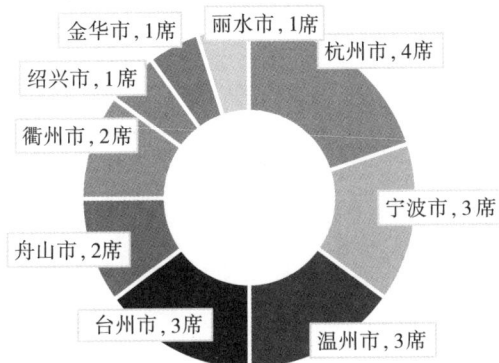

图1-15 2023年37个市辖区绿色发展指数得分排名前20位的地市分布图

### （六）开放发展指数评价

**1. 得分情况**

2023年，浙江省37个市辖区的开放发展指数得分的平均数为73.1，中位数为73.2，标准差为4.2。37个市辖区进出口占全省比重总计为56.9%，实际利用外资总额为152.0亿美元，同比增长19.5%。区域人口净流入率平均为56.5%，同比增长11.7%；净增企业法人单位数占企业法人单位总数比重平均为11.0%，同比增长51.3%。

**2. 排名和分布**

2023年，开放发展指数得分排名前3的分别为钱塘区、北仑区和萧山区，得分均在80分以上（见表1-7）。得分在70分到80分的区较为集中，共25个；其余9个区的得分集中分布在60分到70分。

表1-7 2023年开放发展指数得分排名前10位的市辖区

| 排序 | 市辖区 | 所属地市 | 分值（分） |
| --- | --- | --- | --- |
| 1 | 钱塘区 | 杭州市 | 86.0 |
| 2 | 北仑区 | 宁波市 | 83.7 |
| 3 | 萧山区 | 杭州市 | 80.4 |
| 4 | 瓯海区 | 温州市 | 78.1 |
| 5 | 滨江区 | 杭州市 | 77.9 |

续表

| 排序 | 市辖区 | 所属地市 | 分值（分） |
|:---:|:---:|:---:|:---:|
| 6 | 龙湾区 | 温州市 | 76.9 |
| 7 | 吴兴区 | 湖州市 | 76.2 |
| 8 | 鄞州区 | 宁波市 | 75.4 |
| 9 | 临平区 | 杭州市 | 75.2 |
| 10 | 镇海区 | 宁波市 | 74.7 |

2023年，浙江省37个市辖区开放发展指数得分排名前20位的，杭州市、宁波市的数量最多，两地共占据12席，占全省比重达到60%（见图1-16）。

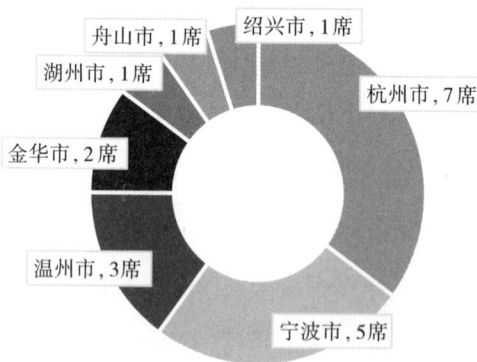

图1-16  2023年37个市辖区开放发展指数得分排名前20位的地市分布图

### （七）共享发展指数评价

**1. 得分情况**

2023年，37个市辖区共享发展指数得分的平均数为76.2，中位数为75.4，标准差为4.7，各区共享发展指数得分相对均衡。看具体指标，2023年37个市辖区城镇新增就业人员总计86.2万人；平安指数均值为95.9，同比增长0.7%；每千人医疗机构床位数为5.7张，同比下降7.6%；每千人医生数为3.9位，同比下降4.7%。或受常住人口增速较快影响，37个市辖区的千人医疗机构床位数和千人医生数下降明显，省级层面应优化以人口为导向的公共服务资源配置机制。

**2. 排名和分布**

2023 年，上城区在 37 个市辖区共享发展指数排名中位居第 1，得分为 90.8 分，是得分唯一高于 90 分的区；得分在 80 分到 90 分的区分别是拱墅区、西湖区、鄞州区和海曙区。柯桥区、柯城区、莲都区 3 个地市中心城区进入前 10（见表 1-8）。

表 1-8　2023 年共享发展指数得分排名前 10 位的市辖区

| 排序 | 市辖区 | 所属地市 | 分值（分） |
|---|---|---|---|
| 1 | 上城区 | 杭州市 | 90.8 |
| 2 | 拱墅区 | 杭州市 | 89.3 |
| 3 | 西湖区 | 杭州市 | 82.1 |
| 4 | 鄞州区 | 宁波市 | 81.3 |
| 5 | 海曙区 | 宁波市 | 80.9 |
| 6 | 柯桥区 | 绍兴市 | 79.8 |
| 7 | 柯城区 | 衢州市 | 79.5 |
| 8 | 萧山区 | 杭州市 | 79.3 |
| 9 | 吴兴区 | 湖州市 | 79.2 |
| 10 | 莲都区 | 丽水市 | 78.6 |

2023 年，共享发展指数得分排名前 20 位的区中，属于杭州市的有 9 个，优势显著。其次是宁波市，占据 4 席。两地占全省比重达到 65%（见图 1-17）。

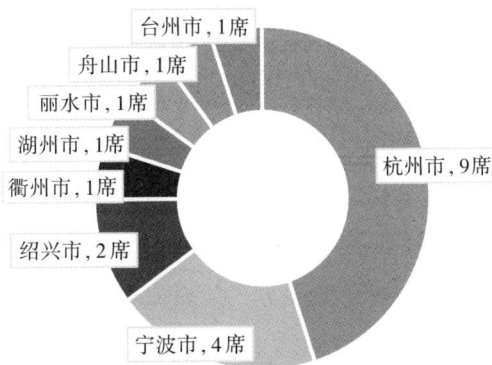

图 1-17　2023 年 37 个市辖区共享发展指数得分排名前 20 位的地市分布图

# 五、53个县（市）发展评价

## （一）高质量发展总指数评价

### 1. 得分情况

2023年，53个县（市）高质量发展总指数的平均得分为75.1分，中位数为74.9，与上年基本持平；标准差为1.3，各县（市）整体发展水平差距不大且呈缩小趋势。6个分维度指数中，绿色发展指数平均得分最高，为89.5分；协调发展、创新发展、共享发展指数平均得分均在70分以上，分别为79.4分、72.7分、71.9分；综合质量效益和开放发展指数的平均分相对较低（见图1-18）。

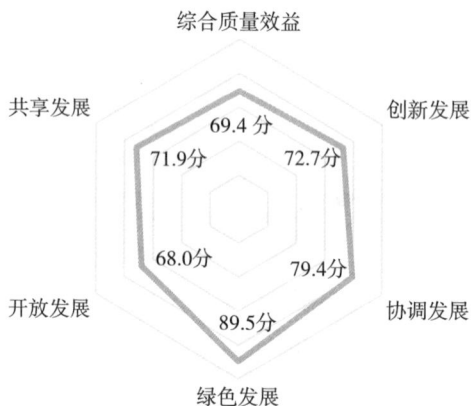

图1-18　2023年53个县（市）高质量发展各分项指数得分情况

### 2. 排名和分布

地区排名方面，2023年义乌市、慈溪市、乐清市的高质量发展总指数得分排名居全省前3位，且均超过77分。值得注意的是，在总指数排名的第2位之后，县（市）之间的得分相差均为0.01~1分，差距很小（见表1-9）。

表1-9　2023 年高质量发展总指数平均得分排名前 10 位的县（市）

| 排序 | 县（市） | 所属地市 | 分值（分） |
|---|---|---|---|
| 1 | 义乌市 | 金华市 | 78.6 |
| 2 | 慈溪市 | 宁波市 | 77.9 |
| 3 | 乐清市 | 温州市 | 77.6 |
| 4 | 新昌县 | 绍兴市 | 77.1 |
| 5 | 岱山县 | 舟山市 | 76.8 |
| 6 | 诸暨市 | 绍兴市 | 76.8 |
| 7 | 瑞安市 | 温州市 | 76.7 |
| 8 | 宁海县 | 宁波市 | 76.6 |
| 9 | 象山县 | 宁波市 | 76.5 |
| 10 | 余姚市 | 宁波市 | 76.3 |

　　地域分布方面，2023 年高质量发展总指数排名前 20 位的县（市）分布在全省的 10 个地级市。其中，宁波市和温州市下辖县（市）分别有 4 个和 3 个，绍兴市、舟山市、嘉兴市、湖州市、金华市各占 2 席，杭州市、丽水市和台州市各占 1 席（见图 1-19）。

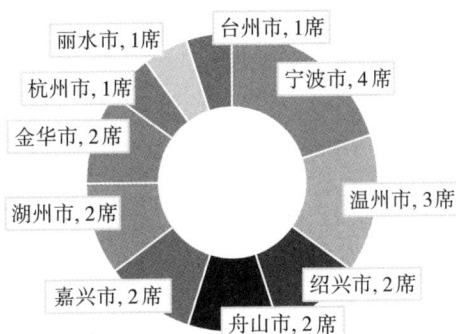

图 1-19　2023 年 53 个县（市）总指数平均得分排名前 20 位的地市分布图

**（二）综合质量效益指数评价**

**1. 得分情况**

2023 年，53 个县（市）综合质量效益指数平均得分为 69.4 分，中位数为 68.9，标准差为 2.6，各县（市）的综合质量效益发展水平差距不大。看县（市）综合质量效益具体指标均值，人均生产总值为 106593.0 元，同比增长 9.5%；一般公共预算收入为 52.8 亿元，同比增长 8.5%；一般公共预算收入与生产总值之比为 8.4，同比增长 3.4%；规模以上工业增加值率为 6.9%，同比增长 19.3%。

**2．排名和分布**

2023 年，综合质量效益指数得分排名第 1 的是岱山县，得分为 79.1 分，比第 2 名的慈溪市高 4.9 分。景宁畲族自治县是进入前 10 位的唯一山区县（见表 1-10），且名次较 2022 年提升 2 名。此外，得分在 70 分以上的共 18 个县（市），分数集中分布在 70~75 分。

表 1-10　2023 年综合质量效益指数得分排名前 10 位的县（市）

| 排序 | 县（市） | 所属地市 | 分值（分） |
|---|---|---|---|
| 1 | 岱山县 | 舟山市 | 79.1 |
| 2 | 慈溪市 | 宁波市 | 74.2 |
| 3 | 景宁畲族自治县 | 丽水市 | 73.7 |
| 4 | 嵊泗县 | 舟山市 | 73.1 |
| 5 | 德清县 | 湖州市 | 72.9 |
| 6 | 平湖市 | 嘉兴市 | 72.3 |
| 7 | 长兴县 | 湖州市 | 72.3 |
| 8 | 海盐县 | 嘉兴市 | 72.3 |
| 9 | 嘉善县 | 嘉兴市 | 72.0 |
| 10 | 余姚市 | 宁波市 | 71.9 |

2023 年，综合质量效益指数得分排名前 20 位的县（市），集中分布于嘉兴市、宁波市、绍兴市，占比达全省的 60%。其中，嘉兴市所辖县（市）有 5 个，排名第 1 位；其次是宁波市和绍兴市，分别占据 4 席和 3 席（见图 1-20）。

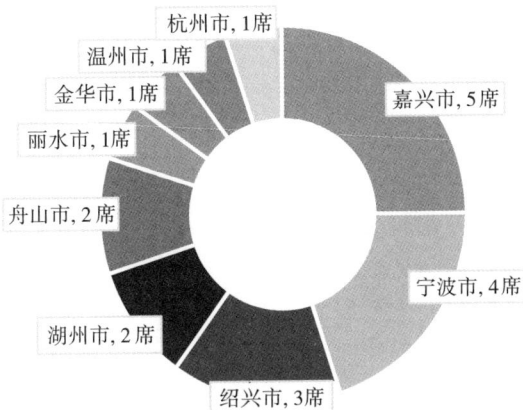

图 1-20  2023 年 53 个县（市）综合质量效益指数得分排名前 20 位的地市分布图

## （三）创新发展指数评价

### 1. 得分情况

2023 年，53 个县（市）创新发展指数得分的平均数和中位数均为 72.7，标准差为 3.6，各县（市）创新发展水平差异不明显。其中，有 34 个县（市）的创新发展指数评分相比 2022 年有所提升。看县（市）创新发展具体指标均值，R&D 经费支出占生产总值比重为 2.5%，同比增长 5.8%；每万人发明专利拥有量为 27.4 项，同比增长 16.0%；高新技术产业增加值占工业增加值比重为 63.5%，同比下降 2.1%；每千家企业中科技型中小企业数为 39.0 户，同比增长 11.2%。从数据看，创新要素更多还是集聚在市辖区。

### 2. 排名和分布

2023 年，创新发展得分排名第 1 位的是新昌县，是唯一高于 80 分的县（市），比排名第 2 位的德清县高 1.2 分（见表 1-11）。得分在 70 分到 80 分的共有 42 个县（市），其余 10 个县（市）得分在 60 分到 70 分。

表 1-11  2023 年创新发展指数得分排名前 10 位的县（市）

| 排序 | 县（市） | 所属地市 | 分值（分） |
| --- | --- | --- | --- |
| 1 | 新昌县 | 绍兴市 | 80.7 |
| 2 | 德清县 | 湖州市 | 79.5 |

| 排序 | 县（市） | 所属地市 | 分值（分） |
|---|---|---|---|
| 3 | 嘉善县 | 嘉兴市 | 79.3 |
| 4 | 平湖市 | 嘉兴市 | 77.3 |
| 5 | 海盐县 | 嘉兴市 | 77.2 |
| 6 | 慈溪市 | 宁波市 | 77.1 |
| 7 | 长兴县 | 湖州市 | 77.1 |
| 8 | 乐清市 | 温州市 | 76.9 |
| 9 | 余姚市 | 宁波市 | 76.7 |
| 10 | 海宁市 | 嘉兴市 | 76.6 |

2023年，创新发展指数得分排名前20位的县（市），分布于全省的10个地级市，且多分布于沿海一带。其中，嘉兴市、宁波市、湖州市三地共占据12席，数量比重达60%（见图1-21）。

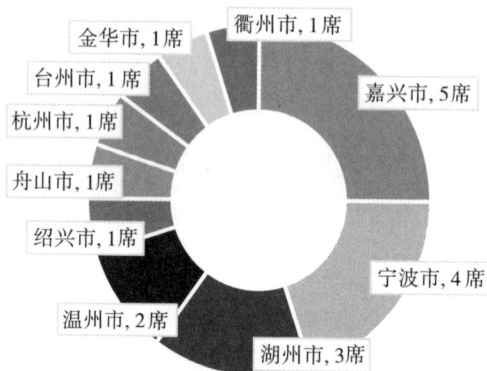

图1-21　2023年53个县（市）创新发展指数得分排名前20位的地市分布图

## （四）协调发展指数评价

### 1.得分情况

2023年，53个县（市）协调发展指数得分的平均数和中位数均为79.4，协调发展水平总体较高；标准差为2.2，分数分布较为集中。看县（市）协调发展具体指标均值，居民人均可支配收入与人均生产总值之比为0.6，同比下降2.3%；城乡居民收入比为1.8，同比下降1.9%；常住人口城镇化率为

64.4%，同比增长 1.7%；人均一般性财政支出为 19097.8 元，同比增长 6.1%。

　　2. 排名和分布

　　2023 年，协调发展指数得分高于 80 分的县（市）共 21 个，得分在 75 分到 80 分的共 31 个，各县（市）的差距较小。排名方面，嵊泗县、东阳市并列第 1 位，慈溪市居第 3 位（见表 1-12）。

表 1-12　2023 年协调发展指数得分排名前 10 位的县（市）

| 排序 | 县（市） | 所属地市 | 分值（分） |
| --- | --- | --- | --- |
| 1 | 嵊泗县 | 舟山市 | 84.1 |
| 2 | 东阳市 | 金华市 | 84.1 |
| 3 | 慈溪市 | 宁波市 | 83.4 |
| 4 | 余姚市 | 宁波市 | 83.3 |
| 5 | 义乌市 | 金华市 | 83.3 |
| 6 | 海宁市 | 嘉兴市 | 81.9 |
| 7 | 龙港市 | 温州市 | 81.9 |
| 8 | 苍南县 | 温州市 | 81.8 |
| 9 | 龙泉市 | 丽水市 | 81.5 |
| 10 | 瑞安市 | 温州市 | 81.3 |

　　2023 年，协调发展指数得分排名前 10 位的县（市）中，有 3 个来自温州市，宁波市、金华市各入围 2 个。排名前 20 位的县（市）中，温州市、嘉兴市、湖州市三地共占据 11 席，占比达 55%（见图 1-22）。

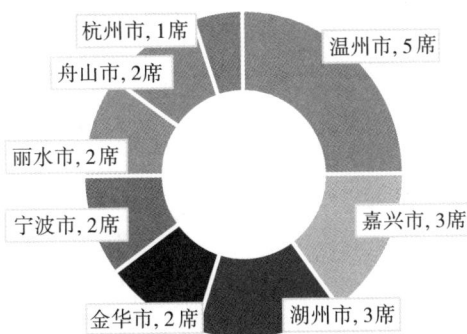

图 1-22　2023 年 53 个县（市）协调发展指数得分排名前 20 位的地市分布图

## （五）绿色发展指数评价

### 1. 得分情况

2023 年，53 个县（市）绿色发展指数得分的平均数和中位数分别为 89.5、91.6，整体水平处于高位，相比其他指数具有显著优势；但县（市）间得分标准差达 7.1，绿色发展水平差距较大。具体指标中，县（市）生态质量指数评级为一类的占比 70%；平均空气质量优良天数比例为 95.9%，同比上升 0.9%，大大超越 37 个市辖区平均水平。但平均单位 GDP 用电量为 792.5 千瓦时/万元，高于 37 个市辖区平均 700.8 千瓦时/万元、全省平均 750.1 千瓦时/万元的水平。

### 2. 排名和分布

2023 年，绿色发展指数得分在 95 分以上的县（市）有 11 个，得分在 90 分到 95 分的有 20 个，得分在 80 分到 90 分的有 16 个，80 分以下的有 6 个。其中，排名第 1 位的是景宁畲族自治县，得分为 98.7 分，比第 2 位的文成县高 1.8 分（见表 1-13）。

表 1-13　2023 年绿色发展指数得分排名前 10 位的县（市）

| 排序 | 县（市） | 所属地市 | 分值（分） |
|---|---|---|---|
| 1 | 景宁畲族自治县 | 丽水市 | 98.7 |
| 2 | 文成县 | 温州市 | 96.9 |
| 3 | 泰顺县 | 温州市 | 96.8 |
| 4 | 庆元县 | 丽水市 | 96.8 |
| 5 | 龙泉市 | 丽水市 | 96.5 |
| 6 | 仙居县 | 台州市 | 96.0 |
| 7 | 乐清市 | 温州市 | 95.9 |
| 8 | 开化县 | 衢州市 | 95.7 |
| 9 | 嵊泗县 | 舟山市 | 95.7 |
| 10 | 天台县 | 台州市 | 95.1 |

2023 年，丽水市和温州市所辖县（市）在绿色发展方面表现优异，两地分别有 7 个和 4 个县（市）进入绿色发展指数得分排名前 20 位榜单，数量占

据半壁江山，并且两地共有 6 个县（市）跻身前 10 位。宁波市和台州市紧随其后，各有 2 个县（市）进入前 20 榜单（见图 1-23）。

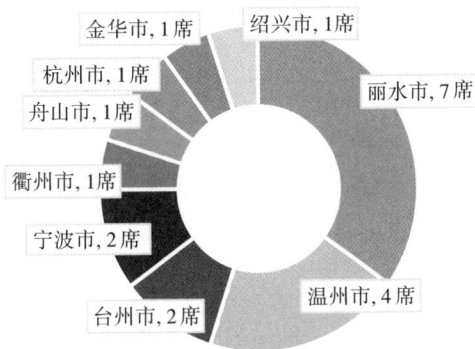

图 1-23　2023 年 53 个县（市）绿色发展指数得分排名前 20 位的地市分布图

## （六）开放发展指数评价

### 1. 得分情况

2023 年，53 个县（市）开放发展指数得分的平均数为 68.0，中位数为 67.8，标准差为 3.2。53 个县（市）进出口额占全省比重为 38.2%，实际利用外资总额占比 26.9%。此外，区域人口净流入率均值为 9.7%，同比增长 20.6%；净增企业法人单位数占企业法人单位总数比重均值为 10.8%，同比增长 78.1%。

### 2. 排名和分布

2023 年，义乌市在开放发展指数得分上位居首位，得分为 84.3 分，且是唯一得分超过 80 分的（见表 1-14）。第 2 名之后的县（市）之间，开放发展指数得分差距较小，其中得分在 70 分（不含）到 75 分的县（市）有 8 个，其余 44 个县（市）的得分集中分布在 60 分到 70 分（含）。

表 1-14　2023 年开放发展指数得分排名前 10 位的县（市）

| 排序 | 县（市） | 所属地市 | 分值（分） |
|---|---|---|---|
| 1 | 义乌市 | 金华市 | 84.3 |
| 2 | 慈溪市 | 宁波市 | 73.3 |

续表

| 排序 | 县（市） | 所属地市 | 分值（分） |
|---|---|---|---|
| 3 | 龙港市 | 温州市 | 71.6 |
| 4 | 海宁市 | 嘉兴市 | 71.0 |
| 5 | 嘉善县 | 嘉兴市 | 70.9 |
| 6 | 岱山县 | 舟山市 | 70.8 |
| 7 | 东阳市 | 金华市 | 70.7 |
| 8 | 永康市 | 金华市 | 70.3 |
| 9 | 玉环市 | 台州市 | 70.3 |
| 10 | 武义县 | 金华市 | 70.0 |

2023年，浙江省县域开放发展指数得分排名前20位的县（市）中，金华市、嘉兴市的数量较多，两地共占据9席，占比达45%（见图1-24）。

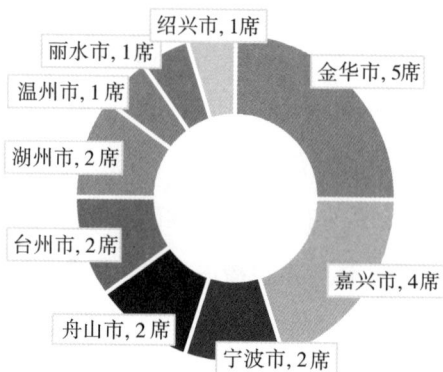

图1-24　2023年53个县（市）开放发展指数得分排名前20位的地市分布图

## （七）共享发展指数评价

### 1. 得分情况

2023年，53个县（市）共享发展指数得分的平均数为71.9，中位数为72.0，标准差为2.4，各县（市）共享发展水平较为均衡。看具体指标，53个县（市）2023年城镇新增就业人员59.2万人；平安指数均值为96.2，同比增长0.8%；每千人医疗机构床位数为5.2张，同比增长21.4%；每千人医生数为3.5位，同比增长4.5%。

**2．排名和分布**

2023 年，共享发展指数得分排名第 1 位的为义乌市，得分为 78.8 分（见表 1–15）。得分在 75 分到 80 分的县（市）有 4 个，得分在 70 分到 75 分的有 36 个，其余 13 个得分在 60 分到 70 分。

表 1–15　2023 年共享发展指数得分排名前 10 位的县（市）

| 排序 | 县（市） | 所属地市 | 分值（分） |
|------|----------|----------|------------|
| 1 | 义乌市 | 金华市 | 78.8 |
| 2 | 桐乡市 | 嘉兴市 | 76.8 |
| 3 | 慈溪市 | 宁波市 | 76.4 |
| 4 | 嘉善县 | 嘉兴市 | 75.7 |
| 5 | 余姚市 | 宁波市 | 74.9 |
| 6 | 海宁市 | 嘉兴市 | 74.8 |
| 7 | 淳安县 | 杭州市 | 74.7 |
| 8 | 诸暨市 | 绍兴市 | 74.6 |
| 9 | 临海市 | 台州市 | 74.0 |
| 10 | 建德市 | 杭州市 | 73.6 |

2023 年，嘉兴市 5 个县（市）中有 3 个跻身前 10 位、4 个跻身前 20 位；杭州市、温州市、金华市、台州市各有 3 个县（市）进入共享发展指数得分排名前 20 位榜单（见图 1–25）。

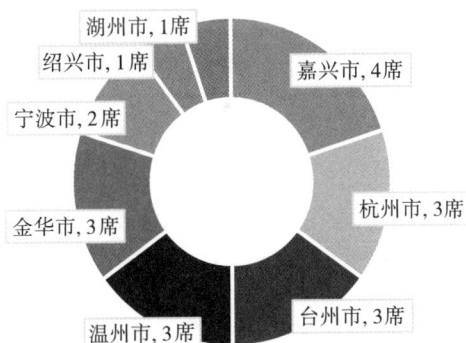

图 1–25　2023 年 53 个县（市）共享发展指数得分排名前 20 位的地市分布图

## 六、强化改革动力，进一步推动浙江省县域高质量发展

当前，推动高质量发展面临的突出问题依然是发展不平衡不充分。通过评价发现，尽管浙江省县域高质量发展已经具有相对高的水平，但个别维度和部分指标依旧面临着县域间差距大、市辖区和县（市）间差距大等问题。尤其是经济增长效率、创新资源分布、统一市场建立、人口和公共服务配置等方面，仍有较大提升空间。这些都是发展中的问题，需要在发展中解决，从体制机制上推动解决。

中国式现代化是在改革开放中不断推进的，也必将在改革开放中开辟广阔前景。县域一直是改革的力量之源、活力所在，浙江义乌、江苏昆山、福建晋江等县（市）都是在改革开放中繁荣起来的。浙江推动县域高质量发展也必须依靠改革，在所有制经济共同发展、支持全面创新体制机制、新型城镇化体制机制、制度型开放等重点领域和关键领域，鼓励县域先行先试、大胆尝试，形成改革新模式、浙江新经验，不断提升县域高质量发展竞争力。

### （一）统筹创新资源，培育县域新质生产力

当前，新一轮科技革命和产业变革深入发展，尤其是以人工智能为引领的数字化、智能化技术，成为全球重大前沿技术和颠覆性技术突破的重要方向。浙江自2023年实施数字经济创新提质"一号发展工程"，全省上下将科技创新作为推动生产力质态跃升的关键力量，释放出高质量发展无尽活力。浙江省县域高质量发展，必须发挥科技创新的引领作用。数实融合推动传统产业转型升级，因地制宜培育人工智能、低空经济、生物医药、海洋经济等重点未来产业。强化企业科技创新主体地位，统筹推进世界一流企业、"链主"企业、国家小巨人、科技型中小企业等梯队建设。推进教育科技人才一体贯通发展，提升开发区、高新区等产业平台能级，实现各类创新要素资源集聚共用。

**（二）畅通要素流动，增进城乡和区域协调**

城乡和区域协调发展，可以有效促进资源高效配置、人口合理流动，激发经济活力，促进社会公平，是县域高质量发展的内在要求，也是浙江省县域的竞争新优势。2023 年，浙江全省城乡居民人均可支配收入倍差 1.86、地区人均可支配收入最高最低倍差 1.56，均远低于全国水平，走在全国前列。高质量发展建设共同富裕示范区是党和国家交予浙江的光荣任务，浙江要继续围绕缩小"三大差距"示范区建设核心任务，加快构建省域一体化发展格局，不断增强城乡区域发展协调性、均衡性。持续推进新时代"千万工程"，统筹城乡资源要素路径，深化"三块地"改革、强村富民乡村集成改革，鼓励广大青年积极投身乡村振兴。持续推进新时代"山海协作"，围绕协作模式创新、造血功能培育、民生福祉保障，加快推动山区海岛县高质量发展。持续推进以县城为重要载体的城镇化建设，不断提高县城产业、人口、基础设施和服务承载能力，增强县城连接城乡和区域的节点功能。

**（三）加快绿色转型，提升发展的可持续性**

绿色发展突出发展的质量和效益、资源环境可持续利用、经济可持续增长，绿色发展强调好的生态也是生产力、绿色产业可以创造新的增长点，绿水青山就是金山银山。2020 年习近平总书记考察浙江时指出，绿色发展的路子是正确的，路子选对了就要坚持走下去[①]。下一步，浙江推进县域高质量发展，必须坚持绿色发展。县域要提供更多优质的生态环境和产品，全面加强生态修复和生物多样性保护，打好污染防治攻坚战，打造城乡"15 分钟亲水圈"，提升河湖空间共建共享和便民惠民功能。县域要重点推动产业结构绿色低碳转型，大力推进重点行业、重点企业节能技术改造，构建废弃物循环利用体系，深化减污降碳协同，建设一批低碳园区、工厂、农场。

---

① 《时隔 15 年，习近平再到安吉县余村考察》，新华社，2020 年 3 月 31 日。

### （四）聚焦高水平开放，壮大县域"地瓜经济"

浙江一向是外贸大省、开放大省，早在 20 世纪 90 年代就形成了"县县有外贸"的开放格局，浙商依靠"两个市场、两种资源"成为浙江经济的响亮品牌。新时代，各县域要在"地瓜经济"提能升级"一号开放工程"的指引下，持续探索开放通道升级、开放能级提升、开放制度创新，全方位高效率融入国内国际双循环。对外开放方面，要始终坚持高水平"走出去"与高质量"引进来"良性互动，大力培育总部经济、培育本土跨国公司，加强企业境外投资引导；保护外商投资合法权益，在标准制定、资质许可、注册登记等方面保持内外资一致。对内开放方面，要积极推动县域融入大都市圈建设，推动空间布局、产业发展、资源利用、要素配置的区域统筹；加强统一大市场建设，打破地方保护和市场分割，促进资源要素畅通流动。

### （五）突出优质共享，打造县域高品质生活

发展的目的，是增进人民福祉。浙江多年坚持不懈健全为民办实事长效机制，2/3 的财政支出用于民生，实施公共服务"七优享"，就是要让更多人过上更好的生活。县域是人口集聚的重要载体，也是城市辐射乡村、服务乡村的关键环节。因此，要将创造高品质生活作为推进县域高质量发展的重要目标，建立解决群众急难愁盼问题常态化机制，不断提升群众满意度。下一步，要重点优化以人口发展为导向的公共服务资源配置机制，围绕不同县域不同人口规模、年龄结构和地理特征，统筹公共服务资源布局。保障基本公共服务同权，有序推动城乡居民基本公共服务制度衔接，创新城乡、跨区域公共服务设施一体化建设运营；加强优质公共服务共享，提升义务教育学校办学标准和实施"县中崛起"工程，推进高水平县级医院建设，支持普惠性养老机构专业化、品牌化、连锁化发展。最终让县域高质量发展成为人民共享的成果。

## 附表一

### 2023 年浙江省 90 个县级行政区高质量发展指数评价结果①

| 序号 | 地区名称 | 综合质量效益评分（分） | 创新发展评分（分） | 协调发展评分（分） | 绿色发展评分（分） | 开放发展评分（分） | 共享发展评分（分） | 高质量发展总评分（分） |
|---|---|---|---|---|---|---|---|---|
| 1 | 上城区 | 75.57 | 66.66 | 74.62 | 75.37 | 74.37 | 90.77 | 76.22 |
| 2 | 拱墅区 | 74.26 | 74.34 | 74.86 | 75.49 | 73.17 | 89.29 | 76.89 |
| 3 | 西湖区 | 74.89 | 82.89 | 79.28 | 84.85 | 70.65 | 82.08 | 79.09 |
| 4 | 滨江区 | 87.41 | 94.80 | 80.83 | 75.60 | 77.90 | 78.22 | 82.48 |
| 5 | 萧山区 | 77.75 | 75.24 | 84.25 | 69.25 | 80.38 | 79.33 | 77.70 |
| 6 | 余杭区 | 83.16 | 82.60 | 81.77 | 85.27 | 74.58 | 74.06 | 80.25 |
| 7 | 富阳区 | 71.58 | 74.38 | 81.57 | 90.78 | 67.35 | 77.02 | 77.09 |
| 8 | 临安区 | 71.39 | 78.36 | 80.55 | 89.18 | 69.36 | 76.68 | 77.56 |
| 9 | 临平区 | 73.04 | 76.56 | 86.99 | 69.41 | 75.22 | 75.36 | 76.08 |
| 10 | 钱塘区 | 73.46 | 85.32 | 85.83 | 70.09 | 86.02 | 76.12 | 79.45 |
| 11 | 桐庐县 | 69.35 | 74.57 | 80.46 | 91.59 | 68.03 | 73.14 | 76.16 |
| 12 | 淳安县 | 68.69 | 66.54 | 73.67 | 94.94 | 66.43 | 74.66 | 74.13 |
| 13 | 建德市 | 69.87 | 69.78 | 77.32 | 90.77 | 65.78 | 73.60 | 74.50 |
| 14 | 海曙区 | 71.63 | 69.32 | 79.04 | 85.51 | 72.91 | 80.92 | 76.53 |
| 15 | 江北区 | 76.16 | 75.96 | 78.56 | 78.94 | 73.71 | 74.46 | 76.30 |
| 16 | 北仑区 | 88.16 | 80.82 | 80.33 | 77.47 | 83.72 | 76.51 | 81.20 |
| 17 | 镇海区 | 76.59 | 74.79 | 80.25 | 75.52 | 74.73 | 75.65 | 76.26 |
| 18 | 鄞州区 | 78.43 | 77.49 | 81.07 | 86.98 | 75.44 | 81.30 | 80.11 |
| 19 | 奉化区 | 72.91 | 72.61 | 77.49 | 93.47 | 70.35 | 72.93 | 76.61 |
| 20 | 象山县 | 70.52 | 75.55 | 79.35 | 94.36 | 66.92 | 72.16 | 76.45 |
| 21 | 宁海县 | 70.89 | 75.64 | 79.01 | 94.42 | 67.03 | 72.65 | 76.58 |
| 22 | 余姚市 | 71.91 | 76.68 | 83.34 | 81.97 | 69.11 | 74.88 | 76.30 |
| 23 | 慈溪市 | 74.20 | 77.09 | 83.36 | 83.08 | 73.31 | 76.43 | 77.90 |
| 24 | 鹿城区 | 66.23 | 70.11 | 77.20 | 89.82 | 73.22 | 71.66 | 74.67 |

① 本表数据在正文表中出现时只保留一位小数。

续表

| 序号 | 地区名称 | 综合质量效益评分（分） | 创新发展评分（分） | 协调发展评分（分） | 绿色发展评分（分） | 开放发展评分（分） | 共享发展评分（分） | 高质量发展总评分（分） |
|---|---|---|---|---|---|---|---|---|
| 25 | 龙湾区 | 68.30 | 81.70 | 84.32 | 78.16 | 76.85 | 74.39 | 77.25 |
| 26 | 瓯海区 | 67.35 | 73.78 | 86.16 | 87.71 | 78.06 | 74.31 | 77.85 |
| 27 | 洞头区 | 65.94 | 70.83 | 83.07 | 90.14 | 69.98 | 67.44 | 74.53 |
| 28 | 永嘉县 | 66.90 | 72.74 | 80.40 | 94.26 | 68.89 | 70.59 | 75.60 |
| 29 | 平阳县 | 67.07 | 72.24 | 77.92 | 94.11 | 66.65 | 73.06 | 75.14 |
| 30 | 苍南县 | 67.31 | 68.50 | 81.79 | 91.58 | 64.74 | 70.62 | 74.06 |
| 31 | 文成县 | 66.28 | 68.82 | 77.68 | 96.92 | 65.94 | 67.40 | 73.81 |
| 32 | 泰顺县 | 69.34 | 70.08 | 76.98 | 96.83 | 66.45 | 69.53 | 74.85 |
| 33 | 瑞安市 | 68.06 | 74.49 | 81.31 | 94.76 | 68.80 | 72.94 | 76.69 |
| 34 | 乐清市 | 70.27 | 76.85 | 81.18 | 95.85 | 67.92 | 73.57 | 77.58 |
| 35 | 龙港市 | 66.48 | 70.49 | 81.91 | 86.03 | 71.61 | 70.10 | 74.40 |
| 36 | 南湖区 | 66.01 | 77.79 | 83.75 | 66.50 | 68.87 | 72.40 | 72.53 |
| 37 | 秀洲区 | 69.27 | 76.76 | 81.33 | 64.66 | 71.65 | 72.47 | 72.68 |
| 38 | 嘉善县 | 72.00 | 79.27 | 81.27 | 74.10 | 70.86 | 75.69 | 75.52 |
| 39 | 海盐县 | 72.27 | 77.24 | 79.55 | 77.91 | 68.08 | 73.29 | 74.71 |
| 40 | 海宁市 | 71.89 | 76.58 | 81.95 | 69.75 | 70.96 | 74.79 | 74.31 |
| 41 | 平湖市 | 72.30 | 77.29 | 79.12 | 85.65 | 69.24 | 72.86 | 76.06 |
| 42 | 桐乡市 | 71.76 | 73.73 | 80.65 | 70.51 | 69.91 | 76.82 | 73.89 |
| 43 | 吴兴区 | 69.62 | 76.80 | 79.31 | 66.74 | 76.20 | 79.25 | 74.63 |
| 44 | 南浔区 | 69.23 | 75.30 | 79.34 | 65.86 | 70.25 | 70.80 | 71.79 |
| 45 | 德清县 | 72.89 | 79.46 | 81.08 | 77.94 | 69.54 | 72.09 | 75.49 |
| 46 | 长兴县 | 72.27 | 77.08 | 80.47 | 75.54 | 67.59 | 73.50 | 74.40 |
| 47 | 安吉县 | 69.67 | 74.90 | 80.50 | 88.94 | 69.74 | 72.50 | 76.02 |
| 48 | 越城区 | 71.42 | 75.26 | 80.10 | 71.37 | 72.29 | 78.31 | 74.78 |
| 49 | 柯桥区 | 76.32 | 72.25 | 78.09 | 80.78 | 73.37 | 79.83 | 76.77 |
| 50 | 上虞区 | 73.24 | 75.44 | 77.12 | 83.49 | 67.68 | 73.40 | 75.06 |
| 51 | 新昌县 | 70.92 | 80.69 | 78.11 | 94.58 | 66.44 | 71.95 | 77.09 |
| 52 | 诸暨市 | 71.37 | 72.65 | 79.71 | 93.59 | 69.07 | 74.55 | 76.80 |

续表

| 序号 | 地区名称 | 综合质量效益评分（分） | 创新发展评分（分） | 协调发展评分（分） | 绿色发展评分（分） | 开放发展评分（分） | 共享发展评分（分） | 高质量发展总分（分） |
|---|---|---|---|---|---|---|---|---|
| 53 | 嵊州市 | 69.93 | 73.37 | 78.51 | 87.38 | 65.27 | 72.18 | 74.42 |
| 54 | 婺城区 | 64.26 | 72.56 | 77.42 | 83.21 | 73.47 | 73.90 | 74.10 |
| 55 | 金东区 | 67.31 | 71.84 | 82.31 | 76.98 | 74.11 | 71.66 | 74.01 |
| 56 | 武义县 | 67.82 | 71.44 | 77.30 | 88.79 | 69.97 | 71.41 | 74.43 |
| 57 | 浦江县 | 68.25 | 68.31 | 79.54 | 86.95 | 69.71 | 71.57 | 74.03 |
| 58 | 磐安县 | 67.48 | 71.89 | 76.56 | 94.64 | 66.74 | 71.01 | 74.69 |
| 59 | 兰溪市 | 67.50 | 73.47 | 75.39 | 86.88 | 65.40 | 69.24 | 72.96 |
| 60 | 义乌市 | 70.35 | 70.48 | 83.28 | 84.68 | 84.30 | 78.79 | 78.62 |
| 61 | 东阳市 | 69.12 | 73.29 | 84.07 | 83.67 | 70.66 | 72.96 | 75.60 |
| 62 | 永康市 | 69.43 | 70.97 | 79.21 | 84.42 | 70.32 | 73.13 | 74.56 |
| 63 | 柯城区 | 65.45 | 72.46 | 78.02 | 81.63 | 70.65 | 79.47 | 74.58 |
| 64 | 衢江区 | 71.32 | 76.39 | 78.30 | 82.29 | 66.37 | 70.48 | 74.18 |
| 65 | 常山县 | 68.43 | 71.40 | 77.85 | 91.06 | 63.96 | 70.26 | 73.81 |
| 66 | 开化县 | 66.67 | 72.66 | 77.45 | 95.68 | 65.08 | 71.12 | 74.74 |
| 67 | 龙游县 | 68.36 | 73.40 | 77.27 | 80.98 | 66.17 | 69.89 | 72.66 |
| 68 | 江山市 | 67.96 | 71.82 | 80.19 | 91.88 | 64.16 | 69.31 | 74.20 |
| 69 | 定海区 | 68.76 | 69.16 | 80.40 | 88.78 | 73.82 | 77.88 | 76.44 |
| 70 | 普陀区 | 69.74 | 66.28 | 81.39 | 92.97 | 68.34 | 72.72 | 75.22 |
| 71 | 岱山县 | 79.14 | 76.46 | 80.43 | 85.58 | 70.76 | 68.57 | 76.83 |
| 72 | 嵊泗县 | 73.06 | 62.21 | 84.10 | 95.67 | 69.60 | 72.56 | 76.19 |
| 73 | 椒江区 | 67.36 | 72.99 | 78.97 | 86.66 | 71.84 | 75.43 | 75.51 |
| 74 | 黄岩区 | 67.35 | 72.28 | 79.39 | 86.96 | 69.55 | 71.84 | 74.53 |
| 75 | 路桥区 | 68.65 | 70.98 | 76.74 | 87.89 | 70.99 | 74.00 | 74.85 |
| 76 | 三门县 | 69.60 | 72.11 | 78.89 | 93.40 | 66.12 | 69.65 | 74.94 |
| 77 | 天台县 | 67.19 | 71.35 | 77.36 | 95.14 | 66.35 | 70.91 | 74.69 |
| 78 | 仙居县 | 68.12 | 73.23 | 77.95 | 95.98 | 67.11 | 70.69 | 75.48 |
| 79 | 温岭市 | 67.20 | 72.53 | 79.82 | 89.56 | 69.13 | 73.27 | 75.22 |
| 80 | 临海市 | 66.22 | 73.57 | 79.18 | 94.25 | 68.34 | 73.96 | 75.88 |

续表

| 序号 | 地区名称 | 综合质量效益评分（分） | 创新发展评分（分） | 协调发展评分（分） | 绿色发展评分（分） | 开放发展评分（分） | 共享发展评分（分） | 高质量发展总评分（分） |
|---|---|---|---|---|---|---|---|---|
| 81 | 玉环市 | 68.18 | 72.85 | 76.38 | 91.39 | 70.30 | 73.59 | 75.42 |
| 82 | 莲都区 | 71.13 | 72.99 | 83.57 | 97.38 | 68.59 | 78.57 | 78.68 |
| 83 | 青田县 | 67.01 | 68.44 | 80.98 | 95.13 | 65.25 | 66.31 | 73.82 |
| 84 | 缙云县 | 67.27 | 71.97 | 78.83 | 94.30 | 65.51 | 69.36 | 74.51 |
| 85 | 遂昌县 | 68.40 | 69.84 | 76.03 | 94.79 | 65.24 | 69.57 | 73.96 |
| 86 | 松阳县 | 67.40 | 71.38 | 76.65 | 94.51 | 65.14 | 69.12 | 74.01 |
| 87 | 云和县 | 67.83 | 66.87 | 78.18 | 86.67 | 69.48 | 69.00 | 72.99 |
| 88 | 庆元县 | 66.14 | 70.31 | 78.08 | 96.77 | 62.62 | 69.51 | 73.87 |
| 89 | 景宁畲族自治县 | 73.68 | 66.05 | 79.85 | 98.72 | 66.16 | 71.04 | 75.91 |
| 90 | 龙泉市 | 66.13 | 72.68 | 81.50 | 96.51 | 64.78 | 70.12 | 75.25 |

# 第二章

# 2024 年省域城乡区域协调发展评价报告

党的十八大以来，党中央立足新时代我国社会主要矛盾变化，遵循现代化发展规律，与时俱进部署实施新型城镇化战略和乡村振兴战略，统筹新型工业化、新型城镇化和乡村全面振兴。自 2003 年以来，浙江在"八八战略"引领下，坚持走城乡融合、区域协调发展的道路，城乡区域协调发展水平全国领先。党的二十大后，浙江更是承担起"基本实现共同富裕"的使命担当，成为"率先实现城乡融合"的探路先锋，一体推进城乡融合与区域协调，加快突破发展不平衡不充分问题，推动经济社会高质量发展。

## 一、推动城乡区域协调发展的重要意义

### （一）推动城乡区域协调发展是贯彻新发展理念的重要方面

新发展理念是我国进入新发展阶段、构建新发展格局的战略指引，贯穿经济活动全过程，具有很强的战略性、纲领性、引领性。新发展理念的一个重要方面就是协调发展，追求发展布局、发展关系、发展空间、发展要素、发展进程的协调性。当前，我国发展不协调的问题还比较突出。习近平总书记深刻指出，我国发展不协调是一个长期存在的问题，突出表现在区域、城乡、经济和社会、物质文明和精神文明、经济建设和国防建设等关系上[①]。正是基于此，新时代更加强调协调发展，要整体把握经济社会发展各领域的内在联系，注意调整关系，注重发展的整体效能，促进经济社会各

---

① 习近平：《在党的十八届五中全会第二次全体会议上的讲话（节选）》，《求是》2016 年第 1 期。

方面协调发展。

## （二）推动城乡区域协调发展是构建新发展格局的重要内容

习近平总书记强调，要全面推进城乡、区域协调发展，提高国内大循环的覆盖面[①]。现代化建设进程必然伴随着城乡区域结构的深刻调整，这也是释放巨大需求、创造巨大供给的过程。城乡经济循环是国内大循环的题中应有之义，也是确保国内国际双循环比例关系健康的关键因素。当前我国县城、乡村地区居民消费提质扩容潜力巨大，补短板投资需求旺盛，在此基础上推进新型城镇化和区域协调发展有利于进一步拓宽国内市场空间，激发市场活力，引领创造更多市场需求。把战略基点放在扩大内需上，就要充分发挥乡村作为消费市场和要素市场的重要作用，全面推进乡村振兴，推进以县城为重要载体的城镇化建设，推动城乡融合发展，增强城乡经济联系，畅通城乡经济循环，为扩大内需、构建新发展格局提供坚实支撑。

## （三）推动城乡区域协调发展是共同富裕建设的主攻方向

习近平总书记指出，共同富裕本身就是社会主义现代化的一个重要目标，要坚持以人民为中心的发展思想，尽力而为、量力而行，主动解决地区差距、城乡差距、收入差距等问题，让群众看到变化、得到实惠[②]。共同富裕是中国特色社会主义的本质要求，是人民群众的共同期盼，也是中国式现代化区别于其他国家现代化的本质特征之一。扎实推进共同富裕，加快缩小收入差距、城乡差距、地区差距是三大主攻方向。城乡间、地区间发展不平衡不充分问题影响共同富裕目标的实现，迫切需要提高发展的平衡性、协调性、包容性，进而推动共同富裕取得更为明显的实质性进展。

---

① 《加快构建新发展格局 增强发展的安全性主动权》，《人民日报》2023年2月2日第1版。
② 《向全国各族人民致以美好的新春祝福 祝各族人民幸福吉祥祝伟大祖国繁荣富强》，《人民日报》2021年2月6日第1版。

## 二、浙江省推动城乡区域协调发展的实践与成效

早年的浙江，以连接杭州临安清凉峰镇与温州苍南大渔镇的"清大线"为界，"山海"分割的发展落差一度较大。2003 年开始，在"八八战略"的引领下，浙江省坚定不移统筹城乡区域协调发展，坚持走以工促农、以城带乡、工农互惠、城乡一体的发展道路，成为全国城乡区域协调发展水平最高的省份之一。

### （一）浙江省推进城乡融合发展的实践历程

2004 年 2 月，习近平同志在省部级主要领导干部专题研究班上发言指出，浙江省在统筹城乡发展上有较好的基础，也有迫切的需要。我们必须在这方面有所探索，有所突破，有所作为，以此推动浙江全面、协调、可持续发展，并为全国城乡协调发展提供有益的经验。[①]

在习近平同志部署推动下，浙江省制定实施全国首个城乡一体化纲要，在全国率先提出实施新型城市化战略，实施"千村示范、万村整治"工程，推进扩权强县改革、中心镇培育工程，发展高效生态农业，实施"农村千万劳动力素质培训"工程，深化城乡配套综合改革。

在习近平同志的指引下，浙江省把城乡作为一个有机的整体统一筹划，制定实施了一批统筹城乡的专项政策。坚持以城带乡，2010 年在全国率先开启小城市培育试点，2011 年以《浙江省城镇体系规划（2011—2020）》为标志开启新一轮城镇体系优化，2014 年提出以人为核心提高城市化质量和水平，2019 年推进四大都市区建设，同年龙港成为全国第一个"镇改市"。持续深化"千万工程"，建设美丽乡村、新时代美丽乡村、未来乡村，造福万千农民群众。持续提高农业发展质量效益，2010 年在全国率先启动农业"两区"建设，

---

① 习近平：《干在实处 走在前列——推进浙江新发展的思考与实践》，中共中央党校出版社，2006。

2014 年开始全国唯一的现代生态循环农业发展试点省建设，2017 年建设农业绿色发展试点先行区，2021 年推进农业"双强"。提升农民人力资本，推动农业转移人口市民化，深入实施"千万农民素质提升工程"。深化农村改革，建立农村集体产权制度体系，率先开展宅基地"三权分置"、集体经营性建设用地入市、闲置农房激活、丽水普惠金融服务乡村振兴改革试验区等改革探索，2018 年实施"两进两回"促进城乡要素有序流动。

### （二）浙江省推动区域协调发展的实践历程

2003 年 7 月，习近平同志在浙江省委十一届四次全会上指出，过去受生产力发展水平和历史条件所限，我们主要着眼于陆地矿产资源，因此浙江历来被称作"资源小省"。现在我们眼界更开阔了，发展理念转变了，尤其是科技实力增强了，生产力发展了，更具备了开发各种资源的能力。我们应该看到丰富的山海资源优势，念好"山海经"，把欠发达地区和海洋经济的发展作为我省（浙江）新的经济增长点。[①]

在习近平同志部署推动下，浙江省作出建设海洋经济强省的战略部署，着力培育海洋经济成为新增长点。推动欠发达地区发展，实施山海协作、欠发达乡镇奔小康、百亿帮扶致富三大工程。深入调整区域发展布局，加快培育"三大产业带"，推进建设"三圈一群"，唱好杭甬"双城记"。

在习近平同志的指引下，浙江省积极探索解决区域发展不平衡不充分问题，不断提升区域协调发展水平。深入推进海洋强省建设，2011 年获批落地海洋经济发展示范区、舟山群岛新区等国家战略，2013 年实施"822"行动计划，2015 年组建全国首个省级海港委和省海港集团，2016 年推动省海港集团与宁波舟山港集团深化整合，舟山江海联运服务中心获批成立，2017 年、2021 年先后推动现代海洋产业发展、甬舟温台临港产业带建设，2022 年宁波舟山大宗商品储运基地启动建设。推进山区 26 县加快发展，2012 年印发山区

---

① 习近平：《干在实处 走在前列——推进浙江新发展的思考与实践》，中共中央党校出版社，2006。

经济发展规划，2015 年推进山海协作产业园建设，2018 年实施山海协作升级版，积极推进产业、科创、消薄（消除集体经济薄弱村）三类"飞地"建设，2021 年以来实施"一县一策"，培育"一县一业"。推进"四大建设"，2017 年部署推进大湾区、大花园、大通道、大都市区建设，着力构建"一湾引领、四极辐射、山海互济、全域美丽"空间格局。

### （三）浙江省推动城乡区域协调发展的主要成效

浙江省城乡区域协调发展水平走在全国前列。2002 年，城乡居民人均可支配收入倍差 2.28，比全国低 0.83；城乡居民消费倍差 2.36，比全国低 1.14。通过一以贯之、深入实施"千村示范、万村整治"工程、"山海协作"工程，推动欠发达地区跨越式发展等举措，进一步推进城乡区域协调发展，浙江省成为全国城乡区域发展水平差距最小的省份之一。2022 年全体居民人均可支配收入率先迈入"6"时代，2023 年达 63830 元，为全国省区首位[1]，其中城乡居民人均可支配收入倍差缩小至 1.86；设区市人均 GDP 最高市与最低市的倍差缩小至 2.30，人均可支配收入最高最低倍差缩小至 1.56。山区 26 县居民人均可支配收入与全省平均之比缩小到 0.745，低收入农户人均可支配收入与农村居民人均可支配收入之比缩小到 0.53[2]。

## 三、浙江省与国内其他地区城乡区域协调发展水平比较

城乡区域协调发展是一个系统命题，涵盖经济社会的方方面面，需要构建相对系统完善的评价体系，来相对全面、客观地检视浙江省城乡区域协调发展水平及相较全国其他省区的特色优势与短板弱项。

---

[1] 数据不包括港、澳、台。
[2] 资料来源：省、市、县国民经济和社会发展统计公报。

## （一）城乡区域协调发展指数评价体系构建

### 1. 构建原则

（1）以经济协调发展为主线

协调发展体现在经济、社会、文化、治理等各个方面，一般认为，经济协调发展水平是重点。因此，本研究以衡量城乡间、地区间经济发展水平差距为核心，适当兼顾社会发展指标差距。

（2）兼顾全面性和精准性

城乡区域的协调发展是一个系统问题，因此，需要通过选择不同领域的指标，来反映生态、经济、社会各个子系统的发展状况。在系统全面的基础上，兼顾数据的可得性与简明性。

（3）兼顾直接指标与间接指标

除直接反映城乡差距、区域差距的指标外，如城乡居民人均可支配收入倍差、消费倍差等，选取部分间接反映的指标，如城镇化率、服务业增加值等。城镇化率与城乡差距往往呈负相关关系，因此也可从一定程度上反映出差距水平。

### 2. 评价指数

省域城乡区域协调发展指数，由 1 个总指数和 2 个分指数构成。"1"个总指数，即省域城乡区域协调发展指数，对省域整体协调发展水平进行评价。"2"个分指数分别指城乡协调发展指数和区域协调发展指数，前者反映省域城乡发展差距，包括城乡经济差距、社会建设差距等；后者反映省域地区间发展差距，即各个设区市间经济发展水平差距。

（1）城乡区域协调总指数

反映省域城乡间、地区间发展水平的协调程度，通过城乡、区域协调发展指数进行均权加权后得出。

（2）城乡协调分指数

反映省域城乡差距，包括表征城乡居民生活水平的收入、消费、就业等，表征城乡教育、医疗、养老等社会事业发展，表征城乡道路交通、环境设施等市政基础设施建设水平等多方面。

（3）区域协调分指数

反映省域地区间发展差距，本研究聚焦在设区市之间的发展差距，包括设区市间经济发展水平、劳动生产效率、全体居民的收入水平等。

**3. 指标选取**

（1）反映城乡差距的指标

主要通过城乡居民人均可支配收入倍差、城乡居民人均消费倍差、常住人口城镇化率、乡村非农就业率、服务业增加值占比、城乡居民平均受教育年限倍差来综合反映。

其中，城乡居民收入、消费倍差反映的是城乡居民的生活水平差距，城乡居民平均受教育年限倍差是城乡间人力资本水平的差距，是直接表征城乡差距的指标。

一般来说，城镇化率越高的地区，城市化对乡村发展的带动作用越强，城乡倍差越小；服务业增加值占比越高的地区，乡村第三产业往往较为发达，农村居民工资性收入、经营性收入水平往往越高。这两项是间接表征城乡差距的指标。

（2）反映地区差距的指标

主要通过设区市间经济发展水平、人民生活水平的差距来反映地区差距，具体指标为地区间人均可支配收入差距，包括地区人均可支配收入离散系数、人均可支配收入低于全省平均的地市占比，反映人民群众生活水平；地区间人均 GDP 差距，包括地区人均 GDP 离散系数、人均 GDP 低于全省平均的地市占比，反映地区经济发展水平、产业结构层次差距；地区间人均一般公共预算支出最高最低倍差，反映地区间社会公共服务供给能力水平差距。

此外，对于差距大小的衡量，采用两类指标。一是最高最低的极差，即最高水平地市与最低水平地市的倍差，极差越大，区域间的分化程度越高；二是所有设区市间指标的离散程度，通过各地市数据的标准差来反映，离散系数越高，区域间分化程度越高。

### 4. 权重设置

在指标权重的设置上，首先在城乡差距、区域差距两个子维度，具有同等重要性，故应采用平均权重。在二级指标的权重设置中，我们通过专家打分法，对二级指标进行赋权，得到指标评价体系如表2-1所示。

**表2-1 城乡区域协调发展指数评价指标**

| 序号 | 一级指标 | 二级指标 | 属性 | 权重（%） |
|---|---|---|---|---|
| 1 | 城乡差距（50%） | 城乡居民人均可支配收入倍差 | 逆向 | 15 |
| 2 | | 城乡居民人均生活消费倍差 | 逆向 | 7.5 |
| 3 | | 乡村非农就业率（2022年） | 正向 | 7.5 |
| 4 | | 常住人口城镇化率 | 正向 | 7.5 |
| 5 | | 城乡居民平均受教育年限倍差（2020年） | 逆向 | 7.5 |
| 6 | | 服务业增加值占比 | 正向 | 5 |
| 7 | 区域差距（50%） | 地区人均可支配收入离散系数 | 逆向 | 10 |
| 8 | | 人均可支配收入低于全省平均的地市占比 | 逆向 | 10 |
| 9 | | 地区人均GDP离散系数 | 逆向 | 10 |
| 10 | | 人均GDP低于全省平均的地市占比 | 逆向 | 10 |
| 11 | | 地区间人均一般公共预算支出最高最低倍差 | 逆向 | 10 |

注：表中的"地区"指的是省域城市间。

### 5. 指数计算

（1）数据来源

本研究以省级行政区为研究对象，剔除北京、上海、天津、重庆4个直辖市，以全国27个省级行政区为研究对象，数据主要来源于2023年各省、各地市统计公报[①]。全国27个省区乡村非农就业率最新数据为2022年数据，城乡居民平均受教育年限数据为第七次全国人口普查数据。

（2）数据处理

为保证各指标之间具有可比性，对数据进行同趋化和标准化处理，公式为：

正向指标标准化值 =（实际值 – 最小值）/ 极差 　　（式2-1）

---

① 数据不包括港、澳、台。

$$逆向指标标准化值 = （最大值 - 实际值）/ 极差 \qquad （式 2-2）$$

其中，极差 = 最大值 - 最小值。

（3）指数计算

根据以下公式得到每个省份的综合得分：

$$综合得分 = \Sigma（各指标标准化值 × 权重） \qquad （式 2-3）$$

为保证城乡融合与区域协调发展指数位于 [60，100] 的区间，对综合指数进行如下变换：

$$综合指数 = 综合指数 × 40+60 \qquad （式 2-4）$$

2023 年全国 27 个省区城乡区域协调发展指数评价结果见附表二。

### （二）省际城乡区域协调发展指数分析

#### 1. 总指数评价

（1）从全国 27 个省区比较看，浙、琼、苏三地省域城乡协调水平走在全国前列

2023 年全国 27 个省区的城乡区域协调发展总指数平均得分 83.09 分，浙江省（93.56 分）、海南省（90.70 分）、江苏省（90.01 分）位列前三名（见图 2-1）。总指数排名前三名均为东部地区省份，排名后三名里西部地区有两个省份、东部地区有一个省份。

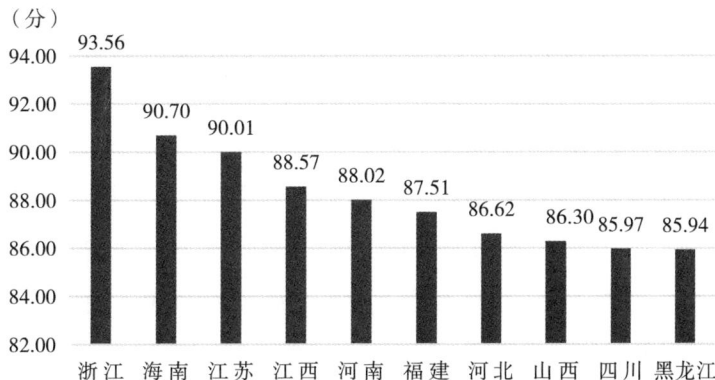

图 2-1　2023 年全国 27 个省区城乡区域协调发展总指数评分排名前 10 位

（2）从四大区域比较看，东部地区城乡区域协调发展水平整体走在前列

2023年我国四大区域城乡区域协调发展总指数评价结果从高到低，分别为东部、中部、东北、西部地区，平均得分分别为87.23分、85.70分、83.32分、78.97分。

东部地区中，浙江省得分最高，为93.56分；广东省得分最低，为78.91分。中部地区中，江西省得分最高，为88.57分；湖南省得分最低，为82.66分。东北地区中，黑龙江省得分最高，为85.94分；吉林省得分最低，为79.36分。西部地区中，四川省得分最高，为85.97分；甘肃省得分最低，为71.37分（见表2-2）。

表2-2　2023年我国四大区域城乡区域协调发展总指数评分结果

| 序号 | 地区 | 平均分（分） | 最高分（分） | 最低分（分） |
|------|------|------------|------------|------------|
| 1 | 东部地区 | 87.23 | 93.56（浙江省） | 78.91（广东省） |
| 2 | 中部地区 | 85.70 | 88.57（江西省） | 82.66（湖南省） |
| 3 | 东北地区 | 83.32 | 85.94（黑龙江省） | 79.36（吉林省） |
| 4 | 西部地区 | 78.97 | 85.97（四川省） | 71.37（甘肃省） |

（3）从经济大省比较看，浙、苏、川、豫地区城乡区域协调发展水平较高，粤、鲁两地城乡区域协调面临较大挑战

一般来说，经济发展水平越高的地区，城乡区域协调程度越高。2023年从我国6个经济大省发展情况看，浙、苏、川、豫4个省份经济总量与城乡区域协调发展总指数均走在全国前列，在经济高质量发展中较好地实现了城乡区域协调。而广东省、山东省两地发展均衡性不足，广东省GDP总量排名全国第1位，而城乡区域协调发展总指数仅排名第20位；山东省GDP总量排名全国第3位，而城乡区域协调发展总指数仅排名第15位（见表2-3）。

表 2-3　2023 年我国 6 个经济大省 GDP 与城乡区域协调发展总指数情况

| 序号 | 省份 | GDP（元） | 城乡区域协调发展总指数 | GDP 排名 / 总指数排名 |
|---|---|---|---|---|
| 1 | 广东 | 13.57 万亿 | 78.91 | 1/20 |
| 2 | 江苏 | 12.82 万亿 | 90.01 | 2/3 |
| 3 | 山东 | 9.21 万亿 | 83.32 | 3/15 |
| 4 | 浙江 | 8.26 万亿 | 93.56 | 4/1 |
| 5 | 四川 | 6.01 万亿 | 85.97 | 5/9 |
| 6 | 河南 | 5.91 万亿 | 88.02 | 6/5 |

注：2022 年国务院主要负责人在深圳主持召开经济大省政府主要负责人座谈会，广东、江苏、浙江、山东、河南、四川 6 省份相关负责人相继发言。

**2. 城乡协调发展水平评价**

（1）从城乡整体协调发展水平看，浙江走在全国前列，领先优势明显

2023 年，根据省域城乡协调发展指标评分结果，浙江得分为 81.37 分，是 27 个省区中唯一得分超 80 分的省份，领先优势明显（见图 2-2）。绝大部分的省区城乡协调得分为 70~80 分（占 81%），其中得分为 70~75 分的有 11 个、75~80 分的同样为 11 个。有 4 个省区城乡协调发展得分低于 70 分，城乡协调发展水平总体较低。

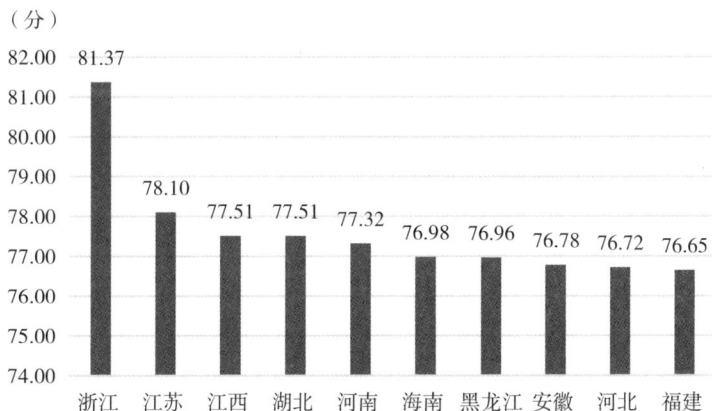

图 2-2　2023 年全国 27 个省区城乡协调发展指数评分排名前 10 位

（2）从城乡生活差距看，浙江城乡居民收入及消费水平倍差在国内处于较低水平

城乡居民收入和消费水平的倍差，反映了城乡居民生活水平的差距。数据显示，2023 年浙江城乡居民可支配收入倍差在全国省区中排名第 2 位，仅比排名第 1 位的黑龙江高了 0.01（见图 2-3）。绝大部分省区城乡居民可支配收入倍差为 2~3（85%），其中倍差为 2.0~2.5 的有 18 个、2.5~3.0 的有 5 个。

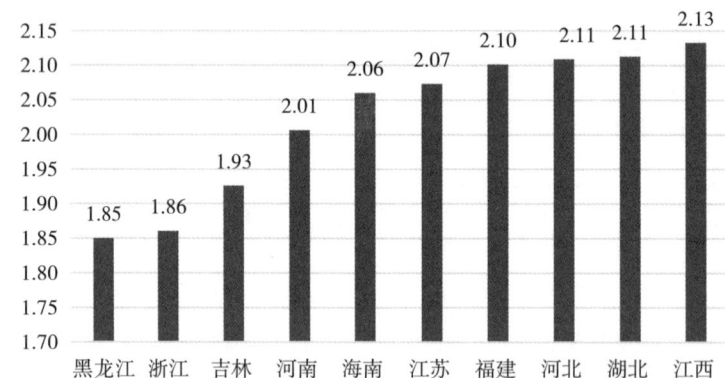

图 2-3　2023 年全国 27 个省区城乡居民可支配收入倍差排名前 10 位

从消费水平差距看，2023 年浙江城乡居民人均生活消费倍差为 1.57，在全国 27 个省区中与黑龙江并列第 5 位，排在浙江前面的省份有河南、湖北、江西、安徽 4 省（见表 2-4）。绝大部分省区城乡居民可支配收入倍差为 1.5~1.8（63%），其中倍差为 1.8~2.0 的有 7 个，倍差大于 2 的有 2 个。

表 2-4　2023 年我国省域城乡居民人均生活消费倍差情况

| 序号 | 省份 | 倍差 | 序号 | 省份 | 倍差 | 序号 | 省份 | 倍差 |
| --- | --- | --- | --- | --- | --- | --- | --- | --- |
| 1 | 安徽 | 1.48 | 5 | 浙江 | 1.57 | 9 | 江苏 | 1.62 |
| 2 | 江西 | 1.51 | 6 | 黑龙江 | 1.57 | 10 | 河北 | 1.62 |
| 3 | 湖北 | 1.51 | 7 | 广西 | 1.58 | | | |
| 4 | 河南 | 1.54 | 8 | 湖南 | 1.62 | | | |

（3）从城乡居民受教育水平差距看，浙江城乡居民受教育程度差距总体较小

从城乡居民平均受教育年限差距看，2020 年浙江城乡居民平均受教育年限倍差为 1.28，在全国 27 个省区中排名第 3 位，排在浙江前面的省份有海南、山西 2 省。全国 27 个省区中，最低的为海南，为 1.26（见图 2-4）。绝大部分省区城乡居民平均受教育年限倍差为 1.3~1.4（约 60%），在 1.4~1.5 的有 4 个，大于 1.5 的有 3 个。

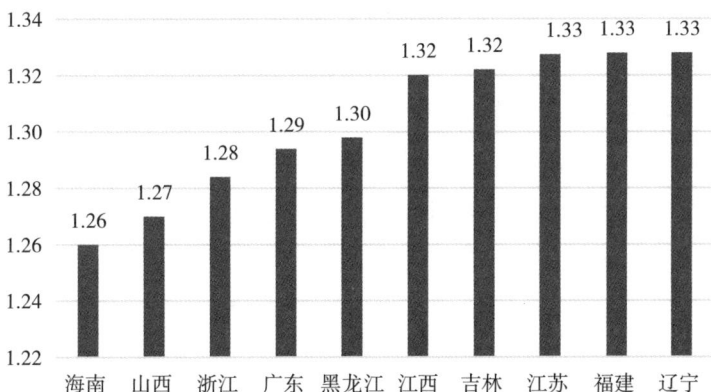

图 2-4　2020 年全国 27 个省区城乡居民平均受教育年限倍差排名前 10 位

（4）从间接指标看，浙江以城带乡能力和效果均领先优势明显

坚持城乡一体，以工促农、以城带乡，推动形成工农互促、城乡互补、协调发展、共同繁荣的发展格局，是推进城乡融合、缩小城乡差距的必由之路。因此，通过城镇化率、服务业增加值占比可反映出地区以城带乡的能力潜力，乡村非农就业水平高低则反映了城乡协调发展的成果。通过数据分析，全国省区间呈现出如下特征。

从城镇化发展水平看，2023 年常住人口城镇化率超 70% 的有 5 个省份，从高到低分别为广东（75.40%）、江苏（75.00%）、浙江（74.20%）、辽宁（73.50%）、福建（71.00%）（见图 2-5）。常住人口城镇化率在 60%~70% 的有 14 个省区，占比 52%。常住人口城镇化率低于 60% 的有 8 个，占比 30%。

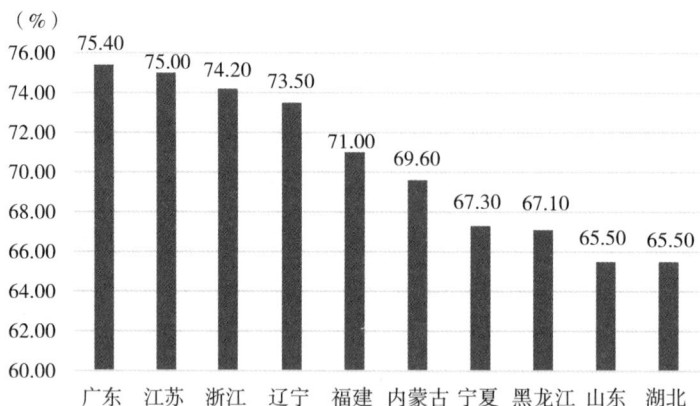

图 2-5　2023 年全国 27 个省区常住人口城镇化率水平排名前 10 位

从服务业增加值占比看，2023 年浙江服务业增加值占比为 56.05%，居于全国 27 个省区第 2 位，比第 1 位的海南低了 4.81 个百分点（见图 2-6）。大部分省区（67%）服务业增加值占比为 50%~60%。服务业增加值占比小于 50% 的共有 8 个。

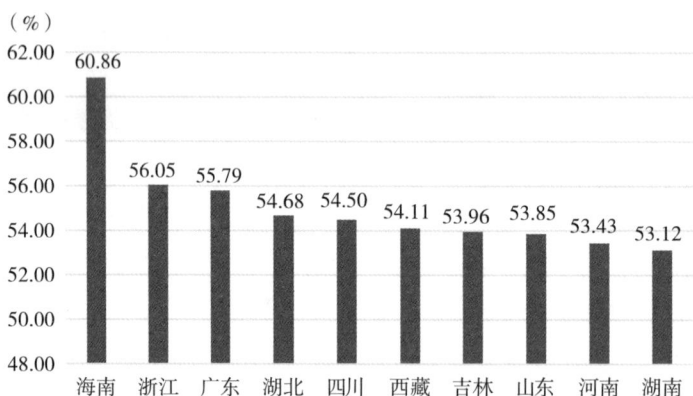

图 2-6　2023 年全国 27 个省区服务业增加值占比排名前 10 位

从乡村非农就业率看，2022 年，浙江乡村非农就业率为 80.96%，比排名第 2 位的福建高出近 26 个百分点（见图 2-7）。乡村从业人口中，一产从业人员仅占 19%，非农就业提高了农村居民的工资性收入，提高了农民整体收入水平。如表 2-5 所示，超 80% 的省区乡村非农就业率低于 50%，这些地区农民主要还是从事一产生产，其中黑龙江一产从业人员总数甚至超过了乡村从业人员总数。

（%）

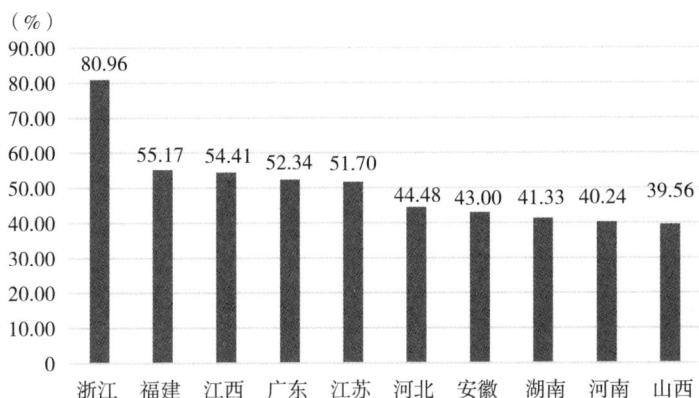

图 2-7　2022 年全国 27 个省区从业人员中非农就业率排名前 10 位

表 2-5　我国部分省区常住人口城镇化率等情况 ①

| 省区 | 常住人口城镇化率（%） | 服务业增加值占比（%） | 乡村非农就业率（%） | 省区 | 常住人口城镇化率（%） | 服务业增加值占比（%） | 乡村非农就业率（%） |
|---|---|---|---|---|---|---|---|
| 广东 | 75.4 | 55.79 | 52.34 | 河北 | 62.8 | 52.44 | 44.48 |
| 江苏 | 75.0 | 51.66 | 51.70 | 青海 | 62.8 | 47.36 | 27.27 |
| 浙江 | 74.2 | 56.05 | 80.96 | 海南 | 62.5 | 60.86 | 19.53 |
| 辽宁 | 73.5 | 52.38 | 9.04 | 安徽 | 61.5 | 52.46 | 43.00 |
| 福建 | 71.0 | 49.99 | 55.17 | 湖南 | 61.2 | 53.12 | 41.33 |
| 内蒙古 | 69.6 | 41.36 | 2.66 | 四川 | 59.5 | 54.50 | 27.12 |
| 宁夏 | 67.3 | 45.15 | 24.80 | 新疆 | 59.2 | 45.35 | 17.21 |
| 黑龙江 | 67.1 | 50.83 | -2.17 | 河南 | 58.1 | 53.43 | 40.24 |
| 山东 | 65.5 | 53.85 | 37.09 | 广西 | 56.8 | 50.77 | 27.19 |
| 湖北 | 65.5 | 54.68 | 31.05 | 贵州 | 55.9 | 51.20 | 22.74 |
| 陕西 | 65.2 | 44.60 | 21.81 | 甘肃 | 55.5 | 51.77 | 10.89 |
| 山西 | 65.0 | 42.73 | 39.56 | 云南 | 52.9 | 51.82 | 15.75 |
| 吉林 | 64.7 | 53.96 | 4.96 | 西藏 | 38.0 | 54.11 | 39.32 |
| 江西 | 63.1 | 49.82 | 54.41 | | | | |

① 表中常住人口城镇化率和服务业增加值占比为 2023 年数据，乡村非农就业率为 2022 年数据。

### 3. 区域协调发展水平评价

（1）从区域协调发展整体水平看，浙江区域协调发展处于较高水平

根据省域区域协调发展指标评分结果，2023年浙江得分为72.01分，在27个省区中居第3位（见图2-8）。大部分省区区域协调得分在65~72分（占81.5%），其中70分以上的有7个，65~70分的有15个，低于65分仅有2个。

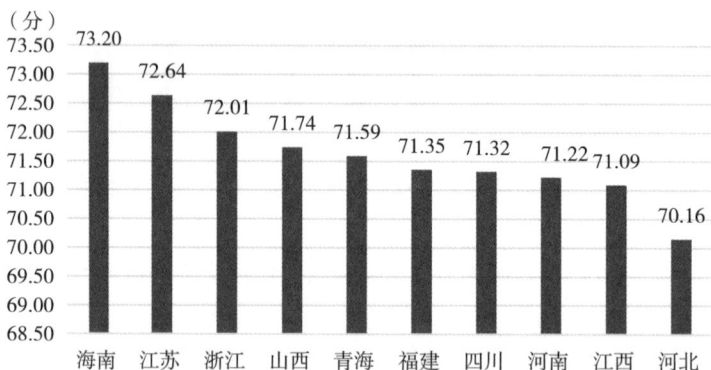

图 2-8　2023 年全国 27 个省区区域协调发展指数评分排名前 10 位

（2）从地区人均可支配收入看，浙江经济分化程度低，差距小，整体水平较均衡

人均可支配收入通常可以反映经济发展均衡情况、收入分配公平性及产出效率。因此通过地区人均可支配收入离散系数可以反映地区人均可支配收入分化程度，而人均可支配收入低于全省平均的地市占比反映了人民生活水平的差距。通过数据分析，全国27个省区间呈现出如下特征。

从地区人均可支配收入离散系数看，2023年浙江地区人均可支配收入离散系数在全国27个省区排名第3位，与江西、四川、河北并列，比排名第2位的广西高了0.01，比排名第1位的黑龙江高了0.05（见图2-9）。绝大部分省区地区人均可支配收入离散系数为0.15~0.3（70.4%），离散系数大于0.3的有两个省份。

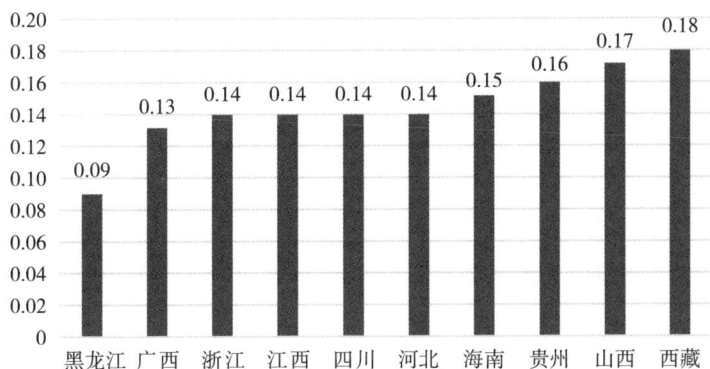

图 2-9　2023 年全国 27 个省区地区人均可支配收入离散系数排名前 10 位

2023 年，从人均可支配收入低于全省平均的地市占比看，浙江人均可支配收入低于全省平均的地市占比为 36.36%，在全国 27 个省区中与山西并列排名第 2 位，排在浙江前面的是海南，占比 33.33%（见图 2-10、表 2-6）。绝大部分省区人均可支配收入低于全省平均的地市占比为 40%~70%（85.2%），在40%~55% 的省区有 9 个，在 55%~70% 的有 14 个。

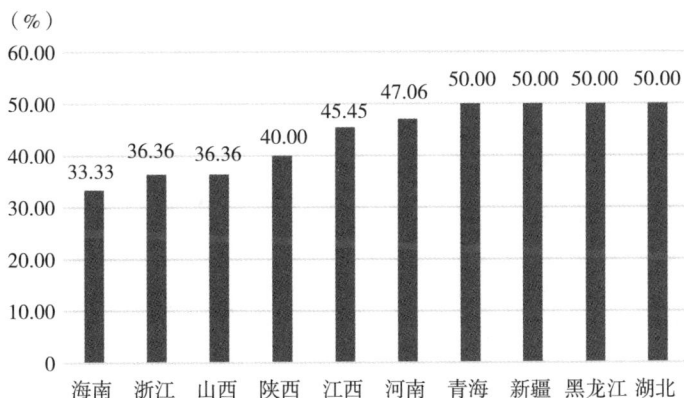

图 2-10　2023 年全国 27 个省区人均可支配收入低于全省平均的地市占比前 10 位

表 2-6　2023 年我国部分省域区际居民可支配收入离散情况

| 省区 | 离散系数 | 占比（%） | 省区 | 离散系数 | 占比（%） | 省区 | 离散系数 | 占比（%） |
|---|---|---|---|---|---|---|---|---|
| 海南 | 0.15 | 33.33 | 江西 | 0.14 | 45.45 | 西藏 | 0.18 | 50.00 |
| 浙江 | 0.14 | 36.36 | 河南 | 0.18 | 47.06 | 湖北 | 0.23 | 50.00 |

续表

| 省区 | 离散系数 | 占比（%） | 省区 | 离散系数 | 占比（%） | 省区 | 离散系数 | 占比（%） |
|------|---------|----------|------|---------|----------|------|---------|----------|
| 山西 | 0.17 | 36.36 | 新疆 | 0.30 | 50.00 | 黑龙江 | 0.09 | 50.00 |
| 陕西 | 0.20 | 40.00 | 青海 | 0.26 | 50.00 | | | |

（3）从人均 GDP 来看，浙江产业结构存在差异，资源分配不均

地区间人均 GDP 离散系数与人均 GDP 低于全省平均的地市占比反映了地区间人均 GDP 差距，进一步反映了地区间的经济发展水平、产业结构层次差距。通过数据分析，全国 27 个省区间呈现出如下特征。

2023 年，从人均 GDP 离散系数看，离散系数小于等于 0.3 的有 6 个省，从低到高依次是海南（0.11）、福建（0.18）、山西（0.26）、江苏（0.28）、河南（0.29）、江西（0.30），浙江（0.31）与四川、吉林并列排在第 7 位，与排名第 1 位的海南相差 0.2。绝大多数省区离散系数为 0.33~0.6（63%），其中在 0.33~0.5 的有 12 个，在 0.5~0.6 的有 5 个。

2023 年，从人均 GDP 低于全省平均的地市占比看，浙江人均 GDP 低于全省平均的地市占比为 54.55%，在全国省区中排名第 6 位，排在浙江前面的省份有江苏、福建、青海、安徽、河北 5 省（见图 2-11）。绝大部分省区人均 GDP 低于全省平均的地市占比为 55%~70%（70.4%），其中占比在 55%~65% 的有 12 个，占比在 65%~70% 的有 7 个。

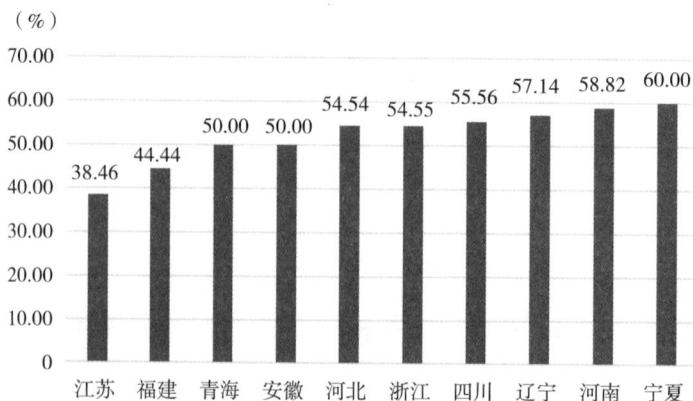

图 2-11　2023 年全国 27 个省区人均 GDP 低于全省平均的地市占比排名前 10 位

（4）从人均一般公共预算支出最高最低倍差看，浙江地区间公共服务的差异较大

地区间人均一般公共预算支出最高最低倍差，反映地区间社会公共服务供给能力水平差距。数据显示，2023 年浙江人均一般公共预算支出最高最低倍差为 2.72，意味着地区间公共服务的差异较大。倍差最低为青海（1.14）（见图 2-12）。绝大部分省区地区间人均一般公共预算支出最高最低倍差为 1~2.6（77.8%），其中最高最低倍差在 1~2 的有 14 个，在 2~2.6 的有 7 个。

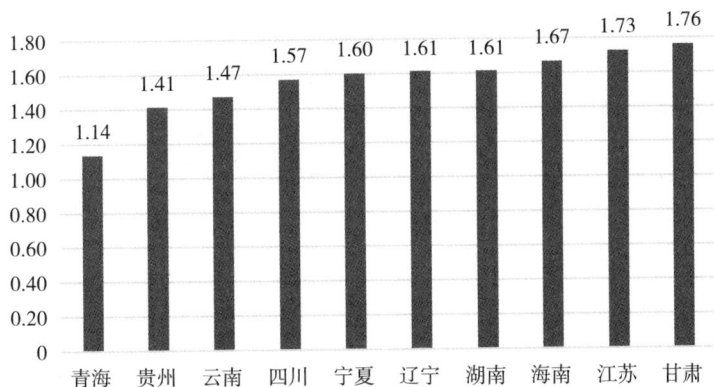

图 2-12　2023 年全国 27 个省区一般公共预算支出最高最低倍差排名前 10 位

## 四、进一步提高城乡区域协调发展水平的展望与建议

总的来看，浙江省城乡区域协调发展综合水平走在全国前列，领先优势明显。然而不可否认的是，浙江省自身城乡区域缩差压力仍然巨大。必须保持长期的战略耐心，解放思想、创新改革，找到兼顾效率与公平、长期与短期目标的改革路径、创新方法和一揽子制度体系，以更大力度统筹城乡区域协调发展。

### （一）当前浙江省统筹城乡区域协调发展仍存在的问题

**1. 城乡区域倍差在缩小，但绝对差距仍在不断扩大**

2020年到2023年，浙江省城乡倍差从1.96下降到1.86，但城乡居民可支配收入的绝对差距从30769元扩大到34686元。绝对差距的扩大意味着城乡居民生活水平的差距逐渐拉大，可见，倍差的缩小并未带来城乡居民间实际收入水平、消费能力等方面差距的降低。

在区域差距方面，从地区间居民收入水平看，2020年浙江省设区市间全体居民人均可支配收入最高最低倍差为1.64，2023年下降到1.56，但最高最低的绝对差距从2.42万元扩大到2.66万元。从地区间人均创富能力看，2020年浙江省设区市间人均GDP最高最低倍差为2.24，2023年下降到2.07，但最高最低的绝对差距从7.62万元扩大到8.32万元。

整体上看，浙江省城乡区域协调发展还处在"倍差缩小、绝对差扩大"阶段，城乡间、地区间人民群众实际的收入水平、消费能力还在扩大，必须加大缩差力度，进一步提高城乡区域间发展的均衡性、协调性。

**2. 推动城乡缩差新动能尚未形成，农民持续增收的动力弱化**

2023年，浙江省农村居民可支配收入突破4万元大关，城乡居民收入倍差超预期缩小（达1.86），预计2025年倍差将接近1.8。但从农民增收的动力机制看，持续缩小城乡差距仍面临较大挑战。

一是原动力不足、新动力未形成。过去，浙江省城乡缩差主要依靠农村人口非农就业，提高了工资性收入水平，但近年来乡村地区非农化水平基本稳定。下一阶段，农民增收新的动力机制尚未明朗。二是人口持续流失、老龄化严重。农村常住人口仍在以每年20万人的速度减少，2020年浙江省农村老龄化率已达28.3%，比全省平均水平高了近10个百分点；全省257个乡中，老龄化率超30%的占78.5%，老龄化率超40%的占近40%。三是农民在分享乡村新经济红利中逐渐弱化。当前民宿、露营、直播电商等新业态新模式门槛要求高、农民参与难、红利分享少。

### 3. 后进地区发展水平仍然较低，仍有 8 个县长期低于全国平均水平

从收入极差看，11 个设区市人均可支配收入最高最低倍差从 2020 年的 1.64 下降到 2023 年的 1.56，90 个县级行政区人均可支配收入最高最低倍差从 2020 年的 2.57 下降到 2023 年的 2.37。但进一步分析发现，缩小区域差距仍存在不小隐忧。

从结构上看，低收入组长期位次固化，面临增收难题。若按"五等分法"，根据全体居民可支配收入，将全省县级行政区由高到低分为 5 组，可以看出，有 16 个县（市）长期位于最低档。与全国平均相比，有 8 个县（市）长期位于全国平均线以下。山区 26 县内部同样存在较大差异，2023 年山区 26 县居民收入水平最高的为 5.82 万元（柯城），最低的为 3.65 万元（开化），最高最低倍差达 1.6。需进一步聚焦 26 县的"末位"，大力推动末位增收。

### （二）推进城乡区域协调发展面临的新形势新要求

#### 1. 进入了基本实现共同富裕的关键期

2021 年 5 月，《中共中央 国务院关于支持浙江高质量发展建设共同富裕示范区的意见》中明确要求，到 2035 年，浙江省高质量发展取得更大成就，基本实现共同富裕。"十五五"时期，是浙江省推进基本实现共同富裕承上启下的关键 5 年。推动城乡区域协调发展，是推动共同富裕示范区建设、缩小"三大差距"的主要内容。必须着力拓宽城乡融合路，持续弹好区域协奏曲，加快破除制约城乡一体、区域统筹发展的深层次体制机制障碍，促进要素平等交换、双向流动，全面推进空间、产业、人才等有形无形融合。

#### 2. 进入了率先实现城乡融合的攻坚期

"千万工程" 20 年是统筹城乡发展的 20 年，指引浙江省走出了一条以城带乡、以工促农、城乡一体化发展之路。2023 年年初，国家十五部门联合下发《关于支持浙江率先实现城乡融合发展的若干意见》，对浙江的城乡融合工作提出了"率先实现"的新定位。从"扎实推进"到"率先实现"提法的转

变，体现了党中央对浙江省的殷切期望，赋予了浙江省新的使命担当。今后一个时期，浙江省必须扛起"率先实现城乡融合"的使命担当，统筹新型工业化、新型城镇化和乡村全面振兴，全面提高城乡规划、建设、治理融合水平，促进城乡要素平等交换、双向流动，缩小城乡差别，促进城乡共同繁荣发展。

### 3. 进入了推进山区海岛县高质量发展的深化期

推进山区海岛县高质量发展是浙江省深化"八八战略"、持续深化山海协作工作的又一重大部署。必须以"时不我待、只争朝夕"的紧迫感，坚定扛起山区海岛县高质量发展新使命，充分认识山区海岛县高质量发展是推动"八八战略"走深走实、破解发展不平衡不充分问题、塑造区域发展新增长极的必然要求。必须进一步创新共建共享机制、产业合作模式，拓宽精准协作领域，打造创新发展的强引擎，加快打造具有山区海岛特色的现代化产业体系；夯实基础设施现代化的硬支撑，让山区海岛县群众就地就近享受更优质的公共服务；打响绿水青山的金名片，用心绘就具有山区特色、海岛韵味的新时代"富春山居图"。

### （三）推进城乡区域协调发展的展望与思考

#### 1. 始终把推动以新质生产力为引领的经济高质量发展摆在城乡区域协调发展的首要位置

没有经济高质量发展，就不可能实现城乡区域协调。要坚定不移地培育发展新质生产力，在新一轮的生产关系变革中处理好效率与公平的关系，因地制宜、先立后破找到形成新质生产力的路与桥。要尊重市场规律，营造有利于新质生产力发展的营商环境，尊重企业的创新资源配置主体地位，针对社会需求创造新产品、改进新工艺、开拓新市场、资源新配置、组织新模式，提升全要素生产效率。加大力度扩大有效投资、激发消费潜能，发展培育新兴产业，改造提升传统产业，前瞻布局一批未来产业，建立以新质生产力为引领的现代化产业体系。要高度重视培育新质生产力中人的因素，处理好低生育率、老龄化、低素质人口与培育新质生产力之间的矛盾，加大对人力资本的投资，促进教育、科技、人才"三位一体"发展，发挥好老龄人口的积极贡献，构建全龄友好型社会，完善人口与经济、资源、环境可持续发展的体制机制。

**2. 始终坚持走改革创新解放和增强社会活力的共富路径**

要把构建有利于城乡区域协调发展的体制机制作为有效着力点，加快推动全面创新、城乡融合、收入分配制度、区域协调、公共服务一体化等方面体制机制改革。不断放大带动效应、辐射效应、帮扶效应、互促效应、鲶鱼效应，选准、培育、厚植、放大山区海岛县比较优势。加大城乡融合发展改革力度，深入实施乡村振兴战略，深挖农民增收新的"增长点"。加大对乡村新生产空间的要素支撑，引导推进青年入乡创业发展。推进农民创富技能提升，提升农民人力资本水平。全面推进农业标准地改革，提高农业生产经营水平。提高农民的财产性收入和转移性收入，提高城乡居民基础养老金水平，通过集体补助等办法提高农民养老待遇水平。

**3. 始终统筹好市场有效和政府有为力量形成社会有感的合力**

要明确政府权力和责任边界、企业社会责任边界、发展治理监管边界，既不放任市场失灵扩大收入、区域和城乡差距的外部效应，也不干预以市场化决定的发展领域，在全面统筹基础上，以解放和发展社会生产力为方向，以促进社会公平正义、增进人民福祉为出发点，把聚力调动城乡区域发展内生动力、就业促进和公共服务一体化、要素市场化配置和国际一流营商环境等重要领域作为政府有为的主要突破口，打造知边界、促改革、守法治、利共富的政府，引导全社会形成促进共同富裕发展合力。

附表二

### 2023 年全国 27 个省区城乡区域协调发展指数评价结果

| 序号 | 省区 | 总指数 | 城乡协调发展指数 | 区域协调发展指数 |
|---|---|---|---|---|
| 1 | 河北 | 86.62 | 76.72 | 70.16 |
| 2 | 山西 | 86.30 | 73.05 | 71.74 |
| 3 | 内蒙古 | 78.16 | 72.17 | 65.86 |
| 4 | 辽宁 | 84.66 | 74.76 | 69.71 |
| 5 | 吉林 | 79.36 | 74.92 | 64.77 |
| 6 | 黑龙江 | 85.94 | 76.96 | 68.59 |
| 7 | 江苏 | 90.01 | 78.10 | 72.64 |
| 8 | 浙江 | 93.56 | 81.37 | 72.01 |
| 9 | 安徽 | 84.90 | 76.78 | 69.56 |
| 10 | 福建 | 87.51 | 76.65 | 71.35 |
| 11 | 江西 | 88.57 | 77.51 | 71.09 |
| 12 | 山东 | 83.32 | 74.53 | 68.56 |
| 13 | 河南 | 88.02 | 77.32 | 71.22 |
| 14 | 湖北 | 83.72 | 77.51 | 67.25 |
| 15 | 湖南 | 82.66 | 75.38 | 68.47 |
| 16 | 广东 | 78.91 | 76.32 | 64.11 |
| 17 | 广西 | 84.50 | 74.96 | 69.69 |
| 18 | 海南 | 90.70 | 76.98 | 73.20 |
| 19 | 四川 | 85.97 | 74.91 | 71.32 |
| 20 | 贵州 | 78.07 | 68.34 | 69.15 |
| 21 | 云南 | 77.03 | 69.66 | 67.64 |
| 22 | 西藏 | 72.28 | 65.64 | 65.23 |
| 23 | 陕西 | 79.85 | 71.12 | 67.95 |
| 24 | 甘肃 | 71.37 | 65.48 | 65.75 |
| 25 | 青海 | 82.26 | 71.14 | 71.59 |
| 26 | 宁夏 | 80.99 | 71.80 | 69.22 |
| 27 | 新疆 | 78.21 | 71.24 | 66.45 |

专题篇

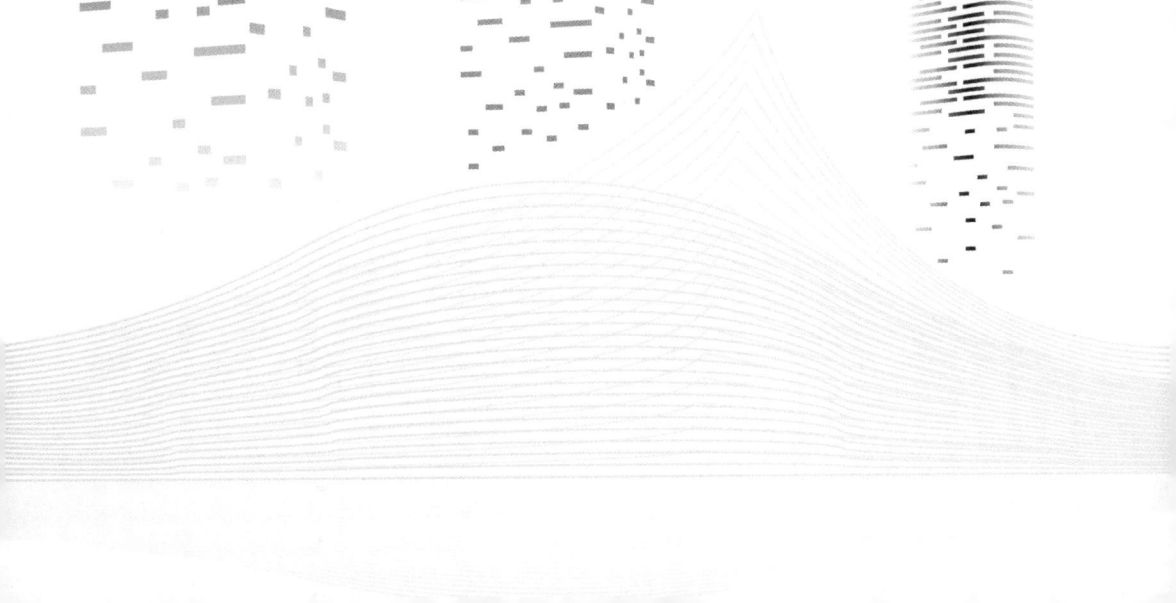

# 第三章
## 缩小"三大差距"

浙江富裕程度较高、均衡性较好。但在新发展阶段，对标城乡和区域高水平均衡的要求，在缩小"三大差距"方面仍存在一些堵点难点。如何在高质量发展基础上，进一步完善城乡融合、区域协调的体制机制，实现包容性增长，是浙江建设共同富裕示范区和做中国式现代化先行者需要重点破解之题。

## 一、从"三大差距"看浙江在全国的新方位

近年来，浙江在探索解决发展不平衡不充分问题方面取得了明显成效。2023年全省人均生产总值为12.5万元，已经达到中等发达国家水平[1]。城镇和农村居民人均可支配收入分别连续23年和39年位居全国各省（区）第1位[2]。浙江省地区人均可支配收入最高最低倍差下降至1.56，城乡居民人均可支配收入倍差下降至1.86，均远低于全国平均水平[3]。

### （一）地区差距近年来有所反弹

一是人均GDP的地区差距先下降后上升。2013—2023年，浙江人均GDP变异系数[4]先下降后上升，在2018年降至0.288后略有反弹，2023年为

---

[1] 根据《2023年浙江省国民经济和社会发展统计公报》和世界银行相关数据计算得到。

[2] 资料来源：《浙江农村居民人均可支配收入连续39年居各省区第一位》，光明网，2024年3月28日。

[3] 资料来源：浙江省各设区市统计公报。

[4] 变异系数表示数据的标准差与平均数的比率，用于衡量数据的相对离散程度。在衡量地区差距时，一个较高的变异系数意味着数据点更分散，表明地区间在某项指标上有较大的差异，相反，较低的变异系数意味着数据点更集中，地区间的差异较小。

0.305，低于广东，但略高于江苏。与江苏相比，2020年前浙江人均GDP变异系数明显低于江苏，但2021年以来江苏持续下降，而浙江呈上升趋势。二是浙西南与浙东北地区差距进一步拉大。只有舟山和宁波是人均GDP与年均增速高于全省平均的地市，温州、台州、湖州、金华则是人均GDP与年均增速均低于全省平均的地市。其中，舟山人均GDP增长最快，年均增速达9.56%，2023年人均GDP达17.9万元，位列11个地市首位；金华人均GDP增长最慢，年均增速仅为2.91%。因此，丽水、衢州、温州、金华是进一步缩小全省地区差距的关键区域。

### （二）城乡差距持续缩小

一是城乡收入倍差逐年降低。2013年以来，城乡居民人均可支配收入倍差连续11年缩小，2023年降至1.86，远小于全国平均水平（2.39），也低于江苏（2.11）、广东（2.36）、山东（2.17）等省份[①]。二是城乡居民收入增长呈"城慢乡快"态势。2013—2023年，浙江农村居民收入平均增速为9.6%，比城镇居民收入平均增速（7.1%）高2.5个百分点[②]。三是浙北城乡收入差距显著小于浙南。浙江省内城与乡之间存在着一条"地理线"，将杭州淳安、金华磐安、台州椒江三点串联成线，一侧城乡收入倍差低于2，另一侧城乡收入倍差普遍较高。在"淳安—磐安—椒江"线北侧，主要是杭嘉湖平原和杭甬城市群，是浙江经济最发达的区域，南侧则主要为浙南山区县。

### （三）收入差距有所下降，中等收入群体不断壮大

一是居民收入保持全国领先。2013—2023年，浙江全体居民人均可支配收入从29775元增至63830元，居全国31个省（区、市）第3位，仅次于上海和北京，远高于全国平均水平（39218元）。从绝对差距看，浙江居民收入领先优势持续扩大，2013—2023年，全省居民人均可支配收入与全国差值

---

① 资料来源：2023年各地国民经济和社会发展统计公报。
② 资料来源：历年浙江省国民经济和社会发展统计公报。

由 11464 元扩大至 24612 元，与广东、江苏、山东、福建等省份领先差距均实现"翻一番"。从相对差距看，浙江人均可支配收入占上海、北京居民收入比重由 2013 年的 70.6% 和 75.2% 分别提升至 2023 年的 72.9% 和 78.1%，差距逐渐缩小。二是居民收入增速趋缓。2013 年以来，浙江居民人均可支配收入变动趋势与全国走势基本一致，其中，2015—2022 年增速持续高于全国水平。受新冠疫情等外部冲击，2020 年以来，全省居民收入增速波动幅度较大，人均可支配收入平均增速为 6.8%，与全国持平，高于江苏（6.7%）、上海（5.5%）、山东（6.7%）和广东（6.3%）等省份，但总体低于 21 世纪头 10 年增长速度。三是基尼系数保持相对稳定，仍高于国际公认警戒水平。浙江省基尼系数在 2015—2022 年围绕 0.4 的警戒线，整体呈现出波动趋势，先由 2015 年的 0.414 下降至 2017 年的 0.351，然后逐渐上升，突破 0.4 的警戒线，最终在 2020 年达到峰值 0.478，又下降至 2022 年的 0.422。

## 二、浙江缩小"三大差距"的主要做法

2023 年 9 月，习近平总书记考察浙江，强调"浙江要在推进共同富裕中先行示范"，并且"要把缩小城乡差距、地区差距、收入差距作为主攻方向"[1]。近年来，浙江牢记总书记嘱托，抵御国际形势动荡冲击，积极应对国内需求收缩、供给冲击、预期转弱三重挑战，统筹"做大蛋糕"和"分好蛋糕"，在缩小"三大差距"方面为全国提供了经验。

### （一）"共富工坊"促进农村高质量充分就业

习近平总书记指出，促进共同富裕，最艰巨最繁重的任务仍然在农村[2]。近年来，浙江充分发挥党组织政治功能和组织功能，坚持党建引领"共富工

---

① 《始终干在实处走在前列勇立潮头 奋力谱写中国式现代化浙江新篇章》，《人民日报》2023 年 9 月 26 日第 1 版。
② 习近平：《扎实推动共同富裕》，《求是》2021 年第 20 期。

坊"建设，搭建村企合作平台，促进农民家门口就业增收。

一是组织共建。强化县乡党委统筹协调功能，将"共富工坊"纳入党建联建机制，精准衔接区域资源禀赋、产业布局、村情民情、企业需求等，组织协调企业与村（社区）结对。以党建带群建强企业党建，带动工会、共青团、妇联、残联等群团组织发挥群众工作优势，推动企业把党组织建起来、强起来。

二是市场运作。坚持企业所需、因坊施策，对"一村对一企""多村对一企"的"共富工坊"，依托结对企业提供兜底运营；对"一村对多企"的"共富工坊"，建立运营管理公司、经济合作联社等经营主体，加强工坊人员管理、订单生产和运行维护，提升标准化生产、品牌化经营、专业化组织程度，确保工坊转得稳、有钱赚。

三是精准服务。搭建"县级中心＋乡镇站点＋村社服务点"三级服务平台，2023年全省已建成服务平台675个，累计提供服务3.2万次，为"共富工坊"提供项目引进、就业培训、安全生产和社会保障等全链条支撑服务。开展"侨助工坊"行动，为工坊对接落实5200多批次、33.5亿元订单。打造"共富工坊"数字化应用场景，入驻几千家市场主体，实现智能匹配供需，及时解决工坊闲置、生产异常、安全隐患等问题。

### （二）精准画像助力低收入家庭综合帮扶

习近平总书记指出，低收入群体是促进共同富裕的重点帮扶保障人群[1]。当前，低收入群体帮扶工作普遍存在群体覆盖不全、帮扶资源碎片化、帮扶造血成效不明显等问题。浙江省温州市于2022年开始全面开展低收入家庭综合帮扶集成改革，从个体救助转向家庭整体性帮扶，推动政策从分散转向集成，目标从兜底转向造血，力量从单兵作战转向多跨协同，探索形成"群体画像＋政策工具＋在线应用＋多跨协同"的综合帮扶体系。

---

[1] 习近平：《扎实推动共同富裕》，《求是》2021年第20期。

一是精准构筑"提低"群体画像。提出低收入家庭定义及界定标准，除在册低保、低边、特困人员外，将家庭成员人均年收入低于当地最低生活保障标准的3倍且财产条件符合规定的本地常住人口家庭纳入低收入家庭范围。通过社区网格"大脚板"走访低收入家庭，收集困难需求；形成包括收支信息、家庭资产信息在内的"一户一画像"。构建易返贫致贫监测库，及时派发预警监测提示信息。如监测对象未缴纳医保，推送医保部门核实后，资助其参保，有效防范化解因病返贫风险。

二是打造"共性＋个性"智能工具箱。出台关于推进低收入家庭综合帮扶集成改革的实施意见等顶层设计政策，形成教育隔断、就业创业发展、看护照料、健康管理等多维度系统化的举措体系。推出群体画像、就业帮扶、产业帮扶、教育帮扶、慈善帮扶等八大场景，构建"预警触发、线上研判、任务派发、流程跟踪、成效评价"闭环服务流程，实现帮扶政策供需两端自动精准匹配。

三是建立多跨协同造血帮扶体系。市委、市政府主要领导担任专班组长，民政、财政、人力社保、教育、农业农村等多部门协同推进。以纵向贯通县、乡、村三级的助联体为资源调配枢纽，统筹近万名工作人员，为低收入家庭提供"一户一策"帮扶。积极动员民营企业参与帮扶，有效拓展造血帮扶的资源。贯通"浙里捐赠"平台，上架各类慈善项目，实现互联网一键捐赠、一秒开票。

### （三）培育特色劳务品牌带动百姓增收致富

就业是民生之本。近年来，浙江积极培育特色劳务品牌，打造了建德豆腐包、常山阿姨、松阳茶师等一批具有鲜明地域特色、过硬技能本领和良好用户口碑的劳务品牌，促进群众持续增收致富。

一是挖掘地方美食资源，培育特色小吃品牌。嵊州小吃遍布全国各地，从业人员达8万人。建德豆腐包培育了850余名豆腐包制作师，在全国9个省市建成270余家示范店，带动2000余人就业。缙云烧饼累计在全球开出8000多家店铺，覆盖美国、意大利、西班牙等 16 个国家和地区，从业人员达 4 万人[①]。

二是立足蔬菜水果等种养殖业，培养并向外输出专业农业师傅。建德草莓师傅被全国 27 个省市及乌兹别克斯坦等国外地区聘请担任技术指导，带动异地草莓种植 8 万余亩[②]，从业人员 2.5 万余人。松阳茶师从业人员 10 万人，在全国多个茶叶产区建立逾 10 万亩茶叶基地，发展出"走全国、种全国、卖全国"的茶叶经济。

三是围绕家政、超市等居民生活服务需求，培育壮大服务产业和专业技能人才队伍。武义超市以传帮带的方式不断壮大超市老板队伍，武义人在全国各地开办实体超市 8 万多家，年销售额 600 多亿元，从业人员达 30 万人。丽水超市品牌累计拥有十足、万客隆等超市门店 6.2 万家，带动就业 24 万余人。常山阿姨带动家政服务业从业人员 7000 余人，长期在外就业 4000 余人[③]。

## 三、浙江缩小"三大差距"的实践经验

浙江近 3 年共同富裕示范区建设成效初显，但距离"实质性进展"仍有较大差距，这表明共同富裕不能一蹴而就，要久久为功。在缩小"三大差距"方面，要统筹好"做大蛋糕"和"分好蛋糕"的关系，总结好推广好基层经验，坚持改革引领，不断推动有利于共富的制度创新，让发展更加可持续，群众更加切实可感。

缩小地区差距方面，一是健全区域协调机制是缩小地区差距的重要前提。区域协调发展在空间上要求区域内基础设施具有连续性、产业具有互补性、资源利用和环境保护具有协调性，这需要政府这只"有形的手"对缩小地区差距发挥关键性的"舵手"作用，强调区域内生发展，积极培育区域内生发展能力，加快区域内生发展相关立法。二是着力推动基础设施一体化是区域协调发展的关键。要加大对落后地区基础设施、产业转型、公共服务等重大

---

① 资料来源：浙江省人力资源和社会保障厅。
② 1 亩 ≈ 666.67 平方米。
③ 资料来源：浙江省人力资源和社会保障厅。

项目的支持力度，重点加强用水用电、水利、医疗、康养、环保、宽带网络等方面的投资，加快建设现代轨道交通运输体系，提升基础设施体系的托底性和包容性，为构建空间市场一体化提供硬件支撑。三是统筹省域内区域差异化发展是区域协同的有效路径。要根据各个地区的发展阶段和发展现状确立差异化的发展政策，明确各地区自身功能定位，推动地区间产业分工、基础设施、公共服务、环境治理、对外开放、改革创新的协调联动。同时要强化共享型帮扶，促进地区优势互补，通过市场化运作推动先进地区带动落后地区的产业转移、项目建设与平台打造。

缩小城乡差距方面，一是以统一城乡要素市场为基本着力点。立足"在发展中消除城乡差距"基本理念，坚持城乡融合发展，在避免城乡差距进一步拉大的同时，充分依靠市场机制引导城乡发展走向均衡。积极推动破除阻碍城乡要素自由流动和平等交换面临的各项壁垒，进一步释放经济发展潜力，为乡村创造良好的发展环境。二是以促进农村一二三产业融合发展为重要支撑。要在"土"里挖掘资源、"特"上做强优势、"产"上集群延链，提升产业创富质效，加快把农业建成现代化高质高效高收益产业。依托浙江省丰富的自然和人文资源，积极推动发展休闲农业和乡村旅游，为城市居民提供放松身心的场所，同时带动农村餐饮、住宿等相关产业的发展。三是以提升农民素质和为农服务为基础保障。乡村人才是乡村振兴动力的重要源泉。要立足"三支队伍"建设要求，建强涉农干部队伍，壮大乡村头雁人才特别是农创客队伍，针对农民的实际需求，开展现代农业技术、农产品加工、电商营销等职业技能培训，提升农民的就业能力和创业本领，切实激活乡村人才资源。

缩小收入差距方面，一是经济持续稳定增长是实现居民收入增长的前提。必须坚持高质量发展首要任务，大力发展新质生产力，特别是加快推进浙江省"415X"先进制造业集群建设，充分调动民营经济等量大面广的共富基因，持续激发经济发展活力，不断夯实居民增收的物质基础，避免陷入"中等收入陷阱"。二是把高质量就业创业作为实现居民收入增长的重要方向。就业是最基本的民生，事关人民群众切身利益，要坚持把保障和促进就业作为提高居民收入的根本路径。一方面，以经济增长扩大就业容量，大力支持民营中小微企业发展，发挥其吸纳就业的重要作用；另一方面，要重视加大人力资本投入，以全面加强"三支队伍"建设为牵引，以省域技能型社会建设行动和现代"新农人"培育行动为抓手，加快推进高素养劳动者队伍建设。三是以构建多层次社会保障体系作为促进社会公平的重要保障。完善社会保障体系以改善社会成员的基本生活，是20世纪以来发达国家经济社会发展中"保民生"的基本经验。要持之以恒完善社会保障制度，着力构建"共富型"大社保体系，解决好群众养老、医疗、教育等方面急难愁盼问题。切实扩大社会保险制度的覆盖面，特别是加强进城农民工、灵活就业人员、低收入群体保障。

## 四、展望和建议

### （一）加强协同，精准扶持，缩小地区差距

#### 1. 加大区域协同发展

一是唱好杭甬"双城记"，推动杭绍甬一体化发展。进一步发挥"双城"关键产业链共建效应，拓展优势产业领域深度合作，加快双城跨区域数字产业化、产业数字化布局共建产业合作基石。二是谋划长三角特别合作区，推动嘉湖一体化发展。进一步发挥嘉兴、湖州与上海、江苏毗邻优势，整合两市资源，全面对接上海、江苏优势产业，谋划打造长三角特别合作区。三是加大对温州做强"全省第三极"的支持力度。支持温州深化民营经济发展综合改革，加快温州国家自主创新示范区和"两个健康"先行区建设，支持温州创建国家级临空经济示范区和国家海洋经济发展示范区，争创国家要素市场化配置综合改革试点，打造先进制造标杆城市和民营经济高质量发展示范区。四是加大金义都市新区支持力度。坚持金义一体化为主攻方向，推动金华义乌聚合同城化发展，做强金义都市新区核心。聚焦开放经济，支持中国（浙江）自贸试验区金义片区建设，率先推进贸易自由、投资自由、资金自由、运输自由、人员进出自由等改革，推进金华—义乌港与宁波舟山港一体

化，持续拓宽"义新欧""义甬舟""网上丝绸之路"开放大通道。

**2. 加大对衢州、丽水等生态功能区的支持力度**

衢州、丽水作为全省重要的生态功能区，为生态保护牺牲了巨大的发展机遇，成为全省经济发展的洼地和缩小地区差距的关键区域。加大对衢州、丽水数字经济发展支持力度，因地制宜布局一批重大数字经济基础设施和产业项目。开展衢丽大花园核心区生态产品价值实现机制试点，率先建立两山银行，探索国家公园、农村闲置空间等价值转化路径。支持衢丽创建幸福产业先行区，大力发展旅游、文化、体育、健康、养老等产业。

**3. 提升山区海岛县精准帮扶机制**

一是制定符合山区海岛县实际的考核体系。根据跨越类、生态类山区县不同的发展情况、资源禀赋、生态功能进行分类指导，推动山区县高质量发展。跨越类山区县要夯实生态基础，加大产业培育力度，力争"一县一个百亿级产业"全覆盖。生态类山区县要全面强化生态保护，严格把好"高耗能、高排放"项目准入关。二是建立"一县一方案"长效推进机制。复制推广景宁、嵊泗走共富特色之路经验模式，省、市两级部门结合自身职能，坚持分类引导、量身定制，指导山区海岛县编制"一县一方案"。三是建立"1+1+1+1"新型山海协作结对机制。建立省领导山区海岛县"1 对 1"联系点，解决山区海岛县在发展中遇到的困难问题。优化经济强县"1 对 1"结对关系，按照"强弱互补、合作共赢"的原则，优化调整山海协作结对关系。强化国有企业"1 对 1"结对关系，明确 1 家国有企业作为牵头单位，联合相关省属国企、在浙央企，聚力推进山区海岛县产业发展。建立社会领域"1 对 1"结对关系，在科技、教育、文化、医疗等领域组织一批社会力量，依托科技特派员（团）等重点专项，结对赋能山区海岛县发展。

**（二）城乡统筹，改革引领，缩小城乡差距**

**1. 迭代升维强村富民乡村集成改革行动**

一是创新"市场化改革＋集体经济"。探索统筹资源要素路径，搭建农村集体经济发展平台，统筹配置片区内农村集体资金、土地、项目等要素，在更大范围、更高能级上开展合作与联合，提升资源要素利用效率。建设全省一体联通的农村产权交易体系，丰富交易品种，推行线上线下交易相结合，促进资产增值溢价。二是创新"宅基地改革＋乡村建设"。因地制宜探索建立农户住有所居保障新机制、农民住房公积金制度、宅基地价格评估机制等，健全宅基地收益分配机制。结合全域土地综合整治实施乡村点亮行动，协同推进集体经营性建设用地城乡同等入市、同权同价，连片规划引入社会资本，盘活农村"沉睡资产"。三是建立城乡要素"多元化""便利化"互动机制。推动金融要素支持乡村振兴，探索设立乡村土地整治或重大基础设施项目法人和融资平台，推进村庄整治项目直接面向社会融资，吸引国有资本、企业资本和自然人资本共同参与乡村建设发展。完善基层农业信贷担保服务体系，建立以农村数字化家庭财务报表为依据的融资担保模式。

**2. 持续提升农业产出效率**

一是创新"标准地改革＋农业'双强'"。深入实施科技强农、机械强农行动，加快产业急需、农民急用的先进适用农机装备从最初的水稻耕作、收获机械，拓展到果菜茶生产、水产养殖、农产品初加工等领域应用推广。支持开展订单式、承包式、代理式、保姆式等农事托管服务，拓展生产性服务业，扩大服务覆盖面。二是培育壮大乡村"土特产"产业链。完善农业标准地净地标准、项目招引标准，推动农产品加工、物流等农业产业链项目加快落地。培育壮大乡村"土特产"产业链，支持培育山区海岛特色的农产品区域公共品牌，推动打造十亿级农业全产业链。三是创新"数字化改革＋农业增效"。实施智慧农业"百千"工程，加快农业产业数字化转型，新建一批数字农业工厂、未来农场。

**3. 分类施策加快推进农民农村"扩中""提低"**

一是培育高素质农民引领创业。以中央高素质农民培育计划、省千万农民素质提升工程、部省级乡村产业振兴带头人培育头雁项目为载体，加快新型农业经营主体、乡村新业态从业人员、农村实用人才等高素质农民培育。

深入实施十万农创客培育工程。二是促进低收入农户提低。落实好提低促富举措推进低收入农户和乡村振兴重点帮促村增收八项支持举措，鼓励农户以"单点菜品"模式发展庭院经济，开发乡村公益岗位。组织开展低收入农户和重点帮促村农户针对性、菜单式辅导培训。完善"一户一策"干部帮扶机制，动态调整农村最低生活保障标准，持续派强用好驻村第一书记、农村工作指导员和驻村工作组。三是激活农民农村财产权益。加快出台省级闲置农房和宅基地盘活指导意见，创新公众参与全域土地整治途径，统筹推进土地综合整治后的集中连片再利用。筹划与龙头电商平台对接，探索闲置宅基地、闲置农房、山水资源盘活市场化运作和综合开发，进一步增强村集体和农户资源造血功能。

### （三）就业优先，技能培育，缩小收入差距

**1. 完善"人人有事做，家家有收入"的高质量就业创业体系**

一是拓展制造业促就业空间。结合浙江省"415X"先进制造业集群打造，以就业为导向对先进制造业的空间布局和发展态势进行指引，建立先进制造业企业服务对接机制，将先进制造业企业纳入重点企业用工服务保障范围。二是激活新兴业态促就业动能。支持生产性服务业和服务外包创新发展，促进平台经济、共享经济等新产业新业态新商业模式规范健康发展，创造更多数字经济领域就业机会，带动更多劳动者依托平台就业创业。三是充分发挥民营经济关键作用。切实解决民营企业在市场准入、融资贷款、要素使用和招投标隐性壁垒等多方面的痛点难点，加快推进准入准营"一件事"改革，实施个体工商户分型分类精准培育，激发民营经济的活力和创造力，巩固民营经济、中小微企业就业主渠道。

**2. 持续完善重点群体就业支持机制**

一是强化做好青年人就业工作。开发更多有利于发挥大学生所学所长的就业岗位，统筹推进企业吸纳毕业生政策落实、政策性岗位招用、就业见习培训、舆论宣传引导，营造毕业生就业良好环境。引导全社会牢固树立正

确就业观，鼓励青年投身重点领域、重点行业、城乡基层和中小微企业就业创业，拓宽市场化社会化就业渠道。二是加强重点群体就业帮扶。推广应用"重点群体就业帮扶在线"，完善进城农民工、高校毕业生、残疾人、退役军人、妇女、失业群体和脱贫人口等重点群体就业支持体系。加强对大龄、残疾、较长时间失业等就业困难群体的帮扶，统筹用好公益性岗位，确保零就业家庭动态清零。三是支持农业转移人口就业。坚持外出就业和就地就近就业并重，加大农民技能培训，提升农民就业创业能力。支持发展灵活就业，提升建设"零工市场"等载体，迭代共富工坊建设，着重增加技术岗位供给、提升从业人员技能，进一步提高群众收入水平。

**3. 扎实推进技能型社会建设**

一是完善技能人才培育体系。聚焦先进制造业、数字经济、乡村振兴、"一老一小"等领域大力开展职业技能培训，探索建立职业技能培训差异化补贴制度，健全与产业发展相适应的技能人才全方位、全链条培育体系。深入实施职业教育提质增量行动，深化产教融合、校企合作，大力推广工学一体化技能人才培养模式，加强技能人才跨区域联合培养。二是积极构建技能创富体系。持续开展技术工人"以技提薪"和"能级工资"集体协商要约行动，开展技能人才股权激励改革，推动企业建立健全技术工人薪酬结构体系和激励机制。三是持续优化技能发展生态。围绕各类工作生活场景，创新打造技能型小镇、技能型社区、技能型乡村、技能型学校等技能型社会基本单元，推动技能型社会可感、可及。深入挖掘并宣传技能改变命运、技能铸造成就的典型案例，多角度、多层次、多渠道传播"技能故事"，进一步营造重视、关心、尊重高技能人才的社会氛围。

# 第四章

## 推进农业转移人口市民化

提升农业转移人口市民化的规模和质量，是实施新型城镇化战略、构建新发展格局、促进城乡居民共同富裕的重大举措之一。"十四五"以来，浙江积极响应中央有关部署，把推进农业转移人口市民化作为城乡融合发展的首要任务，以提高市民化质量为核心，从户籍制度改革、城镇基本公共服务均等化、提升市民化能力等方面统筹谋划，工作取得积极成效。

### 一、农业转移人口市民化对城乡融合发展的重要性和意义

#### （一）农业转移人口市民化是城乡融合发展的战略选择

近年来，农业转移人口市民化再度出现在多次中央会议及相关政策文件中。党的十九大报告和党的二十大报告相继强调"加快农业转移人口市民化"。其间《"十四五"新型城镇化实施方案》进一步强调"坚持把推进农业转移人口市民化作为新型城镇化的首要任务"，《关于推进以县城为重要载体的城镇化建设的意见》提出县城这一重要载体，指明农业转移人口就地就近市民化的重要方向。2023 年中央一号文件指出要建立健全基本公共服务同常住人口挂钩、由常住地供给机制。2024 年中央一号文件提出实施新一轮农业转移人口市民化行动，鼓励有条件的县（市、区）将城镇常住人口全部纳入住房保障政策范围。党的二十届三中全会通过的《中共中央关于进一步全面深化改革 推进中国式现代化的决定》聚焦推行由常住地登记户口提供基本公共服务制度，推动符合条件的农业转移人口社会保险、住房保障、随迁子女义务教育等享有同迁入地户籍人口同等权利，加快农业转移人口市民化。

2024 年 7 月，国务院印发《深入实施以人为本的新型城镇化战略五年行动计划》，明确实施新一轮农业转移人口市民化行动。

通过历年重要文件，可以看到农业转移人口市民化工作政策动向。在户籍制度改革方面，《2022 年新型城镇化和城乡融合发展重点任务》提出户口迁移政策全面放开放宽，城区常住人口 300 万以下城市落实全面取消落户限制政策，300 万以上城市的落户条件有序放宽。在基本公共服务方面，2023 年《国家基本公共服务标准（2023 年版）》印发，进一步提高农村服务标准，扩大服务对象。在住房保障方面，2023 年 8 月，国务院常务会议审议通过《关于规划建设保障性住房的指导意见》，标志着新一轮保障性住房建设启动，重点保障住房有困难且收入不高的工薪收入群体。在社会保险方面，2023 年社会保险经办领域首部行政法规《社会保险经办条例》公布，推动取消灵活就业人员在就业地参加企业职工基本养老保险的户籍限制，推进新就业形态就业人员职业伤害保障试点。

### （二）农业转移人口市民化是城乡融合发展的内在要求

#### 1. 从历史逻辑看：打破"路径依赖"

一是突破城乡二元分隔。新中国成立后，我国逐渐形成以户籍制度为核心的城乡二元体制，依据"农业"和"非农业"的户口不同，在粮食供应、劳动就业、教育、医疗、养老、社会保障等方面享受不同政策。改革开放后，在破除城乡二元结构方面虽然取得了明显成效，居民户口取消了"农业"和"非农业"之分，已统一登记为居民，但城乡二元的资源要素和社会福利分配机制仍然存在，成为制约农业转移人口的阻碍，也是市民化工作的重点。二是突破行政区划分割。行政区划是国家分级划分并赋予特定行政职责的一种制度安排。在市场经济条件下，地方政府之间存在着"竞争"关系，虽然这种竞争关系与市场主体有所不同，但"趋利避害"的行为取向同样存在。正是受这种行政区划分割的刚性约束，"人地钱挂钩"政策至今未能全面落地实施，这也是农业转移人口市民化需要突破的重点方面。

**2. 从理论逻辑看：促进"四化同步"**

一是增强工业化动力。农业转移人口是我国产业工人的重要组成，其素质普遍偏低给制造业发展带来极为不利的影响。在发达国家的企业中，一般标准是高级工占 15%~20%、中级工占 60%~70%、初级工仅占 10%~25%，而在我国，初级工和未进行技术等级认定的人员占比超过 70%，这种工人素质状况成为工业化效率变革的重要制约。推进农业转移人口市民化，就是要建立工业化与人力资源进步的联接机制，加强职业技能培训，提高产业工人素质，为工业化注入持续动力。二是补齐信息化短板。随着人工成本持续上升、工业机器人成本逐年递减，人机性价比将出现"拐点"，各行各业可能会迎来一轮技术性失业高峰。有数据显示，我国工业机器人密度仅为韩国的 1/8、日本的 1/6、德国的 1/5、美国的 1/3，机器换人空间大，意味着农业转移人口面临的技术性失业风险也大。推进农业转移人口市民化，旨在弥合农业转移人口的数字鸿沟，最大限度地延缓乃至避免技术性失业，或者为转岗转业增加更多的机会。三是提升城镇化质量。根据世界银行统计，2021 年我国人口超百万城市群的人口占比达到 29.8%，仍然低于美国的 46.8%、日本的 64.9%、巴西的 42.4%，城镇组织化程度需要进一步提高。推进农业转移人口市民化，在彰显城镇化公平的同时要提高效率——按照常住人口规模配置公共资源，有效提升城市功能和管理效能，并推动产业升级与专业分工深化，促进城市间分工协作，提高城镇空间的组织化程度。四是加快农业农村现代化步伐。我国人多地少，人均耕地面积不足世界平均水平的 1/2，推进农业转移人口市民化，就是要实现农村剩余劳动力持久稳定转移，有效改善城乡人口结构、促进土地流转，从而增加农村资源人均占有量，促进土地适度规模经营，加快农业农村现代化进程。

**3. 从实践逻辑看：扩大"有效内需"**

一是释放消费潜力。作为扩大中等收入群体的重要潜在对象，农业转移人口通过市民化提高素质、增加收入，其消费意愿、消费能力及边际消费倾向会更高。推进农业转移人口市民化，就是要打开抑制消费的"卡口"，释放消费潜力、改善消费结构、促进消费升级。二是拉动有效投资。农业转移人口市民化每年新增市政公共设施建设投资，同时需要加强城市公共服务配套，带动教育、医疗、养老、托育等公共设施的投资增长。

### （三）农业转移人口市民化是浙江城乡融合发展的关键突破

浙江农业转移人口规模大、任务重。在推动农业转移人口市民化进程中，把握好农业转移人口的需求变化，解决一些较为普遍的现实问题，是浙江城乡融合发展的关键。

#### 1. 浙江农业转移人口基本特征

总量规模。根据公安部门流动人口统计数据，浙江 2023 年有农业转移人口 1804.02 万人，超过全省常住人口总数的 1/4，呈现缓慢增长态势（见图 4-1）。其中，省内农业转移人口 243.93 万人、占比 14%，省外农业转移人口 1560.09 万人、占比 86%，来源地主要集中在安徽、河南、贵州、江西和四川等省份，占省外农业转移人口总数的 2/3 左右（见图 4-2）。由于经济增长速度放缓，少子化、老龄化进一步加剧，劳动年龄人口波动下降，人口城镇化进入平稳期。

（万人）

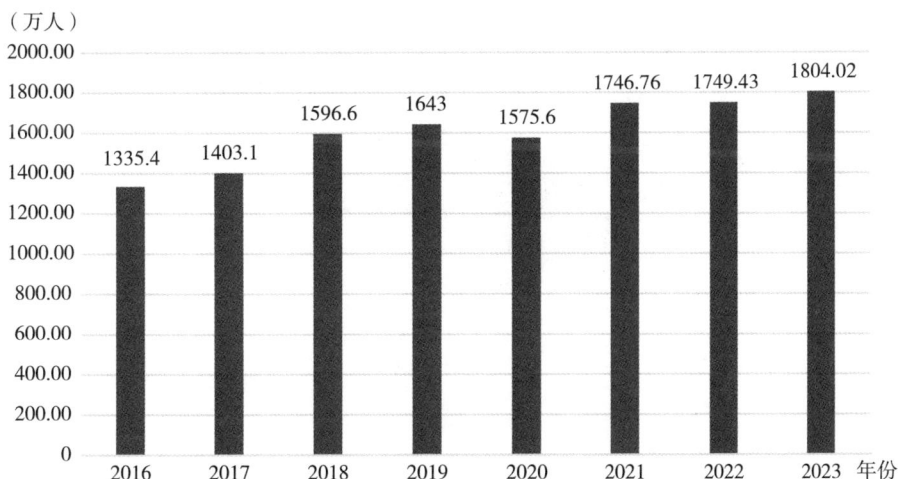

图 4-1　2016—2023 年全省农业转移人口数量

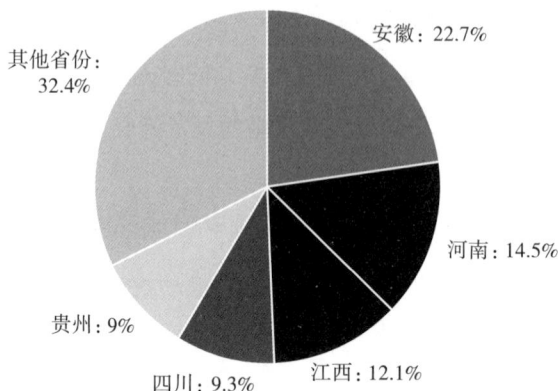

图 4-2　2023 年省外农业转移人口来源地分布

　　人口结构。从进城时间看，全省农业转移人口进城时间以一年至五年为主，占比达到 60%，五年以上占比 19%，半年至一年占比 21%（见图 4-3）。从占比来看，进城时间越久，趋于稳定、长久居住的意愿越强。从居住情况看，全省农业转移人口的居住场所以租赁房屋为主，占比达到 64.64%；居住在单位内部的占比为 16.24%，自购房屋的占比仅为 7.84%（见图 4-4），住房保障仍然是工作重点。从职业类型分布来看，全省农业转移人口大部分为务工人员，占比达到 81.6%；投资经商人员数量占比为 1.4%；机关、事业单位录（聘）用人员数量占比最低仅 0.1%；就读人员数量占比为 4.7%，治病疗养、投亲访友等其他人员数量占比为 12.2%（见图 4-5），农业转移人口增收仍然是难题。

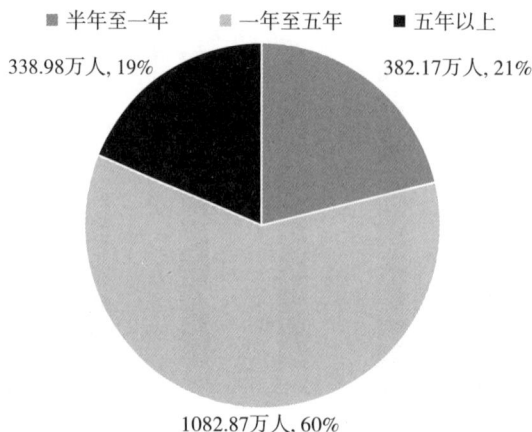

图 4-3　全省农业转移人口进城时间分布

租赁房屋 单位内部 工地现场
旅店 居民家中 自购房屋 其他

141.52万人，7.84%　　77.11万人，4.27%
47.31万人，2.63%
5.28万人，0.29%
73.59万人，4.09%

293.04万人，16.24%

1166.17万人，64.64%

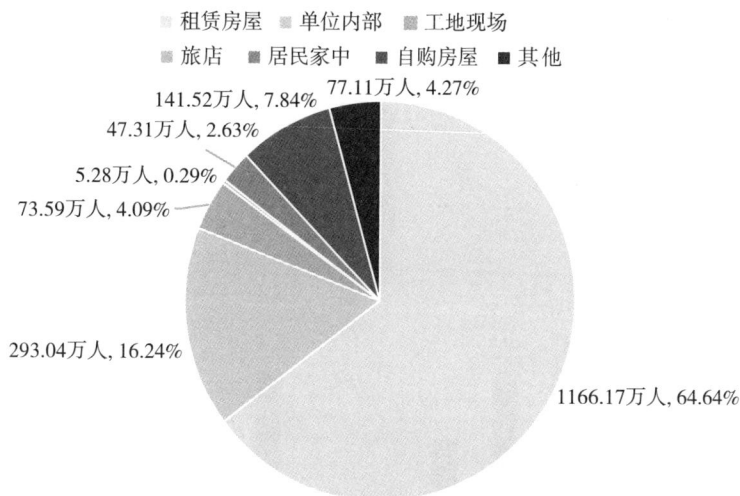

图 4-4　全省农业转移人口居住处所分布

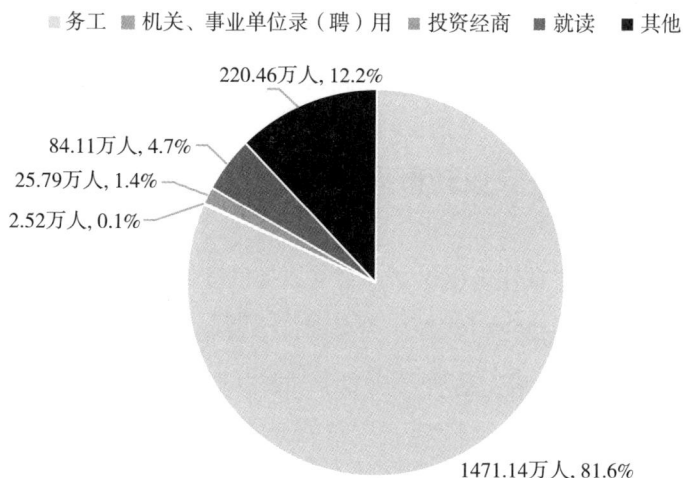

务工 机关、事业单位录（聘）用 投资经商 就读 其他

220.46万人，12.2%

84.11万人，4.7%
25.79万人，1.4%
2.52万人，0.1%

1471.14万人，81.6%

图 4-5　全省农业转移人口职业类型分布

## 2. 浙江农业转移人口区域分布

区域分布。从设区市层面看，2023 年农业转移人口数量排在前四位的为杭州、宁波、金华、温州，分别达到 401.54 万人、297.02 万人、256.35 万人和 244.83 万人（见图 4-6），占比分别为 22.26%、16.46%、14.21% 和

13.57%。农业转移人口区域分布不均衡，主要集中在杭州、宁波、温州和金华 4 个城市，导致区域公共资源紧张，市民化水平提升有压力。

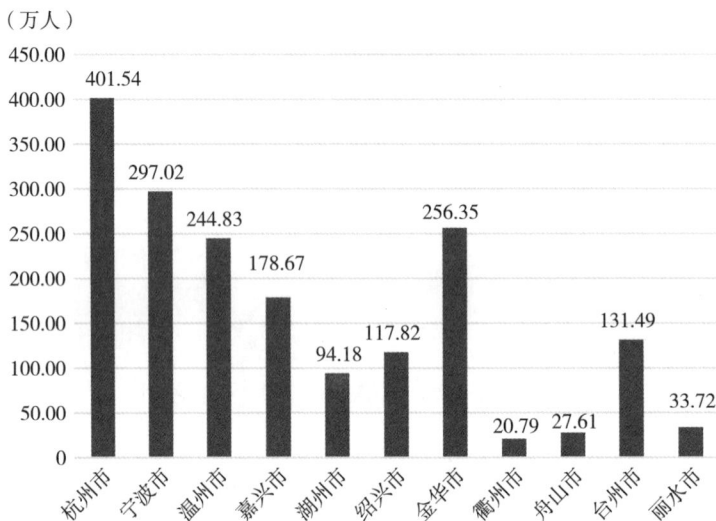

图 4-6　2023 年全省各设区市农业转移人口分布

## 二、高质量推进农业转移人口市民化的浙江实践

《浙江省推动落实常住地提供基本公共服务制度有序推进农业转移人口市民化实施方案（2023—2027 年）》作为全国首个农业转移人口市民化方案，在教育、住房、医疗等领域，落实"一揽子"公共服务政策，形成农业转移人口市民化工作的完整体系。

### （一）坚持深化理论，推进顶层设计完善升级、战略更优

深入调查研究，摸清现状症结。2022 年 6—7 月，课题组开展问卷调查并赴 14 个县（市、区）与近百个公共服务管理部门以及学校、医院、社区等进行实地访谈，共收到 1.5 万余份有效问卷。通过调研深入了解了公共服务保障情况及存在问题，掌握了农业转移人口关注重点及实际需求，厘清了农业转移人口、市民化、基本公共服务等概念内涵，明确了工作着力点、侧重点，

形成《浙江省农业转移人口市民化调查分析报告》《农业转移人口市民化有关问题深化研究报告》。《浙江省农业转移人口公共服务保障情况、存在问题及对策建议》的信息被中共中央办公厅采纳。

完善顶层设计，制定配套政策。一是出台《浙江省推动落实常住地提供基本公共服务制度有序推进农业转移人口市民化实施方案（2023—2027年）》，明确"就业更充分、居住更安定、教育更优质、医疗更便捷、保障更有力、文化更丰富"的"六个更"发展目标，提出四大方面 12 项具体举措，进一步健全常住地提供基本公共服务制度。二是开展农业转移人口市民化集成改革试点方案研究，明确集成改革主要任务，梳理面临的问题和症结，分析试点的不同模式。

### （二）坚持开放包容，实现融入城市门槛更低、流动更畅

率先试行户籍制度改革"三项新政"。在全国率先提出实行以经常居住地登记户口制度、实行户籍准入年限累计互认、试行居住证转户籍制度"三项新政"，即实现在城镇地区（除杭州市城区外）居住达到一定年限的居住证持有人，可以凭居住证在居住地申请登记常住户口；实行社会保险缴纳年限同城化累计互认，来本省就业并已办理基本养老保险关系转移接续手续的，在申请登记常住户口时，其长三角城市群内的社会保险缴纳年限可以与当地合并计算。

率先试行居住证跨区域互认转换。在全国率先实现网上核发电子居住证，全省 35 个县（市、区）已实行省内居住证互认转换，截至 2024 年 6 月，全省已有 64 个县（市、区）实现居住证跨区互认转换。积极探索居住证跨省互认转换，如绍兴上虞区对沪、苏、皖等地公安机关签发的有效居住证及居住登记时间进行单向互认，发放了全国首张"跨省互通互认"居住证，助力农业转移人口跨区域自由流动。

健全农业转移人口社会参与机制。鼓励参与常住地社区管理服务，推荐先进分子担任各级党代表、人大代表、政协委员，让农业转移人口在城市

"融得进"。如金华武义县创新新居民参选机制，当选县人大代表、政协委员；宁波北仑区在农业转移人口集中地区设立融合性社会组织，构建新老市民"共建、共享、共融、共处"的组织格局，营造全社会关心关爱农业转移人口的良好氛围。

### （三）坚持共建共享，强化公共服务均等普惠、梯度优享

完善基本公共服务标准体系。全面落实《浙江省基本公共服务标准（2023 年版）》，推动出台省级配套文件 26 个、市（县）级基本公共服务标准 17 个，基本建成了覆盖省、市、县三级的基本公共服务"1+11+N"标准体系。其中，超过 80% 的事项面向常住人口，仅 18 项仍有户籍限制，涉及儿童关爱、养老保险、社会救助、扶残助残、优军优抚、养老助老、优孕优生服务、计划生育扶助 8 个方面。

扩大住房保障覆盖群体。加快构建以公租房、保障性租赁住房和共有产权房为主的住房保障体系，探索农民住房公积金制度，多措并举解决农业转移人口住房困难问题。2023 年《公租房保障基本公共服务导则》印发，推进公租房保障从城镇户籍人口扩大到城镇常住人口。《关于全面排查整治保障性租赁住房项目有关问题的通知》印发，提升项目建设筹集品质。截至 2023 年，浙江省累计建设筹集约 82.7 万套（间）房源，受益新市民、青年人超过 100 万人。如杭州市余杭区政策规定新就业无房职工及稳定就业外来务工人员可申请公租房，同时启动共有产权房建设项目；如温州市的龙港市发布了《关于龙港市集体经济组织成员建缴住房公积金工作的实施意见》及实施细则，在全国率先试点将农民群体纳入住房公积金保障体系。

保障随迁子女公办学校就读。以公办学校为主保障义务教育阶段农业转移人口随迁子女入学需求，并通过政府购买服务方式予以补足，按权利义务对等、梯度服务原则，大力推进随迁子女积分量化入学，2023 年全省随迁子女就读公办学校比例达 89.3%。全省已有 72 个县（市、区）推行随迁子女积分量化入学，其中宁波市、嘉兴市、衢州市、舟山市、台州市的所有县（市、

区）已全面实行随迁子女积分量化入学。2023 年随迁子女公办学校就读率已接近 90%，实现教育入学网上办事入口全省统一。

提高异地就医便利度。深入贯彻落实党的二十大报告中关于"落实异地就医结算"工作要求，全省跨省异地就医定点医疗机构开通率达到 89.4%、远超国家 30% 的要求，年度住院费用跨省直接结算率达 60%。持续扩大跨省异地就医直接结算定点医疗机构联通范围，2023 年异地定点医疗机构净增 5055 家，全省 9868 家医疗机构已开通异地结算服务。同时优化服务实现医保事项一网通办。实现各类就医备案、个人账户家庭共济备案一键申请、个人承诺、即时办结，开通各类就医备案个人承诺制快速备案和自助免审核"秒办"，全省参保人员实现"零材料""零跑腿""立即办"。

### （四）坚持共同富裕，推动就业创业质量更高、保障更全

强化就业创业技能培训和服务支持。扎实推进"金蓝领"职业技能提升行动，加强农业转移人口实用型专业技能人才培养，围绕高质量打造"浙派工匠"金名片的目标，坚持制度重塑，强化政策供给，出台相关政策，提出"确立一个目标、明确十项任务、建立三个机制"，以提升县域农民工市民化质量为重点，全面促进农民工市民化相关政策落实落地。出台《浙江省人力资源和社会保障厅等 7 部门关于促进零工市场高质量发展 健全完善公共就业服务体系的实施意见》，开展零工市场建设优化提升试点，研究制定省级示范零工市场建设认定标准，开发建设"浙里找零工"数字化应用场景，促进供求双方精准对接，推动农民就近就地就业。支持农业转移人口同等享受灵活就业政策和创业扶持政策，让农业转移人口在城市"富得起"。根据《浙江省人民政府办公厅关于进一步做好稳就业工作的实施意见》，农业转移人口初次创业且正常经营 1 年以上的，可给予一次性创业补贴。

放开灵活就业人员参保限制。加大对新就业形态的支持力度，印发《浙江省维护新就业形态劳动者劳动保障权益实施办法》，法定劳动年龄段内的灵活就业人员，按照自愿原则，可以按规定以个人身份参加企业职工基本养老

保险，由个人缴纳养老保险费。省内户籍灵活就业人员可以在户籍地参加企业职工基本养老保险，也可以在办理就业登记后，在就业地参加企业职工基本养老保险；外省户籍灵活就业人员可以在省内就业地办理就业登记后，在就业地参加企业职工基本养老保险，同时实行新就业形态劳动者单险种参加工伤保险政策。

### （五）坚持依法自愿，保障农村权益确权活权、后顾无忧

推进农业转移人口承包地保障。在保障进城落户农民农村权益"确权到人（户）、权随人（户）走"的基础上，积极探索农村"三权"依法自愿有偿转让或退出机制，着力解决农业转移人口后顾之忧。2022 年全面完成农村承包地确权登记颁证工作。94 个县级单位实测承包经营耕地约 1600 万亩，颁发承包经营权证超过 660 万本，颁证率达 97.4%。

推进农业转移人口集体资产权益保障。健全农村集体产权管理制度，完善农村综合性产权流转交易体系，进一步搞活农民集体财产权能。2022 年全省累计完成 2 万多个村经济合作社股份合作制改革、占总村社数的 99.3%，量化资产总额超 1300 亿元，确定成员身份数 3700 万人左右。把拓展股份权能摆上重要日程，支持各地开展股权继承、有偿退出及抵押、担保权能改革试点，全省 30% 以上的市、县制定了放活股权权能的政策，62% 的县将农村集体资产股权纳入农村集体资产信息化管理平台。

### （六）坚持数字赋能，加强管理服务制度创新、系统集成

首创"省级共性 + 市县个性"积分制度。出台《浙江省人民政府办公厅关于优化新市民积分管理服务工作的指导意见》，在全国首创"省级共性 + 市县个性"的积分指标体系。省级共性指标包括年龄、文化程度、职业技能、缴纳社保、居住时间 5 项，分随人走、全省通用；市县个性指标由各县（市、区）自行制定，个性分代表的是新市民对当地发展的贡献，由地方政府根据实际探索跨区域互认。同时，推动积分"跨部门统一"。浙江省发展改革委牵

头协同各相关部门共同制定积分管理办法，统一认识、统一指标、统一规则，推动各地相关部门使用统一的积分体系。农业转移人口只需凭借一个积分，即可在"浙里新市民"应用上申请积分入学、积分住房、积分金融等多项公共服务。

打造"浙里新市民"数字化应用场景。依托省市一体化智能化公共数据平台，建立省级数据仓及各地市数据分仓，共归集 5500 多万条新市民基础数据。其中，跨部门归集流动人口、社保、学历等 30 类省级数据，跨层级归集不动产权证、纳税等 39 类市县数据。同时，通过探针埋点、数据接口等方法，实时归集各地积分住房、积分入学、技能培训等 30 余类服务应用数据，形成数据闭环，实现农业转移人口所需的 90% 以上公共服务事项"一站式"集成办理，通过大数据智能感知用户需求，创新积分管理与运用、精准推送与服务、新市民画像等功能，并持续上线更新"积分托管""积分旅游""积分餐饮""积分体检"等特色应用。截至 2024 年 6 月，共上架子应用 891 个，累计用户数达 478.5 万人，累计办件量超 84.7 万件[①]，深受新市民好评。

## 三、浙江省农业转移人口市民化经验启示

### （一）系统构建整体架构，统一市民化话语体系

迭代完善市民化工作 4 个体系。建立健全农业转移人口市民化的目标体系、工作体系、政策体系和评价体系。一是目标体系。围绕《浙江省推动落实常住地提供基本公共服务制度有序推进农业转移人口市民化实施方案（2023—2027 年）》建议的分阶段发展目标，细化提出浙江省农业转移人口市民化的路径目标和指标目标。二是工作体系。围绕进一步畅通农业转移人口融入城市渠道、进一步强化农业转移人口公共服务保障、进一步提升农业转移人口全面融入城市能力，打造以农业转移人口市民化为核心业务的数字化

---

① 资料来源：浙里新市民应用驾驶舱后台。

应用等 4 个领域 12 项重点工作。三是政策体系。进一步落实"人地钱"挂钩激励政策，健全财政转移支付、城镇建设用地、教师医生编制等公共资源配置与农业转移人口市民化挂钩机制。四是评价体系。建立农业转移人口市民化工作评价考核体系，采用大数据监测、第三方满意度调查等方式，每年开展一次农业转移人口市民化工作综合评价。

### （二）找准突破性抓手，打造一批标志性成果

**1. 创新打造"浙里新市民"应用平台**

以农业转移人口市民化为核心业务，聚焦农业转移人口等"新市民"享受公共服务的难题，创新打造"浙里新市民"应用平台，推动基本公共服务普惠共享，实现优质紧缺公共服务梯度供给。一是率先推行电子居住证。自2022 年 3 月以来，浙江推动居住证申领、签注、核发、使用各个环节数字化，实现办证全程在线、用证便利快捷、信息鲜活安全、数据归集共享，有力提升了新市民办证便利度。二是率先推行居住证跨区转换互认。一方面，实现全省域居住时间累计互认，新市民在全省范围内累计居住满 6 个月即可办理居住证；另一方面，新市民跨地区流动后无须重新申领居住证，一键点击即可实现转换互认，进而实现基本公共服务无缝衔接。三是聚焦关键需求，集成"高频服务"。调查显示，就业、住房、教育、社保是新市民最为关注的四大领域。针对这些领域，浙江在"浙里新市民"应用平台上集成产业招人、技能培训、保障性租赁住房、公租房租赁补贴、入学一件事、城乡居民参保等近百个高频服务事项，新市民只要登录这一个应用，就可办理其所需的90% 以上的公共服务事项。四是通过精准推送，实现"服务找人"。通过大数据智能感知新市民个性化需求，推送相应公共服务信息及办理链接，新市民只要在手机上点一点，即可快速办理相关事项。

**2. 创新"共性＋个性"积分制度**

浙江出台《浙江省人民政府办公厅关于优化新市民积分管理服务工作的指导意见》（以下简称《指导意见》），作为《浙江省推动落实常住地提供基本

公共服务制度有序推进农业转移人口市民化实施方案（2023—2027年）》的配套文件，《指导意见》创新设计积分制度，推动积分体系全省统一，积分指标和规则"有统有分"。一是推动积分"跨地区互认"。构建"省级共性＋市县个性"的积分指标体系。省级共性指标包括年龄、文化程度、职业技能、缴纳社保、居住时间5项，总分100分。共性分代表的是新市民对全省发展的贡献，分随人走、全省通用。市县个性指标由各县（市、区）自行制定，总分200分。个性分代表的是新市民对当地发展的贡献，由地方政府根据实际探索跨区域互认。比如，宁波宁海与温州平阳实现积分互认，新市民从宁海流动到平阳后，平阳将自动调取其在宁海的数据并进行自动赋分，无须新市民重新上传资料申请积分，为新市民带来了便利。二是推动积分"跨部门统一"。浙江省发展改革委牵头协同各相关部门共同制定积分管理办法，在这个过程中，统一认识、统一指标、统一规则。教育、住房等省级部门在各条线上加强指导推广，推动各地相关部门使用统一的积分体系。新市民只需凭借一个积分，即可在"浙里新市民"应用平台上申请积分入学、积分住房、积分金融等多项公共服务。

## 四、展望和建议

### （一）健全常住地提供基本公共服务财力保障机制

坚持尽力而为、量力而行，统筹需要和可能，既要保障好常住地提供基本公共服务，加快推进基本公共服务均等化，又要探索创新积分制度，并以此为基础，积极稳妥推进优质公共服务梯度共享。根据发展阶段、地方实际和财政可承受能力，建立健全基本公共服务财力保障和优质公共服务梯度供给机制，为农业转移人口提供稳定、理性的发展预期，在经济持续健康发展中有序提升农业转移人口公共服务保障水平。中央对常住地提供基本公共服务的要求是"保基本、兜底线"，其中最关键的是财力保障问题。因此，要明确政府兜底保障范围、服务标准，确保人群全覆盖、标准不攀高、财力有保障、服务可持续。要建立健全与本地区经济发展阶段和财力相适应的基本公共服务财力保障机制、定期评估机制、动态调整机制，推进基本公共服务更加普惠均等可及。

### （二）推进"人地钱"挂钩的资源要素配置改革

落实常住地提供基本公共服务制度，加快推动公共资源配置依据从吸纳落户数量向新增常住人口数量转变，进一步完善国家层面农业转移人口市民化财政激励政策。积极争取国家层面支持浙江开展农业转移人口市民化集成改革试点，重点是推进"人地钱"挂钩制度改革，率先探索根据常住人口规模配置国家转移支付资金、新增建设用地指标以及教师医生编制等公共资源，破解资源要素供给与人口规模不匹配的问题。借鉴东西部协作的城乡建设用地增减挂钩政策，探索建立跨省流入地与流出地城乡建设用地增减挂钩机制，实现双方互利合作。

### （三）健全公共服务跨省通办和转移接续机制

强化国家层面政策落实，着力提高公共服务领域跨省事项协同处理效率，加强农业转移人口重要信息互通，优化业务办理流程和方式。进一步完善社保、医保跨省异地转移接续工作机制，持续扩大跨省异地就医直接结算定点医疗机构开通范围，探索开展定点零售药店异地定点试点，逐步统一各地异地就医备案政策，推广自助备案、快速备案。针对农业转移人口需求较大的公共服务跨省办理高频事项，推动由"全省通办"向"长三角通办""全国通办"发展，有序拓展"跨省通办"事项范围和服务内容。针对暂时无法实现"跨省通办"的公共服务事项，探索建立流入地与流出地之间"跨省代办"通道，切实方便农业转移人口异地办理相关业务。

### （四）深化城乡融合发展体制机制改革创新

发挥以县城为重要载体的城镇化建设牵引作用，同步深化农村"三块地"

改革，通过城乡联动、推拉并举来促进农业转移人口市民化。积极争取国家层面支持浙江以国家城乡融合发展试验区为重点区域优先开展改革探索，在保障农村"三权"确权到人（户）、权随人（户）走的基础上，探索农业转移人口农村"三权"依法自愿有偿转让或退出机制。以农业转移人口最关心的宅基地为切入口，鼓励宅基地权能放活，聚焦长期居住、举家进城的省内农业转移人口，探索建立农村宅基地依法自愿有偿退出与城镇住房保障相挂钩的制度通道，支持农业转移人口在城镇落户和安家置业，推动实现完整意义上的农业转移人口市民化。

# 第五章
## 推动县域融入都市圈经济

培育发展城市群内部以超大特大城市或辐射带动功能强的大城市为中心、以 1 小时通勤圈为基本范围的现代都市圈，逐渐成为新时代区域协调发展的重要方向。县域作为现代化都市圈的重要组成部分，往往扮演着行政级别上承上启下、功能上走在同城化合作最前列的关键角色。浙江省先后获批杭州、宁波两大国家级都市圈，并形成了一批县域融入都市圈在全国可适应性复制推广的宝贵实践经验。

### 一、都市圈成为推动区域协调发展的重要引擎

#### （一）国际层面，都市圈成为发达国家优化配置全球高端资源要素的核心地区

"都市圈"这一术语最早来源于日本，日本结合自身城市特点，将美国的"Metropolitan Area"（美国最早译为都市区）译为都市圈，此后美国也在 1990 年将"Metropolitan Area"译为都市圈。目前国际上已形成纽约、伦敦、东京、巴黎、北美五大湖等知名都市圈，都市圈逐渐成为发达国家中心城市集聚全球高端要素、向外围地区梯次辐射、内部紧密协同的同城化区域，也成为代表国家或地区参与全球竞争的基本空间单元，都市圈也被国际上认为是都市区发展的高级阶段形式。

#### （二）国家层面，培育发展现代化都市圈成为推动区域高水平同城化的核心抓手

随着国内跨区域基础设施的逐步完善，以大城市为引领、同城化为目标

的现代化都市圈培育逐渐成为区域协调发展的重要趋势。我国 2014 年印发的
《国家新型城镇化规划（2014—2020 年）》首次提到了"都市圈"，强调"特大
城市要适当疏散经济功能和其他功能，推进劳动密集型加工业向外转移，加
强与周边城镇基础设施连接和公共服务共享，推进中心城区功能向 1 小时交
通圈地区扩散，培育形成通勤高效、一体发展的都市圈"。此后，在 2019 年
印发的《国家发展改革委关于培育发展现代化都市圈的指导意见》中明确了
现代化都市圈的内涵与培育发展的主要任务。截至 2024 年 9 月，国家发展改
革委先后批复了 17 个国家级都市圈，都市圈成为适应新时代以人为本发展需
要、推动区域资源要素优化配置与社会经济持续增长的高质量发展新引擎，
对优化区域空间结构、推动产业科创集群建链、加快区域基本公共服务均等
化、推进社会生态协同治理等产生积极影响。

### （三）省域层面，从杭甬主城区由内向外形成县域分层融入都市圈的协调发展格局

对于浙江省，国家发展改革委先后批复了杭州都市圈和宁波都市圈发
展规划，两大都市圈成为代表全省率先推进同城化、参与国内国际竞争的
主要空间单元，其中，杭州都市圈以杭绍嘉湖四市组成的杭州都市经济圈
作为发展基础，已召开 11 次市长联席会议，形成了以市长联席会议决策、
政府秘书长工作会议协商、协调会办公室议事、专业委员会项目合作执行
为框架的"协调 + 统筹"四级联动合作模式，聚焦重点领域组建了专业委
员会和部门联席会议，并统筹省级力量构建都市圈落实工作专班，以杭绍、
杭湖、杭嘉、嘉湖四大一体化合作先行区为代表的毗邻地区率先开展同城
化探索；宁波都市圈则有甬绍舟台嘉五市组成的浙东经济合作区作为基础，
已召开 25 次市长联席会议，甬舟、甬绍、甬台 3 个一体化合作先行区稳
步推进建设，杭州、宁波都市圈从杭州、宁波中心城区由内向外初步形成
"市域郊县—跨市毗邻县域—都市圈边缘地区"县域圈层式融入都市圈的空
间格局。

## 二、毗邻县域融入都市圈经济的浙江实践

毗邻县域高质量融入都市圈，一方面能给县域带来更多的发展资源和机遇，促进产业升级、基础设施完善和社会服务提升，加快城乡一体化进程；另一方面能扩大都市圈的经济腹地，优化资源配置，增强区域整体竞争力，实现更均衡和可持续的发展。浙江积极推动毗邻县域高质量融入杭州、宁波两大都市圈，在共谋顶层设计与体制机制、加强交通基础设施互联互通合作、推动科创联动与产业合作、推进环境共治与安全联保、推进基本公共服务均等共享等方面拥有丰富的实践经验，为全国其他地区提供了可借鉴的融合发展模式。

### （一）共谋顶层设计与体制机制

加强毗邻县域与都市圈的规划共谋，对促进区域内资源整合与优化配置，推动跨行政区域协调发展，解决行政壁垒等问题起到了基础性支撑作用。通过共谋规划，毗邻县域能够与都市圈核心城市在空间布局、产业发展、基础设施建设、生态环境保护等方面实现战略对接，有效规避重复建设与恶性竞争，促进资源的优化配置。更进一步，规划共谋能够促进消除阻碍生产要素顺畅流动的体制障碍，形成成本分担和利益共享格局，加速县域经济的转型升级，提升其在区域产业链创新链中的地位，同时也为都市圈核心城市提供了广阔的腹地空间，有利于解决"大城市病"问题，实现更可持续更高质量的发展。

例如，柯桥区推动杭绍临空经济一体化发展示范区绍兴片区获批成立并开展实体化运作，两地在规划层面共同起草了杭绍临空经济一体化发展示范区建设总体方案，杭绍发展改革部门共同组建杭绍同城发展办公室，下设临空一体化示范区规划建设工作专班，建立工作例会制度，承担联络协调、具体合作事项推进等工作，并选派干部挂职锻炼。又如，三门县积极加入宁波都市圈规划共绘，与宁波市、舟山市、绍兴市共同编制宁波都市圈发展规划，建立湾区一体化发展联盟并签订合同，已形成三门湾湾区旅游发展规划、三

门湾湾区旅游试验区建设专项行动计划及 5 个专题研究等初步规划成果。持续推进实施宁波都市区建设行动方案、台州市推进三门湾合作开发行动计划和甬台一体化合作先行区建设方案。

### （二）加强交通基础设施互联互通合作

立体式的交通网络，如高速铁路、高速公路和城市轨道交通，缩短了县域与都市圈中心的距离，形成 1 小时通勤圈，极大便利了人员和货物的流动，增强了区域内的经济活力和吸引力。数字基础设施的共建共享，包括 5G 网络和数据中心，为县域带来了信息时代的红利，促进了智慧城市的建设和数字经济的发展。例如，绍兴市持续深化"融杭联甬"战略，轨道交通 1 号线、风情旅游新干线实现"连甬进杭"，杭绍台高速、杭绍台高铁正式通车，续建金甬铁路、杭绍甬高速、杭金衢至杭绍台高速联络线、杭州中环柯桥段、绍兴地铁 2 号线一期等一批融杭联甬、市域互联项目。又如，德清县聚力推动与杭州的交通互联，杭州绕城高速西复线湖州段 2020 年正式通车，湖杭高速即将通车，毗邻杭州余杭区的湖州德清县已纳入杭州都市区 30 公里紧密核心圈内，杭宁高速、杭州二绕、104 国道、304 省道穿境而过，两地之间高铁通勤仅需 13 分钟，日常通勤在半小时左右。轨道交通方面，杭德城际铁路加速推进，将与杭州地铁 10 号线一期、二期、三期工程贯通运营。再如，三门县持续深化与宁波都市圈交通互联，沿海高速三门湾大桥、G228 国道三门园里至宁海三门段、甬台温高速宁海互通至沿海高速蛇蟠岛互通连接线等项目相继建成通车，基本形成跨山、跨海、跨湾的 1 小时交通通勤圈；共同推进甬台温高铁项目前期，全面实施毗邻县（市）"公交前移一站"工程，累计开通15 条公交线路，打通跨县（市、区）"最后一公里"。

### （三）推动科创联动与产业合作

加强与都市圈的跨区域科技创新合作能够有效促进技术、人才和信息等创新要素的流动与共享，为县域带来前沿科技和高端人才，加速科技成果的转化与应用，推动产业升级和经济结构调整。通过共建研发平台、产业创新中心和科技孵化器，县域得以参与都市圈乃至更广泛区域的创新网络中，共享大科学装置和实验设施，提高自身科技创新能力，有利于形成产学研用紧密结合的创新生态系统，激发企业创新活力，培育新兴业态和经济增长点。例如，德清县推动浙江工业大学科技园正式揭牌，积极推动浙江大学等省重点高校、科研机构创新资源导流，西塞科学谷已签约入驻中子科学实验室等高能级科研项目，莫干山"论剑谷"签约之江实验室莫干山基地等项目。又如，海宁市编制海宁市推进浙大国际联合学院国际合作教育样板区建设实施方案，推动杭嘉高新技术企业所享受的政策实现跨区域互用互认。合作设立杭嘉产学研创新联盟与联合创新专项资金，建立杭嘉知识产权信息交换机制和信息共享平台，推广"杭嘉人才卡"，在执业资格、人才待遇等多个方面消除壁垒。

加强与都市圈的产业合作不仅能促进资源和要素的优化配置，还能推动产业转型升级和经济结构优化。通过与都市圈核心城市及周边地区的产业协同，毗邻县域得以接入更广阔的市场网络，共享技术创新、品牌建设、市场拓展等优势资源，实现产业链上下游的无缝对接。这样的合作有助于形成产业聚集效应，促进特色产业集群的形成和发展，提高县域产业的竞争力和附加值。同时，跨区域产业合作还有助于解决县域发展中存在的产业同质化问题，通过差异化定位和互补性发展，实现区域经济的均衡增长。例如，杭州都市圈内的诸暨市积极与杭州开展产业合作，不仅引入了杭州的先进制造业和数字经济产业，还促进了诸暨本地袜业、珍珠业等传统产业的数字化改造和品牌化升级，为县域经济高质量发展注入了强大动力。又如，绍兴市毗邻杭州县域积极融入"杭州数字经济第一城"，构建形成"杭州研发设计—绍兴制造封测—宁波材料应用"的跨区域产业链，形成"越城晶圆封装测试—上虞电子材料—柯桥诸暨嵊州泛半导体和第三代半导体材料"的市域内部产业链群。

### （四）推进环境共治与安全联保

加强与都市圈的生态治理合作不仅有助于解决因地理边界造成的如跨界

水体污染、空气污染扩散等环境治理难题，而且能通过协同机制的建立有效提升区域整体的生态环境质量。加强生态治理合作能促使相邻区域共享环境监测数据，统一生态环境标准，实施联合防治行动，从而保护和恢复生态系统的完整性和稳定性。此外，生态环境治理合作还促进了绿色发展理念的普及和绿色经济的兴起，鼓励毗邻县域采用更清洁的生产技术和可再生能源，推动产业结构向低碳环保方向转型，对提升县域的生态竞争力、吸引更多绿色投资，以及提高居民的生活质量和健康水平具有深远影响。例如，德清县与余杭区签订东苕溪流域共治协议，补偿资金专项用于东苕溪流域产业结构优化调整、流域综合治理、水污染防治、生态环境保护等，2023年举办了各类跨市联合巡查等活动5次，东苕溪常年稳定保持Ⅱ类水质。协同杭州余杭区、临平区强化环境执法，联合制定联防联控应急机制，与余杭区联合开展"迎亚运"清水护卫德清、余杭跨区域生态环境联防共治行动。又如，台州三门县等地宁波生态环境共保工作深入推进，在全国首创"蓝色循环"海洋塑料废弃物治理模式并逐步扩展至宁波等地区，联合开展大气污染区域联防联治，区域交界断面水质检测、近岸海域生态环境保护、陆水生生物增殖放流活动、渔业非法捕捞集中整治等工作。

加强与都市圈的社会治理与安全联保合作，不仅强化了区域间的协同应对能力，还促进了信息共享、资源互补与服务协同，更加有效地处理跨区域的社会矛盾和安全挑战，提升了整体的治理效能和居民的安全感。通过建立跨区域的矛盾纠纷调解机制和应急管理联动体系，县域能够及时响应突发事件，减少社会不稳定因素，维护社会稳定。跨区域的信用体系建设和公共服务标准化，如社保互认、教育医疗资源共享，使得人口流动更加有序，公共服务更加便捷，增强了都市圈内居民的归属感和满意度。社会治理合作还推动了智慧城市建设，如智慧交通等应用的推广，提高了城市管理的智能化水平，为毗邻县域的高质量发展提供了坚实的社会环境保障。如海宁市与钱塘区，桐乡市与余杭区都建立了跨界环境污染纠纷处置和应急联动工作机制，确保跨界环境问题的及时处理与协调；与杭湖等地加强了食品安全监管合作，建立了食品追溯和信息共享机制，保障了食品安全；与杭州、湖州等周边城市加强了流动人口管理、社会治安防控等社会治安综合治理合作，共同维护区域稳定。

### （五）推进基本公共服务均等共享

加强与都市圈在教育、医疗、养老、公共文化、就业、住房、社保等基本公共服务领域的均等共享合作，对于高质量融入都市圈具有极其重要的意义。基本公共服务均等共享不仅能够有效提升县域居民的生活质量，增进教育公平和健康福祉；还能优化养老服务体系和公共文化服务供给，满足老龄化社会的需求和丰富居民的精神文化生活。加强就业服务和住房保障的协同，有助于解决人口流动带来的就业和居住问题，促进劳动力合理配置；社保制度的互联互通，则为跨区域的人员流动提供了坚实的保障，确保了社会保障的连续性和公平性。这样的全方位的公共服务合作，不仅增强了县域的吸引力和竞争力，还促进了都市圈内的人口均衡分布和经济一体化发展，为实现区域协调发展和共同富裕目标奠定了坚实的基础。

例如，绍兴市柯桥区、上虞区等地持续推动与杭甬两地的基本公共服务共享，教育方面与杭州、宁波两地学校之间建立了教育集团、学校联盟，通过设立分校、联合大学和研究机构；在医疗资源同城化方面深化拓展绍兴、宁波两地医院与杭州的省级医院合作，建设了一批"国内名医专家工作室"和医院联合体，推动电子健康档案、电子病历互通共享，以及检查检验结果的互认共享，加强医保合作，扩大异地结算联网平台的定点医疗机构范围；在"一卡通"建设方面推动市民卡统一标准和互通使用，拓展公共交通、异地就医费用即时结算、景区旅游优惠结算、文化体育场所通行等"一卡通"功能；文体方面柯桥与萧山共办"百年农运西小江萧绍两岸龙舟赛"，助力杭州做好亚运举办工作，4座亚运场馆顺利完成亚运比赛承接任务。又如，湖州的德清、长兴、南浔与杭州在公共服务共享方面取得丰硕成果，教育方面与杭州加强基础教育和高等教育层面的资源共享，与杭州学军中学签订全面合作协议，在德清高级中学设立学军班，浙江水利水电学院南浔校区正式启用，浙江交通职业技术学院长兴校区项目签约落地。医疗资源共享方面德清与邵逸夫医院、杭师大附属医院等建立全面医疗合作机制，加快推进浙江大学医学院附属儿童医院（以下简称浙大儿院）莫干山院区（莫干山医疗中心）建设。

## 三、展望和建议

### （一）聚焦区域一体协同，制定落实县域融入都市圈的顶层合作机制

#### 1. 完善规划协同编制实施机制

一是"省市协同、市级联动"推进都市圈规划落地。发挥推进杭州都市圈发展规划落实工作专班作用，协调解决都市圈跨区域重大事项。加快印发实施宁波都市圈发展规划，编制实施宁波都市圈实施方案。二是加强一体化合作先行区"点状突破"。以跨市域一体化合作先行区为先导，成立由两地发展改革部门牵头、实体化运作的一体化发展办公室，协同相关部门组建规划、交通、产业、环境、民生、市场等工作推进专班；有关县（市、区）研究共建产业合理布局、有序招商和错位发展等工作机制，鼓励围绕合作开发板块联合设立管委会开展实体化合作，承担统筹协调、资源配置和推进实施职责。完善跨市域重要板块的空间管控、战略留白以及廊道对接机制，协同推进跨市域重要合作区块调整划入城镇开发边界。

#### 2. 构建完善大中小城市和小城镇协调发展的空间格局

一是推动杭州都市圈环线区域同城化。以杭州第二绕城高速公路为纽带，串联德清、安吉、诸暨、柯桥、海宁、桐乡等毗邻县域，共筑杭湖、杭嘉、杭绍、拥江、揽山、滨湖六大发展带，推进基础设施、产业、要素、公共服务、生态环境各类清单事项一体协作。二是推动宁波都市圈沿杭绍甬通道、甬台温通道毗邻县域协同发展。推动向平湖、海盐、越城、柯桥、仙居、温岭、玉环等毗邻区域的圈层辐射，推进"环湾余姚—慈溪组团""嵊州—新

昌组团"宁海—象山—三门环湾组团""天台—临海组团"和"岱山—嵊泗组团"毗邻县域组团化发展，重点沿杭绍甬通道，加强宁波中心城区与慈溪、余姚、上虞的连绵发展，强化慈溪、余姚的沪甬跨湾发展功能；沿甬台温通道，提升沿线宁海、象山、三门、临海等县城承载能力和互动水平。

**（二）聚焦基础设施联通，联合打造县域融入都市圈的一体化设施网络**

**1. 深化完善跨区域交通基础设施网络**

一是加快打造轨道上的都市圈。杭州都市圈重点加快编制都市圈市域（郊）铁路网专项规划，打造以杭州为中心连接海宁、桐乡、德清、安吉、临安、富阳、诸暨、绍兴等地的都市圈轨道交通网，积极推进杭州至德清市域铁路、杭诸市域铁路项目建设。宁波都市圈重点通过新建线路和枢纽场站，或支持以市场化的方式对能力富余的既有铁路通过适当技术改造开行城际和市域（郊）列车，推进甬舟铁路、宁波至慈溪、宁波至象山（梅山）等项目建设，加密杭州—绍兴—宁波城际列车站点、班次，谋划三门滨海新城—宁海市域轨道项目。二是共建便捷智慧的高快速路网。杭州都市圈重点共建都市圈环线高速公路、都市区中环；加快建设杭绍甬、柯诸、湖杭高速公路。推进杭淳开、合温、临金、柯诸等高速公路项目建设，鼓励实行跨市县高速免费通行政策。宁波都市圈重点谋划环都市圈高速公路，畅通杭绍甬高速、甬金衢上高速等公路通道，加快推进宁波舟山港六横公路大桥与象山港、三门湾跨湾通道建设，谋划四明山风景旅游交通环线，加快打造甬绍同城化交通网络。三是协同构建同城化公共交通体系。统筹推进干线铁路、城际铁路、市域（郊）铁路、城市轨道交通融合发展，支持毗邻城市（镇）道路客运公交化运营，加快推进都市圈内城市间公交一卡通、票制资费标准统一，推进公交智能调度跨市合作。

**2. 联合推进空运水运能级提升**

一是打造综合一体的航空运输体系。推进杭州萧山机场扩容提升，提升与诸暨、柯桥、德清、安吉等周边地区的通达水平，强化打造杭绍临空经济一体化发展示范区，拓展杭州萧山机场腹地范围。推动宁波栎社机场扩建，提升轨道交通、高速公路、城市快速路接入能力，强化空铁衔接。二是打造高效便捷的水路运输体系。杭州都市圈重点实施京杭运河浙江段、杭甬运河、钱塘江、杭申线、杭湖锡线三级航道整治提升及新坝二线船闸，构建畅通互联的内河航道网，推进江海联运发展。宁波都市圈重点推动甬舟两地共同完善港口基础设施，协同推进宁波舟山储运基地、深水航道和锚地建设；推动宁波舟山港和台州港联动发展，视情况加密台州港与宁波舟山港内支线班次，共建共用三门湾进港航道和锚地。

**3．加快构建跨区域韧性安全设施网络**

一是构建安全互联的能源基础设施网络。完善区域主干电网和跨区域输电通道，推动市际毗邻区域220千伏、110千伏等级电压互联互通，增强电网优化配置能力。加快建设甬绍干线、萧山—义乌、杭甬复线、鱼山—宁波—绍兴、绍兴—杭州—湖州等石油天然气长输管，协调推进LNG接收站互联互通和公平开放，谋划跨市大型LNG应急气源站，加快甬绍干线天然气管道项目建设，联通一批市级天然气高压线路，推动天然气设施互济共享。谋划甬舟海上战略能源资源大走廊，打造能源保障基地。二是完善跨区域水利工程体系。以富春江—钱塘江、太湖流域和大运河等跨界河流为骨干，完善跨区域重大水利设施布局，探索建立区域水资源统筹调配机制。探索建立都市圈水源地联动及水资源应急机制，推动城市应急备用水源互济工程。协同完善杭嘉湖、萧绍平原骨干排涝体系。

**（三）聚焦产业科创合作，共同完善县域融入都市圈的生态共建机制**

**1．完善跨区域产业合作机制**

一是突破一体化合作先行区产业合作体制机制。完善跨区域平台协同招商、携手开发政策配套机制，支持两地协商开展土地出让及税收分成、土地指标共享、重大项目、龙头企业培育"一事一议"等政策创新。探索赋予一体化合作先行区管委会相对独立的经济社会管理权限。二是强化杭州都市圈跨市域产业合作。以杭绍一体化合作先行区为突破口，加快建设钱塘新区—滨海新区—柯桥经开区未来产业实践区，重点在集成电路、纺织化纤、生物医药、汽车四大产业开展深度合作；支持杭绍临空经济一体化发展示范区绍兴片区加入省临空经济示范区会商机制。加快建设杭嘉一体化合作先行区，推动杭海国际数字贸易新城建设；加大临杭区块科技产业合作，推进海宁—临平合作区块、海宁—钱塘合作区块开发建设。加快建设嘉湖一体化合作先行区，协同推动"互联网+"产业、"旅游+"产业高质量发展。三是提升宁波都市圈跨市域产业协作水平。深入推进甬舟一体化合作先行区建设，推进梅山—佛渡—六横区域共同做强港航物流、新能源和临港先进制造产业。加快建设甬台一体化合作先行区，推动宁海、象山、三门共同发展海洋清洁能源、核电、抽水蓄能、新型储能等能源产业。加快建设奉嵊新特别合作区，强化宁波前湾新区—绍兴滨海新区高端产业协作。

**2. 完善跨区域产创融通合作机制**

一是深入推进杭州都市圈产业链创新链融合。支持在杭州设立"人才飞地"，探索实施共享人才政策叠加和同城待遇，推动人才评价互认、人才信息共通。加快建设诸暨G60创新港，借力杭州"中国视谷"，重点在航空航天、智能视觉领域开展产业链、供应链、创新链合作。推动德清深化杭州城西科创大走廊北翼中心建设，与杭州城西科创大走廊实现联动发展。二是推动宁波都市圈以科技创新引领产业创新。深度推进甬舟海洋科技创新合作，推动宁波丰富的高校、产业研究院等智力资源，和舟山充裕的海洋场景、产业应用等要素禀赋对接，促进甬江实验室、东海实验室等高端研发机构与两地的产业中试基地、企业技术创新中心等载体开展合作；推动宁波舟山共建海上综合试验场，联合完成宁波大学三门青蟹产业技术研究院建设，推动台州北大科技园和北大宁波海洋药物研究院开展合作，推动北航台州研究院与北航宁波创新研究所开展合作。

**（四）聚焦社会民生环境，共同打造县域融入都市圈的幸福美丽家园**

**1．推动公共服务跨区域互通共享**

一是共建共享民生"一卡通"。精准推动都市圈内跨市毗邻县域公共服务与杭州、宁波同城同标，开展户籍准入年限同城化累计互认、居住证互通互认，实行户口迁移"跨市通办"。以社会保障卡为载体，推进基本公共服务"一卡通"平等共享，建设区域共享的应用平台服务体系，按照"成熟一项，新增一项"，有序实现都市圈民生一卡多用、一卡联通、一卡结算、一卡优惠同享。二是推动优质教育文体资源合作共享。根据地方需求推动省级优质高教资源在都市圈内布局，探索诸暨、上虞等地的选址区域纳入全省新建高教园区规划选址范畴。深化开展"文化走亲"活动，探索一体化布局毗邻区域农村公共文化服务设施。三是深化优质医疗康养合作。支持通过全面托管、专科托管、专科合作、设立分院区等方式，持续推动城市医联体、县域医共体建设。加快浙大儿院莫干山院区、浙江省中医院莫干山院区等优质项目在杭甬周边地区落地。探索建立养老服务补贴异地结算制度，促进异地养老。

**2．推动中华文明联合传承发扬**

一是共同守护历史文化遗存。杭州都市圈加快推动杭州、嘉兴、绍兴等钱塘江古海塘主要保留地区开展钱塘江古海塘申遗。宁波都市圈协同推进河姆渡、施岙、井头山等史前遗址考古发掘和价值研究。二是深度推进文化旅游合作。杭州都市圈加快串联杭州第二绕城高速公路沿线文化旅游资源，共筑"名城名湖名江名山名镇名村"风景带。宁波都市圈加快协同推进大运河诗路和浙东唐诗之路建设，推动甬绍共建浙东运河文化走廊和四明山生态绿色走廊，加强文旅资源跨区域保护开发和旅游市场共建。

**（五）聚焦要素优化配置，共同畅通县域融入都市圈的市场堵点**

**1．推进跨区域统一市场建设**

营造统一开放的营商环境，依托省"浙里办"和长三角"一网通办"平台，推动都市圈电子政务服务数据资源的对接共享，实现异地一网通办、标准统一、结果互认。强化都市圈环境联防联控、食品药品安全监管、知识产权保护等领域的执法联动。对标接轨《区域全面经济伙伴关系协定》（RCEP）、《全面与进步跨太平洋伙伴关系协定》（CPTPP）等国际高标准经贸体系，全面实施外商投资准入前国民待遇加负面清单管理制度，提升外商投资和服务水平。加强国际贸易"单一窗口"建设，深化通关一体化改革，为都市圈内跨境贸易便利化多跨场景应用建设提供支撑。

**2. 推进人才资源跨区域互认共享**

推动杭州、宁波与周边地区的一体化合作先行区先行建立统一的人才一体化评价和互认机制，统一相关职业资格考试合格标准和职称评审标准；对于在一体化合作先行区内落户的高层次人才，建立享受跨市域同城化服务共享机制，推进就医就学、交通出行、旅游观光、疗养休养、人才购房等方面实现同城化待遇，适时推动一体化合作先行区内的人才互认互通经验在都市圈内复制推广。健全都市圈地区间人才柔性引进机制，设立"技能大师共享服务团"，推动都市圈中小企业转型升级。

**3. 推进杭甬非核心功能疏解与周边承接**

实施城市更新行动，有序推进杭州中心城区大型专业市场、农产品物流中心、劳动密集型加工制造业等非核心功能疏解。推进优质科技、教育、医疗资源向郊区新城疏解。推动湖州、嘉兴、绍兴因地制宜建设先进制造业基地、商贸物流中心和区域专业服务中心，提升宁波都市圈整体协作配套能力和发展支撑能力。

# 第六章
## 提升县城承载能力

县城是新型城镇化的重点。2022 年，中共中央办公厅、国务院办公厅印发《关于推进以县城为重要载体的城镇化建设的意见》，明确提出"增强县城综合承载能力，提升县城发展质量"。浙江作为全国县域经济最发达的省份之一，紧扣"勇当先行者、谱写新篇章"新定位新使命，将县城承载能力提升纳入"十项重大工程"，统筹推进新型城镇化和乡村全面振兴，持续缩小"三大差距"，进而推动全省域均衡、协调、高质量发展。

### 一、提升县城承载能力对城乡与区域协调发展具有重要意义

郡县治，天下安。县域是我国最稳定、最基本的行政管理单元，具有"量大面广"的典型特征。县城作为县域首善之区，是城市和乡村之间的关键纽带，在推动自身城镇化水平和质量向城市看齐的同时，也承担着辐射带动周边广大乡村发展的重要任务。因此，加快提升县城承载能力，是有效缩小城乡与区域差距的关键举措，也是浙江高质量发展建设共同富裕示范区的题中之义。

### （一）提升县城人口承载力，有助于缩小人力资源差距

县城是我国城镇体系的重要组成部分，也是农业转移人口就近城镇化的关键承载地。然而，随着大城市虹吸效应日渐增强，县城推动人口尤其是人才集聚面临一定瓶颈，其增长速度已明显落后于整体城镇化发展，与大城市的规模差距也被逐步拉大。在此背景下，引导提升县城人口承载能力，以适

应农民日益增加的到县城就业安家的需求，同时增加县城对青年人才的吸引力，可以避免人口和各类资源要素过度集中地流向大城市，从而进一步促进大中小城市和小城镇协调发展。

### （二）提升县城产业承载力，有助于缩小居民收入差距

缩小居民收入差距，是实现城乡与区域协调发展的一个重要方面，而其关键，就在于做大经济发展的"蛋糕"。产业是经济之本，也是就业的保障，相较于大城市，县城产业容纳力和吸引力有限，特别是具有较强创收能力的新兴产业，更是难以在县城落户，很大程度上阻碍了县域城乡居民收入的提高。由此，提升县城产业承载能力，一方面为本地企业的培育和壮大提供良好的发展环境，另一方面也增强对外部优质企业的投资吸引力，可以有效改变县城产业结构单一且低端的现状，带动居民就业质量提高，缩小与大城市的薪资水平差距。

### （三）提升县城设施承载力，有助于缩小公共服务差距

公共服务设施是保障和改善民生、促进共同富裕的重要载体。伴随人民群众对高品质公共服务设施需求的日益增长，县城与大城市在教育、医疗、养老等方面存在的服务水平差距更加凸显，已成为影响县域居民获得感的关键因素。因此，在推进共同富裕的新征程中，提升县城公共服务设施的承载能力就显得尤为重要。一方面，在县城布局与大城市齐平的优质公共服务资源，能够有效促进基本公共服务均等化，让县城居民同享发展成果。另一方面，依托县城更贴近乡村的优势地位，也可以进一步增强公共服务设施对乡村的辐射覆盖能力，助力缩小城乡公共服务差距。

## 二、提升县城承载能力的浙江实践与探索

浙江县域经济发达，县城建设普遍起步较早、城镇化基础扎实，为开

展县城承载能力提升工作奠定了良好基础。近几年来，随着国家对县城作用的日益重视，浙江进一步推进县城承载能力提升工作走深走实，先后印发了《关于推进以县城为重要载体的城镇化建设的实施意见》《浙江省县城承载能力提升和深化"千村示范、万村整治"工程实施方案》，开展了"1+14"个以县城为重要载体的城镇化建设试点，取得了一批突出成果。

### （一）促进县城产业配套设施提质增效

一是提升产业平台功能。浙江大力支持各县（市）聚焦新兴产业链培育、产业生态打造，突出创新要素集聚，塑造彰显产业特色的平台形态和功能空间。例如，德清县国际地信城形成了涵盖地理信息数据获取、处理、应用、服务等的完整产业链，成为全国地理信息产业集聚度最高的区域之一。嘉善县中新嘉善智能传感产业平台实行先规划后建设、先地下后地上、先产业后配套的开发模式，引入"数字园区""生态园区"等概念，着力打造"以产为主、产城融合"品质示范区。乐清市以产城融合为核心支撑，推进万千平台及周边五纵六横道路网建设，打造"内畅外快"的立体交通网，全面完成西片电器城大道绿化、会展中心周边绿化提升、滨水景观带河道整治等环境整治工程。

二是健全商贸流通网络。浙江持续推进以"畅流通、兴乡村、促共富"为主题的县域商业体系建设，以"3135"工程为抓手精准发力。例如，文成县打造"本土物流（电商）企业＋物流信息平台＋商贸（快递）＋服务站点（电商企业）"模式。龙泉市鼓励品牌商贸企业开设线下实体店，引导商贸企业、家庭农场等深化与新零售平台合作，鼓励发展消费新模式。武义县创新引进"互联网＋超市＋产业链"项目，通过打造线上线下一体、集中采购、统一配送的供应链体系，降低运行成本，增强竞争力，每年为超市减少成本以亿元计。

三是强化职业技能培训。浙江各县（市）聚焦本地企业用工需求，创新职业技能培训模式，着力搭建各类培训平台，提供有针对性的职业技能培训。

例如，浦江县聚焦本地特色产业，依托"零社有援"平台，推行"零工市场＋社区＋岗位＋技能＋就业"全链式培训模式，打造"30分钟职业技能培训圈"。永康市创新探索东西协作、产教融合的"东迁西归"各族青少年技能人才培养新模式，通过"跨省域的取长补短、跨行业的资源整合、跨部门的力量统筹"推动各族青少年实现就业技能和人文素养"双提升"。海盐县理工学校①与浙江佳乐科仪股份有限公司携手共建佳乐工控研学中心，以特色课程讲授、团队教学研讨、专业打造等活动，开展订单式培养、套餐制培训。

### （二）促进县城市政公用设施提档升级

一是完善道路交通设施。浙江积极推动各县（市）加大项目建设投入，打造"外联内畅"的交通路网。例如，慈溪市围绕"外联"和"内畅"两大重点，着力构建与沪、杭、甬、苏半小时交通圈，基本实现所有镇（街道）10分钟上高速（高架），慈溪中心城区与杭州湾新区20分钟全辐射，全域各城镇节点间30分钟通达的"123交通圈"。嵊州市加速建设水陆空多位一体的立体式"大交通"，相继建成投运了杭州萧山国际机场嵊州航站楼、绍兴港嵊州港区中心作业区码头等重要交通设施。东阳市持续构建日字形绕城高速体系，随着义东高速、甬金衢上高速相继开建及完工，成为全国高速出口最多的县级城市之一。

二是强化城市安全韧性。浙江各县（市）采用数字化管理、先进的技术手段提升基层应急能力，逐步构建起安全韧性城市的扎实基础。例如，嘉善县建立圩区三维数据底板，使全县隐患薄弱点可视化。乐清市利用具备应用空间地理大数据、政务云计算等先进技术的防汛防台数字化平台，为汛期预测预警、人员转移等提供了可视化、高可用性的服务。诸暨市高标准推进污水管网修复、疏通和建设，综合运用管道闭路电视、潜望镜、声呐等检测手段，排查整改一批老旧破损、错接漏接管网，打通治污"血脉"，提升污水收集效能。

三是加快推进城市更新。浙江各县（市）在推进城市更新过程中，注重总体谋划、聚焦群众实际需求、创新城市更新模式。例如，永康市围绕"引

---

① 2024年3月，海盐县理工学校与商贸学校进行职责和机构整合，合并组建海盐职业教育中心。

山入城、活水润城、以文化城、干路畅城、蝶变兴城"总体谋划，通过开展城中村改造、老旧小区改造、老旧工业区改造、安置区建设、风貌样板区创建、传统商圈改造、公共设施补缺七大行动，实施"6+N"片区改造。余姚市创新推出"点亮黑楼道"升级项目，利用"屋顶太阳能＋储能"模式，为老旧小区及安置房小区进行楼道灯改造。玉环市开展老旧工业园区"五化一提升"工作，创新推行老旧工业园区厂房分期联合改造，拓宽企业发展空间。

四是推进智慧城市建设。浙江各县（市）加快新型基础设施建设，夯实数字底座，创新多元场景应用，提升智慧城市服务效能。例如，桐乡市创新打造全过程精准管控、全方位立体服务的"全息数字道路"，至2024年中已建成8个全息路口、1套智慧斑马线。海盐县持续加快4G/5G基站、室内分布系统的建设，延长部署链条，在小区周边及其地下室开展基站和系统建设，增强网络覆盖率。瑞安市围绕医疗健康、普惠金融、市场监管、社会保障、交通出行等重点领域需求，探索建立分行业、分场景的可控数据开放机制，安全有序推进公共数据与社会数据的融合创新和开放应用。

### （三）促进县城公共服务设施提标扩面

一是完善医疗卫生体系。县城医疗是医疗卫生服务体系的基础，浙江各县（市）把率先打造高水平县级医院作为提升医疗资源质量的重要牵引，通过整体性规划医疗资源扩容和均衡布局，持续加大科创人才招引力度。例如，东阳市支持县级医院配备3.0T磁共振、PET-CT、128排CT等高端医疗设备，提升县域临床疑难杂症诊断水平。瑞安市稳妥推进"四统一、四统筹、四强化"，市人民医院、市中医院牵头成立两个医疗服务集团，医共体总院共在分院开设联合门诊56个、联合病房11个，实现联合门诊分院全覆盖。平阳县谋划制定医学人才招引"一院一策"实施方案，建立医共体自主公开招聘机制，开展"招才引智高校行"专项行动，用好县人社局全球博士招引平台，深化与省级重点专科医院紧密合作，加大医学类高层次人才引进力度。

二是扩大教育资源供给。浙江各县（市）主要通过适应人口集聚趋势，扩大城区学位供给，持续改善办学条件，加强教师队伍建设等方式扩大教育资源供给。例如，平湖市在对全市范围内适龄户籍学生进行专项统计分析的基础上，加大学位供给力度，通过设立九年一贯制公办学校、政府购买学位、增加公办学位供给等方式以缓解部分学校（校区）报名登记过于集中的压力。天台县聚焦"团队帮扶、资源共享"，借力杭城名师资源，搭建青蓝工程、薪火计划领军班、新时代大先生研修班、尖峰人才四个梯队的"金字塔"形培养体系，通过挂职交流、跟岗学习等方式，孵化本土名师大家，进一步夯实师资资源。

三是发展养老托育服务。浙江各县（市）积极探索养老托育机构统建，养老托育队伍管理等路径，提升"一老一小"的获得感和幸福感。例如，新昌县立足县域实际，科学谋划布局"一老一小"服务点位，以民政"1+3+15+N"四级养老体系为基础，全县构建起以新昌县级长者中心为引领，"东有羽林、中有梅湖、西有南岩"的县域养老托育体系，为居民提供便利、普惠的养老托育服务。嘉善县结合社区用房、党群服务中心等阵地建设，高标准推进老年人居家照料中心、婴幼儿照护服务驿站、村（社区）卫生服务站发展。义乌市积极构建"政策扶持、机构培育、跨业招引、院校互动"养老服务立体化引才模式。

四是优化文化体育设施。浙江持续推动各县（市）整合各类场地，加强科学规划布局，丰富文化体育设施类型。例如，德清县基本建成"全覆盖、高水平"的全民健身公共服务体系，10分钟健身圈也已初步成型，全县所有公共体育设施实行免费或低收费开放。长兴县图书馆推进"15分钟阅读圈"建设，以旅游＋茶文化、红色党建、新能源、文艺青春、民族团结、绿色环保等为主题，建成多家城市书房。温岭市完善多元主体参与文化设施建设机制，通过"公共资源＋社会力量"，建成家庭图书馆分馆400余家。

五是完善社会福利设施。浙江各县（市）通过科学实施规划布局、大力加强基础建设、开展精准化服务保障等举措提升社会福利设施服务水平。例如，常山县制定养老服务设施专项规划，对全县养老机构进行东、西、北、中四个片区整体布局。仙居县依托村（社区）服务中心、新时代文明实践站等设施，推动与"春泥计划"实施点、农家书屋等阵地的资源共建共享，实现儿童之家各县镇街道全覆盖。天台县聚焦县域老年人就餐实际困难，高标准建设、品牌化运营"和合·老人·家"老年食堂，充分发挥市场机制作用，统筹构建覆盖城乡、布局合理、共建共享的老年助餐服务网络。

### （四）促进县城环境基础设施提级扩能

一是加强历史文化保护传承。浙江按照县县有保护、城乡全覆盖的要求，研究制定了历史文化保护传承专项规划和实施方案编制指南，并在此基础上进一步完善配套设施与公共服务，优化街区风貌，提升民生福祉，推动历史文化和现代生活融为一体。例如，临海市相继完成历史文化名城保护规划和紫阳街、西门街、三井巷等历史文化街区保护规划。瑞安市为125处历史建筑挂上了历史建筑保护标志牌，按照"一栋一档"为历史建筑建立档案，为市民、游客提供一个全面了解瑞安历史建筑基本信息的新平台。桐乡市采用"老建筑＋新消费""原场景＋新体验"等新业态新场景，建立"一房屋一定价一方案一上会"的商铺入驻机制，促进历史街区文商旅融合发展。

二是打造蓝绿生态空间。浙江县域基本呈现"九山半水半分田"的空间形态，全省好山好水主要集中在县域，其承担着周边乃至更大范围生态屏障功能。对此，各县（市）既重点做好环境基础设施建设，筑牢蓝绿空间基底，又强调人与自然和谐相处。例如，淳安县开展临湖生态缓冲带、入湖口人工湿地、临湖地带主干交通生态截流沟建设，严格落实临湖空间管控，切实加强千岛湖生态岸线保护。仙居县打造三桥溪市民休憩带，通过山水廊道和城市功能的结合，构建起水城共融、山水交织的空间格局，一水串三湖的水网布局，保证周边地区的活力和公共功能的相互匹配。

三是推进生产生活低碳化。浙江各县（市）以多元化、绿色化、数字化为主抓手，持续推进生产方式和生活方式绿色低碳转型。例如，平湖市积极推动清洁能源多元化，利用海洋资源优势，加快海上风电项目建设，创新"光伏＋"模式推进整县光伏建设，深挖开拓"余汽、余热、余压"市场资源。景宁畲族自治县积极探索山区农业领域生态循环新模式，初步形成"养羊控草""茭白秸秆再利用""稻药轮作"等生态循环农业新路子，实现减排效益和经济效益"双赢"。淳安县依托"城市大脑"手机端 App，建设面向公众的"两山银行"应用场景，设计"资源存入＋资源交易所＋两山收益"三个功能模块，推动"两山银行"实现全民开发、全民参与、全民受益。

四是增强垃圾和污水收集处理能力。浙江各县（市）积极推动垃圾分类和污水处理工作提质增效转型。例如，青田县积极探索推进"最多挖一次"改革，将"污水零直排区"建设和小城镇环境综合整治、老旧小区改造等深度结合，在谋划县城"污水零直排区"建设项目时，全面推广使用包含雨污管、强弱电、燃气管等在内的综合管网。慈溪市自发推动回收行业产业升级，培育多废共治龙头企业，运用"车联网＋""互联网＋"和大数据等技术，从末端处置向前端收运整合小散"破烂王"，有效架构可回收物量化管理体系，实现高价值回收利润和低价值物回收成本相平衡。

## 三、提升县城承载能力的浙江经验与启示

### （一）突出因地制宜，分类引导县城发展方向

浙江共有 53 个县城（含县级市城区），根据国家在《关于推进以县城为重要载体的城镇化建设的意见》中提出的县城分类，涉及的类型主要有大城市周边县城、专业功能县城、生态功能县城三类。

浙江经验表明，针对不同类型的县城应采取不同的发展方向引导。对于大城市周边县城，一是强化对外道路交通连接，缩小当地与大城市市区通勤时差，提升大城市基础设施和公共服务服务周边区域的能力；二是把握长三角一体化和都市圈同城化机遇，以建立先行合作区、科创飞地等形式招引大城市优质企业和创业团队入驻，打造有竞争力的产业链；三是主动承接大城市人口外溢，深化随迁子女教育、住房保障、社会保障、异地就医等公共服务制度创新。对于专业功能县城，一是重点发展现代化的产业集群，利用好各类产业平台载体，通过链式招商、以商招商等方式大力引进与本地产业相

匹配或互补的上游高新技术企业，打造更高能级、更强支撑的产业集群；二是提升专业功能县城对相关产业人才的吸纳能力，同时健全职业教育体系，加强科研平台建设能力；三是按照常住人口的规模、结构、趋势，加强公共服务科学规划，为外来就业人口做好公共服务保障。对于生态功能县城，一是需强化探索经济生态化和生态经济化路径，发挥自身生态环境优势，充分践行生态产品价值实现机制，深化做强"一县一业"主导产业；二是要把好山好水好风光融入城市，把绿水青山留给居民，同时控制城市开发强度，防止"摊大饼"式扩张，推动形成绿色低碳的生产生活方式；三是应加大医疗、教育等公共服务能力建设，支持在重点生态功能区县城打造养老综合体，发展智慧医疗，深入推进义务教育均衡建设。

### （二）立足现实基础，差别培育县城发展模式

在长期的发展过程中，随着人口、产业、市政基础设施等加快向县城和中心镇集中，浙江各县（市）的城镇化空间格局逐渐出现分化，形成了"小县大城"和"大城重镇"两种不同的道路模式。

浙江经验表明，"小县大城"和"大城重镇"都是有利于提升县城承载能力的县域城镇化发展模式，应尊重经济发展的客观规律，鼓励各县（市）立足自身优势基础，选择合适的发展道路。其中，"小县大城"是浙江独具特色的县城发展模式，以"小县域大城区""小人口大聚集""小县域大经济"为主要特征。培育"小县大城"模式，一是以建设特色工业园区平台为主要抓手，吸引相关企业在县城集聚，由产业集聚带动人口集聚，实现"以产兴城"；二是打破城乡界限，把村庄规划调整与城镇化进程相结合，推进乡镇撤并、村社规模调整，拉大城市框架，把县城打造成县域最大增长极和带动乡村振兴的龙头；三是实现进城农民同城同待遇，深化教育、医疗、卫生、社保等公共服务制度改革，推进农村产权"确权、活权、保权"，使广大农民"确权到人、带权进城"。"大城重镇"主要以"大镇强镇综合实力强""同城化发展基础好""县城主要地位突出"为主要特征。培育"大城重镇"模式，

一是中心城区扩容提质，将县城作为新型城镇化的主战场和参与区域竞争的主平台，加强基础设施建设更新与公共服务供给，全面盘活城市老区内部空间；二是大镇强镇能级提升，落实"强镇扩权"，支持部分特大镇全面增强独立发展能力，打造县域副中心；三是强化县城与大镇强镇之间的互联互通，优先改造提升县城和大镇强镇之间的快速交通通道，符合条件的可探索规划新建轨道交通线路，推动县级优质教育、医疗等资源到县城与特大镇连接处布局。

### （三）注重城乡融合，协同发挥县城带动作用

县城兴，则乡村兴。浙江高度重视提升县城承载能力与推进城乡融合工作的结合，充分发挥好县城沟通城乡的桥梁作用，以城带乡、以工补农，提高县城辐射带动乡村能力。

浙江经验表明，发挥好县城对乡村的带动作用，一是要推进县城基础设施向乡村延伸，二是要推进县城公共服务向乡村覆盖。其中，推进县城基础设施向乡村延伸，需提高城乡建设标准的一致性和兼容性，更好实现城乡供水供电、广播电视、宽带网络等的同网同质同价。同时，积极引导数字化基础设施向乡村延伸下沉，加快乡村宽带、5G基站等数字化基础设施的普及覆盖和升级换代，推动乡村农田、水利、公路、电力、气象等的数字化改造。推进县城公共服务向乡村覆盖，需要坚持将县城作为公共服务供给的辐射中心，实行医疗、教育、文化部门人员"县聘乡用"，落实普惠共享。市、镇、村联动，构建包括低保、医保在内的城乡一体社会保障兜底机制。

## 四、展望和建议

县域，特别是其中作为首善之区的县城，长期以来是浙江经济的重要组成部分，也是浙江区域经济发展的重要特色之一。提升县城承载能力、推动区域协调发展，是浙江贯彻落实党的二十大和党的二十届三中全会精神、奋

力推进"两个先行"需解答好的重大命题。立足实际，浙江提升县城承载能力需着力做好七个方面工作。

### （一）以产业为先导，把增强产业支撑能力作为推动县城人口集聚、促进创业就业的着力点

有产业才有就业岗位，有岗位才能带动人口集聚，从而提升县城的综合承载能力。对此，要分类支持不同类型县城发展适宜产业。推动大城市周边县城加快融入大城市的产业链、供应链及创新链体系，统筹培育本地产业和承接外部产业转移。支持专业功能县城夯实产业平台支撑，发展特色经济和支柱产业，提高就业吸纳能力。鼓励生态功能县城创建生态产品价值实现机制创新平台，做强"一县一业"，加快发展生态康养、历史经典产业，布局抽水蓄能电站等绿色能源产业。

### （二）以开放为引领，把全面融入重大战略作为推动县城放大协同效应、抱团合作的着力点

人口与产业向具有规模优势的大城市和都市圈集聚是经济发展的客观规律，县域光靠单打独斗将难以在后续的区域竞争格局中脱颖而出。对此，各县（市）尤其是坐落于大城市周边的县（市）应该以县城为重要载体布局建设开放合作平台，加快融入浙江四大都市区建设，积极融入长三角一体化发展。鼓励嘉善、德清等省际、市际边界县（市）规划建设省际毗邻区、省内一体化合作先行区等。支持嵊州—新昌、义乌—东阳—浦江、龙港—平阳—苍南等邻接县城共享设施配套、相向融合发展。推动生态功能县城到沿海经济发达地区布局建设一批"科创飞地""消薄飞地"等。

### （三）以硬件为支撑，把新型基础设施建设作为提升县城设施运行能力、智慧水平的着力点

新型基础设施是经济社会高质量发展的赋能引擎，而相比起大城市，县

城在这一方面还尤为欠缺。对此，要强化县城市政公用设施"最后一公里"供给，加强燃气、供水、污水等老旧市政管网和设施更新改造。加快打造智慧县城，全面开展县城地下市政基础设施普查，持续推进城市运行安全在线系统和市政基础设施综合管理信息平台建设。推动大城市周边县城加快融入大城市轨道交通网，强化省际边界地区县城的交通枢纽建设。推进专业功能县城依托交通场站健全物流设施服务。

**（四）以人为核心，把强化公共服务供给能力作为满足县城人民追求美好生活的着力点**

县域内公共服务的供给能力是体现城镇化"以人为本"的关键指标。当前，浙江不少县城公共服务供给总量仍不足、质量也不高。对此，要加快以医疗卫生"山海"提升工程等推进县城医疗卫生体系建设，推动有条件的县城创建三级医院。实施县城公共卫生防控救治设施补短板工程。持续推动全国义务教育优质均衡发展县创建工作，持续深化县域城乡义务教育共同体（以下简称教共体）以及山海协作教共体建设，推进落实"县中崛起"行动计划。加快打造"浙里康养"金名片，支持在生态功能县城打造养老综合体。完善县域"浙有善育"体系。统筹省级部门对公共服务的单一要求，解决资源的错配问题。

**（五）以文化为标识，把推动历史与生态文化发展作为提升县城文化实力与生态张力的着力点**

城镇化，既要大厦也要文化，更要生态。浙江各县城大都拥有得天独厚的山水风光，同时在长期历史发展过程中产生了丰厚的文化积淀，这些都是其城镇化区别于别处的重要标识。对此，要实施县城文物保护利用重点工程，加强历史文化名城、名镇、名村以及历史建筑保护利用，深化"千年古城"复兴计划，实施文化基因解码工程，推动县城参与重大文化交流平台建设。统筹推进大花园示范县、诗路文化带建设，支持县城深化打造"耀眼明珠"。

加快县城"无废城市"建设，开展"零碳"示范县创建。

### （六）以融合为导向，把促进县乡功能衔接互补作为激活县城连接城市、服务乡村能力的着力点

县城位于"城尾乡头"，是连接城市、服务乡村的天然载体。对此，为深化县域城乡融合发展，加快实现全体人民共同富裕，要以县城建设为引领统筹推进城乡空间布局优化、公共服务均等化和基础设施建管一体化。因地制宜推广"大搬快聚富民安居"工程，实施撤乡并村强镇行动。实施农村人居环境整治提升五年行动，持续深化"千万工程"及"五美联创"，推动未来乡村、数字乡村由点及面发展。推进乡村产业"一县一平台"，深入推进城乡产业协调发展平台建设。

### （七）以创新为动力，把全面深化"人地钱"体制机制改革作为增效赋能县城承载能力提升的着力点

浙江省县城承载能力提升工作在"人地钱"等方面依旧面临较大的体制机制障碍。对此，要创新开展农业转移人口市民化集成改革试点，推动县城率先建立基本公共服务常住人口全覆盖机制。引导社会资金参与县城建设，全面盘活县城国有存量优质资产，规范推广政府和社会资本合作模式。系统探索宅基地"三权分置"的有效实现形式，按照国家统一部署，稳妥推进农村集体经营性建设用地入市，完善县城存量低效建设用地再开发机制，加快构建城乡统一的建设用地市场。

## 第七章
## 构建高品质物流体系

物流是关乎实体经济高质量发展和百姓高品质生活需求的重要行业，通过有效构筑各类商品在区域间、城乡间的流通渠道，推动生产生活物资的平等交换和公共资源均衡配置，对促进产业结构调整和区域协调发展、培育经济发展新动能、提升国民经济整体运行效率具有重要意义。浙江作为经济大省，物流市场发展潜力巨大，交通物流业发展长期走在全国前列。特别是近年来，全省现代化物流体系建设向纵深推进，已成为经济社会发展重要支撑，有力推动城乡区域协调发展。

### 一、浙江省域物流促进城乡区域协调发展的成效

一是区域交通物流基础设施建设全国领先。截至 2023 年年底，全省综合线网总里程达 14.4 万公里，其中高速公路总里程、铁路营运里程分别达到 5509 公里、3989 公里，面积密度分居全国第 5 位和第 12 位；四级及以上内河航道里程 1660 公里，占总内河通航里程的 17%，初步形成了杭甬、杭金衢、义甬舟的交通物流大动脉[①]。城乡基础设施短板建设不断补齐，高速公路实现"县县通"。农村公路总里程达到 10.2 万公里，乡镇通三级以上公路比例达 90.6%，建制村通双车道公路比例达 85.8%[②]。

二是城乡物流节点建设持续深化。枢纽设施方面，浙江率先成为拥有三

---

① 资料来源：《2023 年浙江省国民经济和社会发展统计公报》。
② 资料来源：《浙江"四好农村路"带动美丽经济服务共同富裕》，交通运输部官网，2024 年 4 月 29 日。

大千万级机场的省份之一，杭州萧山国际机场成为全球排名前60位的机场之一；沿海万吨级以上泊位275个，宁波舟山港是全球唯一年货物吞吐量超12亿吨的大港；宁波和金华成功列入国家综合货运枢纽补链强链首批城市；全省国家物流枢纽总数达6家，位居全国各省市第4位；国家示范物流园区入选总数10个，位居全国各省市第1位。节点网络方面，截至2023年年底，初步形成"骨干基地—物流园区—集配中心—配送网点"四级冷链网络节点体系，拥有冷库总库容约1800万立方米；建成24个快递服务现代农业示范项目、示范区，4市入选国家城市绿色货运配送示范工程；农村寄递物流体系逐步完善，已有80%的山区海岛县开通了客货邮融合线路。累计新改建县级共同配送中心34个，整合提升镇村两级综合性服务站点1052个，全省19778个行政村实现了5品牌"快递进村"全覆盖，八大快递品牌服务覆盖率达88.63%，5个项目入选交通运输部农村物流服务品牌。

三是物流提质增效成效显著。经济效益方面，2022年，全省物流业增加值实现8018亿元[1]，分别占全省GDP和服务业增加值的10.3%和19%，自2012年以来年均增速超9.5%；全省社会物流总额约24.3万亿元，同比增长12%。降本方面，牵头开展物流降本增效国家综合改革试点任务，组建全省物流降本增效综合改革试点工作专班，建成全国首个监测物流全链条降本增效"物流大脑"。2023年，全省社会物流总额24.9万亿元，社会物流总费用1.1万亿元，社会物流总费用占GDP比重为13.6%，较2019年下降0.74个百分点，实现"5连降"，有力促进经济运行效率提升和产业核心竞争力增强。

四是城乡物流配送体系不断健全。物流电商快递及末端配送模式引领示范。杭州被列入首批电子商务与物流快递协同发展试点城市之一，试点经验向全国推广。"城市智能投递终端建设"连续4年列为省政府十件民生实事工程，全省建成智能投递终端1.91万个，基本实现城区内商业楼宇、社区、学校等场所全覆盖。全省城区自营快递网点标准化率达95%，乡镇快递网点覆

---

① 资料来源：浙江省发展改革委。

盖率达 100%。持续推进农村物流客货邮融合。截至 2023 年，已有 80% 的山区海岛县开通了客货邮融合线路。累计开通客货邮融合线路 256 条，累计新改建县级共配中心 34 个，整合提升镇村两级综合性服务站点 1052 个[①]，有力激活农村地区消费潜力，带动部分偏远农村居民收入增加，助力乡村振兴。冷链物流体系初步建成。创新提出并建设完善浙江冷链物流"骨干基地—物流园区—分拨中心—配送网点"四级功能布局体系，拥有冷库总库容约 1800 万立方米，宁波市、嘉兴市入选国家骨干冷链物流基地建设名单，全省国家骨干冷链物流基地总数达 4 家，累计建成 12 个省级冷链物流骨干基地和 27 个省级冷链物流园区，冷链物流综合流通率大幅提升，流通环节产品损腐率明显下降，为城镇居民和产地农民都带来较为直接的获得感。

五是区域物流市场主体实力不断提升。培育扶持全省 A 级以上物流企业超 800 家，数量居全国第 1 位；物产中大物流投资集团有限公司、宁波港东南物流集团有限公司、百世物流科技（中国）有限公司、浙商中拓集团股份有限公司等新入选中国物流业 50 强企业名单；菜鸟网络科技有限公司、浙江统冠物流发展有限公司等 18 家企业入选全国物流标准化重点推进企业；传化智能物流平台等 3 家平台入选国家首批骨干物流信息平台试点；杭州迅蚁 5G 无人机物流获颁全国首个城市场景无人机物流特定类试运行批准函和经营许可；浙江黄岩洲镒实业有限公司智慧物流等 2 个项目入选国家级服务业标准化试点项目。

六是民营资本拉动效应显著。2023 年度服务业高质量发展"百千万"工程重大项目库中，由民营资本出资建设的物流基础设施项目数、投资额分别占全部物流项目的 56%、49%。根据 2024 年"百千万"工程重大项目计划，第一批报送的项目中有 26 个民间参与的物流基础设施项目，年度计划总投资约 39 亿元，保持强劲投资势头。主要注入综合物流、冷链物流、仓储园区类项目；民营物流主体也成长为浙江省物流行业的生力军，拥有杭州菜鸟物流

---

① 资料来源：《浙江"四好农村路"带动美丽经济服务共同富裕》，交通运输部官网，2024 年 4 月 29 日。

信息科技有限公司、传化智联股份有限公司等一批物流企业。全省76个现代流通企业典型案例中，物流与供应链服务、农产品流通领域民营企业案例约占总数的60%，投资建设成效显著。

## 二、浙江构建高品质物流体系的主要做法

### （一）加快物流基础设施网络建设

一是加快布局物流设施网络。加快国家物流枢纽互联成网，打造"通道＋枢纽＋网络"现代物流运行体系，先后创建宁波—舟山、金华、杭州等6个国家物流枢纽，嘉兴、台州等4个国家骨干冷链物流基地以及10个国家物流示范物流园区，物流领域"国家级"平台创建总数均名列全国前茅。宁波、金华成功入选首批国家综合货运枢纽补链强链城市，并在2023年国家综合货运枢纽补链强链工作中获评绩效考核A类。

二是加强城乡交通物流设施建设。推动"四好农村路"建设，实现高速公路"县县通"。积极推进"快递进村"，基本打通农村物流末端节点，形成了城乡衔接、服务普惠的县域物流服务体系。

### （二）推动物流行业要素集聚

一是大力推进枢纽园区建设。浙江截至2023年年底，共创建国家示范物流园区10个、省级示范物流园区20个（含国家级），数量位居全国各省市第1，有力推动浙江"通道＋枢纽＋网络"的现代物流运行体系加快形成。2023年，杭州空港型国家物流枢纽成功入选国家物流枢纽建设名单，是浙江首个空港型国家物流枢纽，至此浙江共有温州、金华、义乌、嘉兴等6个城市入选国家物流枢纽建设名单，数量位居全国各省市第3，有力支撑浙江"通道＋枢纽＋网络"现代物流运行体系建设。

二是大力发展多式联运。海铁联运方面，开通100余条线路，辐射全国16个省（区、市），2023年全省集装箱海铁联运达165万标准箱，居全国第2

位。江海河联运方面，11个市全部实现通江达海。2023年还建成了京杭运河二通道、鱼腥脑航道等关键项目，打通浙北集装箱主通道，全省集装箱海河联运量达183万标准箱、增长27.5%。公铁联运方面，重点推进铁路支线"进厂进园区"，加快"公转铁"。比如，湖州开通兰州、西安等公铁联运班线，成本下降20%。空陆联运方面，萧山机场开通国际货运航线39条，构建异地货站网络，进一步扩大辐射范围。信息互联方面，上线"四港"联动智慧物流云平台，创新"一网智联"等模式，用户超2万家，2024年第一季度完成多式联运业务量超20万标准箱。

### （三）构建城乡物流发展新模式

一是构建农村客货邮融合发展模式。以全国快递业"两进一出"试点为契机，加快构建以县级物流中心、"多站合一"乡镇客货邮融合综合服务站、"一点多能"村级农村物流服务点的三级城乡配送体系。创新推进直接投递、交邮合作、邮快合作、快快合作、商快合作、快供合作、快农合作、快站合作8类快递进村模式。深化农村物流客货邮融合发展，培育一批农村物流品牌企业，宁海县"交通运输＋邮政快递融合"等5个县的服务品牌荣获交通运输部农村物流服务品牌，偏远山区配送成本普遍降低1/3以上。

二是扎实推动冷链物流发展。浙江省积极推进冷链物流发展，出台《浙江省冷链物流高质量发展三年行动计划（2023—2025年）》《浙江省农产品产地仓储保鲜冷链物流建设规划（2023—2027年）》，明确提出构建功能衔接、上下贯通、集约高效的产地冷链物流服务体系。全省共有舟山、宁波、嘉兴等4个城市入选国家骨干冷链物流基地建设名单，数量居全国各省市第2位，浙江"骨干基地—物流园区—分拨中心—配送网点"四级冷链网络节点体系逐步完善。

三是绿色物流发展形成诸多创新举措。率先发布全国首个省级绿色物流发展指数，针对省内400余家不同规模的物流企业开展常态化运行监测。在快递行业推进绿色包装试点，利用电子面单、装箱算法等绿色科技，推广应用循环箱、原箱发货、纸箱回收利用等循环利用模式。绿色仓储建设全球领先，菜鸟宁波仓库成为菜鸟网络联合物流合作伙伴和商家在全球范围内首创的 20 个"绿仓"之一。邮政管理部门在杭州开展菜鸟网络末端配送试点，探索建立了社区物业、便利店代收快递合法化配送新模式，绿色回收箱已覆盖杭州市 80% 的院校。

### （四）推动物流行业发展转型升级

一是物流降本增效改革。作为全国 6 个物流降本增效综合改革试点省之一，近年来浙江持续推进"多证合一""三检合一"等改革举措，全面落实省内国资路段货车通行费实行八五折优惠、国际标准集装箱运输车辆通行费优惠、内河集装箱运输船舶免征"四自"航道通行费等降税清费政策，2022 年合计直接减免物流费用约 62.54 亿元。推行物流"放管服"改革，以"最多跑一次"改革为统领，全省范围内推进交通运输行业"放管服"改革，已实现 100%"最多跑一次"，基本实现"网上办"。推进"多证合一"、"三检合一"、证照联办等改革举措，相关经验成为全国典型。

二是开展优质物流企业培育。2019 年以来，每年遴选发布 20 家物流领跑者企业，并总结推广领跑经验。2023 年开始，结合服务业高质量发展"百千万"工程建设，会同省交通运输厅开展现代物流业领跑企业认定工作，首批共认定 4 家物流旗舰企业、6 家物流龙头企业和 20 家物流领跑企业。同时，常态化开展全省物流创新发展试点工作，累计评选全省物流创新发展试点 78 个，形成一批可复制可推广的典型案例。

三是推动行业数字化改革治理。建成全国首个物流全行业、全链路降本路径"浙里 e 物流"数字化应用场景，已归集各类数据近 42 亿条，惠及企业 39.05 万家次；全国首创成立"四港"联合会，并组建实体化公司浙江四港联动发展有限公司，迭代升级"四港"联动云平台；宁波舟山港成为全国首个集装箱"全程无纸化"港口；"浙运安"入选交通强国建设试点；舟山"江海联运在线"荣获全国自贸区最佳实践案例；已初步建成省级航空物流信息服务平台，全省国际航空物流信息化水平得到有效提升；宁波"港口危货安全智控在线"入选省数字政府"最佳应用"；"浙冷链""浙食链""浙苗链"三管齐下，实现进口冷链食品和省域疫苗"从首站到终端"全链条监管溯源。

## 三、浙江构建高品质物流体系的经验启示

### （一）统筹规划与政策引导

浙江省通过制定详细的物流业发展规划和政策进行引导，综合规划方面，出台《浙江省现代物流业发展"十四五"规划》《促进农村客货邮融合推进农村物流高质量发展助力共同富裕示范区建设专项行动》，明确浙江省物流发展的目标和路径。专项规划方面，先后出台《浙江省冷链物流创新发展三年行动计划（2020—2022年）》《关于推进浙江省乡村物流补短板强弱项工作的意见》和《关于支持冷链物流高质量发展的若干意见》等规划，不断引导物流行业在城乡、区域之间的均衡发展，为城乡融合与区域协调提供了有力支撑。

### （二）大力完善物流基础设施

浙江省在物流基础设施建设方面投入巨大，高速公路、铁路、内河航道、民航机场等交通基础设施全国领先，综合交通投资连续数年保持高位增长，冷链物流基地、物流园区、农村物流服务节点等物流设施建设不断推进。"十四五"期间，浙江推动实施物流通道设施类、园区平台类、总部创新类和应急储备类四大类超百个重大项目，涉及总投资超6000亿元。同时，通过物流资源整合、物流设施布局优化、组织方式创新、物流效率提高，不仅提升了物流服务能力，也为城乡融合与区域协调提供了坚实的物质基础。

### （三）积极推动客货邮融合

浙江省积极推动客货邮融合发展，推进"快递进村"。累计打造了15个

省级农村客货邮融合发展星级服务品牌；12个县（市、区）入选国家农村物流服务品牌，总数位居全国第2；其中宁海县集士驿站客货邮案例被交通运输部发文全国推广。农村客货邮融合发展案例被评为浙江省建设共同富裕示范区"最佳实践"。积极鼓励引导运营主体加强与当地其他产业跨界合作，探索形成"客货邮+"融合发展模式，如松阳"客货邮＋农产品"、永嘉"客货邮＋加工业"、柯桥"客货邮＋电商文旅"等都取得了较好的效果，有效解决了农村物流"最后一公里"问题，为城乡物流一体化提供了新的解决方案。

### （四）推动行业数字化智能化转型

凭借数字经济发展优势，浙江省积极推进物流业的数字化与智能化转型，通过引入智能分拣线、智能公交邮箱、智能快递柜等智能设备，提高区域物流流转效率。同时，大力推进物流信息平台建设，建成"四港联动"云平台、"浙冷链"等物流信息平台，实现物流信息的共享与互通。在全国率先开发构建省级物流发展数字化监管服务系统，为治理侧提供及时的数据辅助服务。从供给侧、需求侧、管理侧三方同步提升数字化水平，提高了物流服务治理水平，也为城乡融合与区域协调提供了高效的信息支持。

### （五）积极推动引导民营资本参与

民营资本是浙江省物流基础设施投资建设的重要力量，浙江先后出台《浙江省优化营商环境条例》《浙江省促进中小微企业发展条例》等文件优化营商环境，并向民间资本推荐的"3张项目清单"，积极支持民营资本进入铁路、油气等传统垄断领域。在民营资本的助推下，浙江省物流基础设施补网强链深入推进。物流项目和物流市场主体方面，民营资本为浙江省物流高质量发展提供有力支撑。例如，菜鸟物流也不断地深耕农村物流、农产品上行，形成一张遍布县、乡、村的三级物流网络，在全国建立超过650个县仓，服务覆盖超过3万个村。

## 四、展望和建议

作为连接生产与消费、城市与乡村的重要纽带，构建高品质物流体系不仅是经济转型升级的重要驱动力，更是促进城乡区域协调发展的关键所在。下一步，浙江将以独特的地理位置、发达的产业基础和创新的政策环境，逐步构建起覆盖广泛、高效便捷、绿色智能的现代物流体系，力求在促进城乡经济互动、优化资源配置、提升区域竞争力等方面发挥更大作用。

### （一）强化物流基础设施一体化建设

一是完善区域物流枢纽建设。持续推进宁波—舟山、金华、义乌、温州、嘉兴等国家物流枢纽建设，提升枢纽的辐射能力和集疏运效率。同时加强义甬舟、金丽温等开放大通道建设，完善陆海统筹、有机衔接的全省物流通道网络。

二是健全城市交通物流设施服务网络。以创建城市绿色货运配送示范工程为抓手，加快构建以综合功能分拨中心（干支衔接型物流园区）、公共配送中心、末端共同配送站为主的三级城市配送网络，推进建设一批冷链物流中心、快递分拨中心，完善配送车辆停靠装卸配套设施。持续健全城市社区物流设施网络，加强社区公共配送服务网点与城郊物流集散中心、城市物流分拨节点等的一体衔接。

三是强化县、乡、村三级物流体系服务能力。加快构建以县级物流中心、乡镇客货邮融合综合服务站和村级农村物流服务点为支撑的县乡村三级配送服务网络。深入推动客货邮融合发展，建设"多站合一"乡镇客货邮融合综合服务站和"一点多能"村级农村物流服务点，提供货物中转、信息服务、装卸理货等"一站式"服务。推动行政村快递物流实现全覆盖。结合山区特色农产品，建立冷链物流系统，支持在杭州等发达地区建设功能集成的"山海共富农优产品展销窗口"。

### （二）推动城乡物流信息化、标准化建设

一是加强物流信息整合共享。推动交通、农业、供销、邮政等部门信息资源共享，支持电子商务、农资农产品等平台拓展物流信息服务功能。鼓励各地依托"未来乡村"、网上农博等应用成果，开展农村物流数字化改革，提高物流运输动态监控和数字化管理水平。建立和完善数字三农协同应用平台，构建云端协同、全程覆盖、开放共享的农村供应链大数据体系，培育一批全程物联、全链可溯、全域可视的特色农产品供应链平台，畅通农产品流通渠道。

二是推广先进物流装备技术。在公交带货、农产品物流等领域，积极推广客货联运车型，鼓励应用标准化物流周转袋（箱）、托盘等装备，并探索建立循环共用体系。推进自动分拣线、智能快递柜等智能设备应用，提高分拣、投递等环节效率。推广应用条形码、射频识别技术、车载卫星定位装置等先进技术，加强农村物流运输动态监控和数字化管理，实现农村物流信息化运作，提高运营管理效率。

三是创新发展物流服务新业态新模式。依托浙江山区海岛特色场景丰富优势，积极开展城市、山区、海岛等低空物流场景创新。培育"无人机快递物流"品牌，积极开发"低空＋物流"应用场景，鼓励电商配送、即时配送等低空无人机物流应用示范，推进城际、城市无人机干线及山区海岛农村末端物流配送，拓展枢纽快递转运、生鲜城际半日达等场景。加强新一代信息技术与物流融合，推广发展无人仓、无人集卡、无人配送车等无人化物流模式应用。发展网络货运经营模式，加快推广云仓、共享集装箱、共享托盘等共享物流新模式。

### （三）促进城乡物流与相关产业融合发展

一是促进物流业与制造业融合。紧密衔接省级重大生产力部署，推进物流业与制造业空间规划布局衔接。推进杭州、金华、嘉兴等生产服务型国家物流枢纽建设，支撑制造业高质量集群化发展。鼓励创新供应链协同共建模

式，鼓励第三方物流和快递企业为制造企业量身定做物流解决方案。引导制造企业与物流企业建立互利共赢的长期战略合作关系，共同投资专用物流设施建设和物流装备研发，提升供应链协同效率。

二是创新发展现代农业供应链。重点围绕浙江省鲜活农产品主产区、特色农产品优势区和现有的城乡冷链物流通道节点，实施农产品冷链物流"百千"工程，形成"产地冷藏保鲜设施＋冷链集散中心＋冷链物流基地＋社区配送网点"四级农产品冷链物流功能布局体系。积极打造物流与农业协同发展、满足新消费升级的产业协同联动模式，强化物流业对农业的支撑带动作用。

三是促进商贸物流提档升级。强化商贸物流服务网络，着力完善面向不同类型采购商的网络化仓储配送体系，面向电子商务、跨境电商的便捷化供应链物流服务体系，面向小品牌的共同配送服务体系。支持杭州、宁波等争创国家级现代流通战略支点城市，充分依托现有商贸物流园区、城乡配送中心和商圈末端配送网点等重点区域及节点，发展"商贸＋互联网＋物流"一体化物流供应链服务平台。

### （四）抓好物流市场可持续发展

一是加大对物流企业的培育扶持。结合推进浙江省服务业高质量发展"百千万"工程，打造一批具有地方特色的物流品牌，以企业培育为抓手，推动市场主体深入合作，延伸服务链条、拓展服务领域、创新服务产品，增强农村物流服务经济发展的能力。

二是加强人才队伍建设。加强物流专业人才的培养和引进，提高物流从业人员的专业素养和技能水平。支持高校和职业院校开设物流相关专业课程，加强实践教学和校企合作，为物流业发展提供有力的人才保障。鼓励物流行业企业人才回乡创业发展，加强农村物流从业人员的培训和教育，提高农村物流服务水平。

三是联系好用好物流行业协会。注重发挥行业协会在政府与企业之间的桥梁纽带作用，适时研究制定面向民间资本的物流项目推介清单，引导城乡、中小物流企业差异化、错位化发展，推动城市物流企业与农村物流企业建立合作关系，共同开展农产品进城、工业品下乡等物流业务，实现资源共享、互利共赢。

### （五）优化物流发展政策环境

一是完善政策保障体系。加强物流业发展政策的精准度和协同性，加大对共同配送、农村客货邮融合、网络货运等新模式新业态的政策扶持力度。对农村物流企业实施更加优惠的税收政策，如降低企业所得税税率、免征或减征部分税费等，减轻企业负担，增强市场竞争力。优化行政审批流程，简化农村快递末端网点备案手续，取消不合理、不必要限制，营造公平的市场环境，鼓励农村快递末端服务发展。

二是加大财政投入与社会资本引导。设立专项资金或基金，用于支持城乡物流基础设施薄弱环节建设、技术研发、人才培养等方面，为城乡物流市场发展提供资金支持。通过政策引导、税收优惠等措施，吸引社会资本投资运输仓储、配送、分拨、物流信息化、多式联运以及物流园区等领域基础设施建设，鼓励社会资本投资参与专用铁路、企业专用线、特定货种运输通道及相关场站设施等的建设。

# 第八章
## 优化开放布局

优化区域开放布局，有助于促进要素流动和合理配置，构建优势互补、高质量发展的区域经济体系。浙江地处东南沿海开放前沿，21世纪以来，在"八八战略"指引下，浙江充分用好"两个市场、两种资源"，不断提高对内对外开放水平，逐步形成了陆海统筹、内外联动的全面开放格局，实现了从"外贸大省""开放大省"向"开放强省"的跨越。

## 一、以区域协调发展为导向的省域开放布局发展沿革

### （一）改革开放初期至21世纪初：沿海开放引领

党的十一届三中全会后，浙江立足省情，发挥优势，抓住机遇，率先推进改革开放，在开放发展的道路上不断开拓进取，以沿海地区为重点部署对外开放重点区域。1978年，国务院批准浙江为对外贸易口岸。1979年6月，宁波港正式对外开放。1980年起全面自营出口，由出口供货省向口岸省转变。1984年，宁波和温州成为全国首批对外开放沿海城市，同年宁波经济技术开发区正式设立，成为全国建区最早的国家级经济开发区之一。1994年外贸经营权由审批制改为登记和核准制，当年批准设立52个省级经济开发区。1996年，率先在全国形成了"县县有外贸"的外贸发展格局。2001年12月，随着中国成功加入世界贸易组织（WTO），浙江紧紧抓住机遇，时任浙江省委书记的习近平同志在2003年提出"八八战略"，浙江对外开放进入新阶段。21世纪初，浙江已基本形成以杭州、宁波、温州为中心，国家级、省级开发区为先导，由沿海开放地区向全省其他地区梯度推进的全方位对外开放格局。

### （二）"九五"至"十三五"时期：全面协调开放

浙江省"九五"计划纲要中首次提出要逐步建立以中心城市和沿海港口为依托，形成沪杭甬和杭宁高速公路沿线、温台沿海、浙赣和金温铁路沿线"三区三带"区域经济开放布局。"十五"计划纲要提出要充分发挥浙江的区位优势和深水港优势，呼应浦东开发开放，主动融入长江三角洲地区经济的协调发展。"十一五"规划提出以杭州、宁波为战略支点，充分发挥嘉兴、湖州近沪经济走廊、绍兴吴越文化、舟山深水港资源、台州民营经济等比较优势，进一步融入以上海为龙头的长三角世界级城市群。"十二五"规划首次提出优化海洋空间开发格局，构建"一核两翼三圈九区多岛"总体布局，构建浙江省海洋经济发展方式转变和城市新区培育的主要载体。2016 年编制的《浙江省开放型经济发展"十三五"规划》描绘了"十三五"时期开放型经济的发展蓝图，提出建设"两通道、四高地、长三角区域协同发展"的综合格局。其中"两通道"即建设义甬舟开放大通道和构建沿海开放大通道；"四高地"即打造以宁波—舟山为核心、面向环太平洋经济圈的海上门户，构筑以杭州为龙头的"网上丝绸之路"战略枢纽，打造以金华—义乌为重点、连接"一带一路"的战略支点，以及创建以温台为龙头的民企民资参与"一带一路"建设先行区。至此，浙江省开始向全面协调开放的布局转变。

### （三）"十四五"以来：围绕"地瓜经济"提能升级的双向循环开放

《浙江省商务高质量发展"十四五"规划》提出，要"建设国际'一带一路'重要枢纽，大力开拓以长江经济带和长三角一体化为主的国内市场，并以'四大建设'优化省内布局"。该规划立足新发展阶段，贯彻新发展理念，构建了新的省内外开放发展格局，并以"一带一路"建设为统领，提出要深化高水平开放，打造国内大循环战略支点和国内国际双循环的战略枢纽，为争创社会主义现代化先行省提供强大动力和战略支撑，为一段时期内浙江省高水平开放布局进行了合理谋划。2023 年新春第一会上，浙江省委、省政府提出要打造"地瓜经济"提能升级"一号开放工程",在《浙江省"地瓜经济"提能升级"一号开放工程"实施方案》中提出要完善省域开放布局,建设"一带一路"重要枢纽,纵深推进义甬舟、金丽温两大开放通道建设,着力建设杭州、宁波—舟山、金华—义乌、温州等四大开放高地,并积极参与国内区域合作与发展,这对新时期浙江优化区域开放布局提出了新的谋篇设想。

## 二、浙江省优化区域开放布局的具体实践

在国家推进高水平对外开放的战略部署背景下,浙江省加快构筑陆海内外联动、东西双向互济的开放格局,不断以高水平区域协调联动铸成高质量发展整体合力,在陆海双向联动、制度型开放、高质量外资引入、统一大市场建设等领域形成了一批生动的实践做法。

陆海统筹联动,内陆开放枢纽与沿海港口实现双向贯通。得益于全省海洋港口一体化的持续深入推进,浙江海港"一体两翼多联"的协同发展效应继续放大。同时依托全省海港陆港联动优势,充分发挥"四港"联动、陆海统筹的国际物流优势,宁波舟山港"第六港区"建设取得实质性突破,创新发展集装箱联运全城物流提单模式,"四港"智慧物流云平台全面启用,成功开辟"中欧班列 + 海铁 + 海运"的多式联运新通道。如义乌市通过建设陆海联动双向通道枢纽,持续打造内陆县域开放样板。以义乌为起点,义新欧、义甬舟海陆双向通道建设不断提升长江经济带开放能级。2023年年底甬金铁路通车,连接世界第一大港和世界小商品之都,使宁波和金华两地间的铁路运输距离缩短约100公里,运输成本下降约40%。2023年海铁联运班列发运8.59万标准箱,同比增长6.7%,并落地海铁联运抵港直装模式,完成首单陆路启运港退税业务。乐清市加快发展海铁联运,开辟发展海陆"新航道"。乐清湾港区是全省开放大通道东向出海的重要门户枢纽,2023年港口货物吞吐量4400多万吨,集装箱吞吐量63万余标准箱。2021年乐清湾港区正式开通集装箱海铁联运以来,区域集装箱物流成本较公路运输下降超六成。中欧班

列"温州号"从乐清湾始发，目前已经实现"永康东—温州港""南昌—温州"集装箱海铁联运常态化运行，其中"南昌—温州"集装箱海铁联运列入国铁图定班列。乐清已逐渐形成高速公路、铁路直通浙南、闽北、赣东，与新疆、中亚、中欧连接的陆上通道格局。

深挖重点领域，引外资强外贸助推区域经济腾飞。2023年浙江省实际利用外资202.3亿美元，同比增长4.8%[1]，是东部沿海省市中唯一正增长省份，高质量外资集聚地加快形成。不断打响"投资浙里"全球大招商品牌，常年组织招商团组赴外招商，举办大规模、高层次、宽领域的招商活动，突出标志性制造业外资大项目招引，吸引沙特阿美、斯特兰蒂斯等一批重大外资项目落地，助推县域经济发展。如海盐创新外资引育新模式，营造放心投资、安心落户、舒心发展的一流外资招引环境，打造高质量外资集聚地。近年来，海盐瞄准世界500强企业、高端外资制造业项目等，绘制"产业地图"和"招商图谱"，探索短、频、快的靶向出国招商模式，成功吸引美国AP氢能源及配套产业基地项目、美国安费诺集团、德国肖弗勒模具集团等一批优质外资项目相继落户。全国首个核药外资项目——世界500强诺华中国放射性药品生产项目签约落地后，与拜耳、辉瑞等10余个相关产业优质外资项目深度在谈。嘉善县加速迭代升级推动外资高质量集聚。2023年嘉善实际利用外资4.86亿美元[2]，跻身实际利用外资全省十强县（市、区）。近年来，先后签约和得科技、恒石精密、飞适动力等优质项目，获评十佳招大引强县（市、区）。率先设立长三角（嘉善）招商引才服务有限公司，通过以商引商、驻点招商、产业链招商、"基金＋股权＋项目"招商、互联网招商等多种方式，成功引进项目55个，累计实现合同外资6.3亿美元。放大全省首个合格境外有限合伙人（QFLP）试点效应，依托试点实现异军突起。截至2023年年底，全县已经落地QFLP项目5个、总规模18.3亿美元，在谈QFLP项目4个、总规模超13亿美元。

---

① 资料来源：《2023年1—12月浙江省外商直接投资简析》，浙江省商务厅官网，2024年7月19日。
② 资料来源：嘉善县2024年政府工作报告。

规则制度创新，引领高质量对外开放。2023年9月20日至21日，习近平总书记在浙江考察时指出，以服务全国、放眼全球的视野来谋划改革，稳步扩大规则、规制、管理、标准等制度型开放[1]。近年来，浙江作为改革开放的先进基地，在制度型开放的实践中取得了丰富成果，为推进我国制度型开放进程交出了具有可行性的"浙江答卷"。自2017年中国（浙江）自由贸易试验区设立以来，形成制度创新成果400余项，31项复制推广到全国，全过程多角度为浙江制度型开放总结可行经验。其中，在"义新欧"中欧班列建设过程中，首张中国国际货运代理协会（CIFA）多式联运提单的签发，为研究"一带一路"跨境运输物权化创新实践方案，目前相关试点工作已经在重庆、成都、郑州、连云港等地区具备条件的中欧班列上推行。如北仑区作为浙江自贸试验区宁波片区的主阵地，近年来持续在新型国际贸易培育、跨境贸易便利化、国际供应链创新上积极探索、先行示范。获批首批跨境贸易投资高水平开放外汇管理改革试点，13项便利化措施全部落地。充分发挥宁波海关搭建的"跨境商品组套销售系统"集成优势，北仑跨境电商零售进口连续7年居全国综保区单区第1位。2023年，从北仑形成的11项制度创新获评浙江省最佳案例，跨境贸易投资便利化集成创新案例成功入选全国自贸区第五批最佳实践案例。金东区通过高水平制度型开放，助力打造现代化国际陆港。通过创新运用的铁路"快速通关"模式，缩减中欧班列整体运行时间1~2天。大力推进"全国通关一体化"和"两步申报"改革业务试点，金义综保区创造了0.16秒/单、30秒/车的"金义通关速度"，效率全省领先。首个跨境电商进口退货中心仓正式启用，极大优化了海外购物退货及二次上架的效率，为跨境电商的发展提供了强劲动力。2022年9月，金义综保区与尼日利亚开展了首单铝锅和铝锭等货值的跨境易货贸易，进入国际贸易创新领域的最前沿。

企业出海破局，打造市场和资源"两头在外"的高增长模式。近年来，浙江民营企业"走出去"步伐不断加快，对外贸易和投资规模持续增长。浙

---

[1] 《始终干在实处走在前列勇立潮头 奋力谱写中国式现代化浙江新篇章》，《人民日报》2023年9月26日第1版。

江 2023 年在全国率先实施"千团万企"拓市场增订单行动，截至 2023 年年底，全省有进出口实绩的民营企业数量突破 10 万家，投资项目遍布六大洲的 153 个国家和地区，其中 95% 以上由民营企业投资，共有 2861 个团组赴境外参展、开展经贸洽谈和招商推介等商务活动，联动企业 18209 家次，达成意向订单近 1900 亿元。境外园区成为推动浙江企业"抱团出海"、有效拓展国际市场的重要载体，是浙江高质量共建"一带一路"的一张"金名片"。截至 2024 年 8 月，已累计建设 19 家省级以上境外经贸合作区，其中国家级 4 家，数量居全国第 1 位，包括泰中罗勇工业园、越南龙江工业园、印尼纬达贝工业园、俄罗斯乌苏里斯克经贸合作区等，有效促进当地产业升级，带动当地人员就业，实现共同繁荣发展。如永康市近年来着力打造"永康五金"区域公共品牌，大力推动永康五金"品牌出海"。2023 年起创新开展境外自办展，通过联合举办或设立"展中展"的形式在美国、日本、俄罗斯等地举办了"永康五金品牌出海"系列境外自办展 7 场，累计组织出海团组 51 个，涉及参展企业超 800 家，达成意向订单超 130 亿元；引导企业加强品牌建设，累计培育浙江出口品牌 36 个，数量居全省第 3 位。为推动五金产业带集体出海，2023 年成功招引落地脉链跨境平台，派出了 50 支团队出国推广中国数字化营销模式，截至 2024 年 2 月，已与 80 个国际采购商开展合作，达成中国工厂店合作模式。桐乡市紧抓"一带一路"机遇，打造"益企共赢"新高地。桐乡鼓励企业对外并购"卡脖子"资源、技术、产业链补链和延链项目，在持续支持浙江华友钴业股份有限公司、中国巨石股份有限公司、振石控股集团有限公司等龙头企业有序"走出去"开展全球化布局的同时，引导企业设立总部出口型贸易公司。如 2023 年振石控股集团印尼硕石镍铁项目开工及生产用物资、装备等经国内采购后统一由集团公司出口，带动出口额 56.4 亿元，较 2022 年同期增长 13 倍。截至 2023 年 5 月，桐乡企业已累计在美国、欧盟、澳大利亚、日本、新加坡等 20 余个国家和地区设立境外营销机构 97 个，涌现出了生迪光电科技股份有限公司、中国巨石股份有限公司、浙江新澳纺织股份有限公司等境外营销网络带动企业进出口的典型企业。民营化工龙头桐昆、新凤鸣联手启动泰昆石化（印尼）尼北加炼化一体化项目成功落地，振石印尼华宝工业园区、桐乡印尼波马拉工业园上榜"新认定省级境外经贸合作区"名单。

## 三、展望和建议

优化省域开放布局，必须要以大改革为牵引，抓牢大枢纽、大通道、大平台提能升级，进一步打开新时期浙江开放发展的空间，增强对高端要素的引聚和配置能力，不断促进全省区域协调发展。

### （一）聚力港产贸联动，提升大枢纽

争创金华义乌中欧班列集结中心枢纽城市。打造中欧班列长三角集结中心，构建覆盖华东、衔接欧亚的班列运行服务网络，积极吸引长三角地区浙江、上海、江苏、安徽等地班列货源集结，加强与境外铁路场站合作互动，多点布局海外仓和货源集结点，加大回程货源组织力度，推动班列双向集结组织模式创新，提升班列运行效率和常态化运行能力，实现由"点对点"向"枢纽对枢纽"的转变，全面打造中欧班列长三角集结中心。

提升宁波舟山港世界一流强港枢纽功能。优化全省港口"一体两翼多联"总体布局，推动温州港打造成为浙南近洋航线中心，协同台州港共同打造为集装箱支线港、区域性中转港、产业配套港；湖州港打造成为宁波舟山港向内陆辐射的桥头堡；嘉兴港打造成为长三角海河联运枢纽港、浙北和钱塘江中上游地区重要出海口；联动发展义乌国际陆港和其他内河港口优化推进航运服务业高质量发展。拓展国际港口合作网络，深化与东南亚、南亚、中东欧等地区"一带一路"共建国家合作和全球化港口布局，进一步增加国际航线数量和国际航班密度。

做大空港经济开放枢纽。做大杭州临空国际开放门户，将杭州空港打造成为长三角世界级机场群中客货兼备、功能综合的国际性航空枢纽。重点围

绕杭州萧山国际机场枢纽建设，形成具有国际竞争力的临空产业体系，建成引领全省、辐射长三角、具有全球影响力的航空都市区和展示浙江高质量发展建设共同富裕示范区的重要窗口。加快推进嘉兴全球航空物流枢纽项目，优先在"一带一路"倡议签署国城市，以及战略、应急物资和大宗贸易货源地布局航线。融入长三角世界级机场群，有效承接区域航空货运溢出需求。

布局区域性的节点枢纽。加快温州近洋航运中心建设。加快承接宁波舟山港溢出效应，打造以联通浙南闽北赣东和辐射东南亚主要地区为特色的区域性近洋航线枢纽。推进衢州义甬舟西延枢纽建设，提升衢州义甬舟西延开放枢纽平台辐射四省边际区域的重要枢纽节点地位，进一步密切与海港、陆港、空港的互联互通，着力打造"千万物流、百亿商贸、十百投资"的义甬舟开放枢纽平台。

### （二）聚力陆海双向统筹，畅联大通道

积极融入国际多式联运大通道格局。全面提升宁波舟山港世界一流强港和金华义乌国际陆港枢纽能级。深化东南亚、南亚、中东欧等"一带一路"沿线港口合作和全球化布局，参与国家"丝路海运"品牌打造。推进海外仓向境外海港陆港、国际航空枢纽节点、义新欧班列沿线和境外园区延伸布局。大力强化西延省际合作，提升衢州西向战略支点开放功能，一体化西延开放枢纽和四省边际多式联运枢纽港，加快衢州智慧冷链物流产业基地建设，谋划实施新铁路货场、新货运东站、衢江港区三期项目。

大力推进金丽温开放大通道建设。以综合交通为先导，以航运物流为牵引，以高能级开放平台为依托，着力打造温州近洋国际航运中心、金华内陆开放枢纽中心城市和丽水革命老区高水平对外开放振兴样板，构筑以东南亚为方向的多式联运交通通道、以华商华侨为特色的国际贸易物流通道、以生态价值转化促共富为特征的山海协作产业通道，建成联动义甬舟、面向《区域全面经济伙伴关系协定》（RCEP）、辐射浙南闽北赣东的开放崛起强劲新增长极。

### （三）聚力开放载体提能，构筑大平台

推动开发区转型升级。推进开发区优化投资环境，加强国内外合作，加大高质量外资引聚力度，提升开放型经济发展水平。坚持"项目为王"，将开发区作为实施"地瓜经济"提能升级"一号开放工程"和扩大有效投资"千项万亿"工程的主战场，围绕世界500强、行业龙头、"卡脖子"技术，引进一批百亿级或5亿美元以上重大项目。突出"投外引外"，支持浙江省企业高水平"走出去"，通过境外投资、境外并购等方式做大做强"藤蔓"，引进高质量外资。推动各类开发区（园区）开放功能叠加，支持有条件的开发区（园区）在区域内打造一批跨境电商产业园、国际产业合作园等贸易平台，或者周边布局综合保税区、保税物流中心（B型）以及各类保税监管场所。

促进海关特殊监管平台高质量发展。加快推动综保区打造内外双向开放并重的经济功能区。实施综保区货物差异化风险防控，进一步优化综保区检疫检验作业模式和相关流程，不断优化区内进出货物核放逻辑，推进实施卡口分类分级管理，建立更加贴合企业实际的监管体系。推进监管货物的分类管理，发展多类型货物集拼出入，优化"一票多车"货物进出区流程，探索开展特定类型货物整报分送，拓展单车进出区。完善境外退运货物监管，逐步推进现场调查和书面调查比例降低等。加快实现企业完成报关手续后的底账核增核减，相关货物不必实际进出卡口。

加强境内境外园区平台联动发展。打造"一带一路"重点国别合作园，扎实推进中国—中东欧国家经贸示范合作区建设，发挥好"1+6"的模式，形成全省的合力，促进合作进一步走深走实。抓住中东欧国家特色商品"常年馆"、中东欧国际产业合作园、中东欧国际街区等重点工作，发挥好经贸合作示范区引领作用。高水平建设中非经贸文化合作示范区，以金义新区为核心，依托中非经贸合作论坛，金义产业合作园、义乌贸易物流园、中非教育科技园、东阳影视文化园四园，永康五金、武义中药、兰溪水泥等多点支撑，着力打造中非经贸文化合作的双向贸易引领地、产业合作新高地、人文交流样板地、综合服务枢纽地。提升省内国际产业合作园建设水平，加强国际产业合作园和境外经

贸合作区的对接合作，共建跨境产业链供应链。鼓励打造国际合作新载体，提升载体服务集约化、专业化、智能化水平，促进相关外向型产业发展。

做大做强市场展会平台。打造一批国际性的展会平台活动品牌，打响全球数字贸易博览会、中国—中东欧国家博览会、世界互联网大会乌镇峰会、全球数字贸易博览会等综合性展会品牌。打造中非文化合作交流周暨中非经贸论坛、海丝港口国际合作论坛等一系列专项品牌活动。支持各地培育特色展会，面向东盟、东北亚、南亚、中东欧、西亚、非洲等区域，打造一批双边、区域性展会平台。

### （四）聚力先行先试探索，推进大改革

促进国际贸易自由化便利化。大力发展数字贸易，持续办好全球数字贸易博览会，推动争创"丝路电商"合作先行区。建设全球跨境电子商务知识服务、品牌研究与运营、工业设计创新三大中心，建设跨境电子商务品牌出海园区。探索数字人民币跨境支付应用。加强小商品贸易自由化便利化发展，推广小商品数字自由贸易平台，推动小商品贸易全链条、全场景数字化迭代升级，进一步推动贸易便利化，不断帮助中小微企业降本、增效，构建买全球、卖全球的国际小商品自由贸易中心。创新发展服务贸易，将服务贸易纳入国际贸易单一窗口，推动出口信用保险在服务贸易领域应用，推进技术贸易、文化贸易创新发展。实施跨境服务贸易负面清单管理制度。

提升投资自由化便利化水平。进一步扩大服务业开放，放宽服务业准入，实施跨境服务贸易负面清单管理制度，放宽科技服务、专业服务、商务服务等重点领域准入准营限制，支持跨境电商、绿色金融发展，建强国家特色服务出口基地，争创国家服务贸易创新发展示范区。全面推进杭州服务业扩大开放综合试点，创新发展服务贸易，将服务贸易纳入国际贸易单一窗口，推动出口信用保险在服务贸易领域应用，推进技术贸易、文化贸易创新发展。推进数字经济先行探索，推动跨境数据安全有序流动，系统性对标《数字经济伙伴关系协定》（DEPA），发挥浙江数字优势，积极探索数据跨境流动的高

效管理方式和数字交易的成熟模式，推进跨境交流通道试点政策由试点企业向区域推广。形成总部经济制度体系，迭代升级促进本土民营跨国公司总部发展政策，推动跨国公司地区总部等功能性机构加快集聚、拓展功能和提能升级，打造外资研发中心、大宗商品结算中心、数字贸易中心、航运物流中心和供应链管理中心。

探索金融开放改革创新。推动跨境金融开放和人民币国际化业务。扩大金融服务领域开放，探索离岸金融，推进绿色金融国际合作。鼓励湖州、衢州等绿色金融改革创新试验区积极参与国际交流合作，推动国际先进经验、国际金融资源在本土的运用，创新形成具有浙江特色和国际影响力的典型案例。深化推进合格境外有限合伙人（QELP）和合格境内有限合伙人（QDLP）试点。因地制宜、稳步推进各地的 QELP 和 QDLP 试点，逐步降低门槛、扩大投资，积极争取推广余额管理等试点政策。推进外汇便利化改革，借鉴新加坡、迪拜等国际自由港建设经验，制定自贸区外汇政策，在资本项目开放、外汇账户设立、收付汇、跨国公司资金管理、离岸支付结算、跨境投融资等方面提供便利，力争保障资金一定程度上自由进出。

促进创新开放协同发展。打造华人科学家回归、外籍人才便利化环境，优化外国人来华工作许可和工作类居留许可审批流程。探索建设人才特区等制度型开放创新举措，优化科技人才税收优惠政策，细化海外高层次人才医疗、子女教育等配套服务，深化海外人才出入境自由化便利化举措。打造高端要素和创新人才集聚地，推动"一带一路"教育国际合作，建立重点产业领域国际职业资格认可清单制度。实施卓越工程师培养行动，深化技能人才培养体制机制改革。打响留学浙江品牌，放宽优秀外籍留学生在浙工作限制。发挥好海智基地、海智专家对国际顶尖人才引聚的纽带桥梁作用，柔性引进科技领军人才和高水平创新团队。构建联合实验室等国际科技合作载体。依托大科学装置工程及大科学计划吸引国际科学家，构建由国际科技合作基地、海外创新孵化中心、国际联合实验室、企业海外研发机构、外资研发中心组成的国际科技合作体系。

# 第九章
# 完善生态保护补偿机制

生态保护补偿机制作为实现绿色发展与社会公平双重目标的重要政策工具，近年来得到了广泛的关注和应用。在浙江，生态保护补偿不仅保护和恢复生态环境，筑起坚固的生态屏障，更有效满足了人民群众对美好生态环境的需求，实现生态服务的普惠性，推动区域均衡发展。

## 一、生态保护补偿对浙江省城乡融合与区域协调发展具有重要意义

### （一）深化生态保护补偿有助于增进保护地人民的福祉，实现区域协调发展

浙江素有"七山一水二分田"之说，优质的生态环境资源广泛分布于山区、海岛和农村，特别是山区 26 县（含 11 个国家重点生态功能区），承担了水源涵养、水土保持和生物多样性维护等重要生态功能，是浙江乃至长三角生态屏障的重要组成。然而，生态敏感区域往往是偏远、经济欠发达的地带，严格的保护也为当地的发展带来了多种限制。当地居民承担着保护自然环境的重任，却由于缺乏其他生计选择而使生活陷入困境。深化生态保护补偿机制是实现区域公平发展与增进保护地人民福祉的重要途径，确保维护生态系统功能和服务的个人和社区获得相应的经济补偿，提升当地人民的生活水平，从而激发其主动参与生态保护的积极性，实现生态保护与社会经济发展的良性互动。

### （二）深化生态保护补偿有助于推进生产生活的绿色转型，实现高质量共同富裕

共同富裕示范区的建设需要顺应经济生态化发展要求，以绿色发展为导向，创新生态产品价值实现机制与路径，推动山海协作再升级，增强欠发达山区与发达地区间的经济协作。通过生态补偿机制，可以引导企业和个人减少对自然资源的过度开发，转而采用低碳、环保的技术和方法。如鼓励有条件的地区因地制宜发展生物质发电、生物质能源、风电、光伏等资源开发型产业，不断壮大包括生态种植、生态养殖、生态旅游、森林康养等在内的生态经济产业。推动各类要素价格市场化形成机制，加快区域间、企业间的用能权、用水权、排污权、碳排放权交易体系建设。积极培育生态资源资产经营平台，探索农村集体经济发展新模式，切实盘活乡村资源资产等。深化生态保护补偿机制有助于推进浙江省生产生活方式的绿色转型，提升农村地区的收入水平，进而缩小城乡收入差距，推动全省范围内的共同富裕。

### （三）深化生态保护补偿有助于满足人民美好生态环境的需求，实现生态服务普惠性

良好的生态环境是提高人民生活水平、改善人民生活质量、提升人民安全感和幸福感的基础和保障，是重要的民生福祉。随着生活水平的提高，人们对美好生态环境的需求日益增长。深化生态保护补偿机制，可以促进生态系统的恢复和保护，增强生态系统质量和稳定性，有效提升生态服务的供给质量和效率，让全体人民共享优良生态环境。同时，生态补偿机制还能推动生态服务的均等化分配，避免因地域差异导致的生态福利不均，确保城乡居民都能享受到良好的生态产品供给，从而实现生态服务的普惠性，增强人民群众的获得感、幸福感和安全感。

## 二、浙江省生态保护补偿推进区域协调发展的实践和探索

丰富的生态资源主要分布于经济发展相对落后的山区、海岛及乡村地区，建立健全生态保护补偿制度有助于缩小城乡、区域差距，进而形成更加公平合理、有利于共同富裕的社会分配格局。浙江省作为我国生态保护补偿制度建设的"先行者"，自2004年起便开始了生态补偿机制的探索与实践。经过近20年的不懈努力，浙江省已基本建立起一套适应本地生态文明建设需求的生态保护补偿制度，特别在补偿范围、补偿资金、资金分配和多元补偿等方面取得了显著成效，对促进全省区域协调、助力共同富裕提供了重要支撑。

### （一）勾勒补偿范围"谱系图"，构建区域协调发展基础

一是扩大生态补偿空间范围。自2006年生态环保财力转移支付从钱塘江流域源头地区10县（市、区）开始实行以来，浙江生态保护补偿的空间逐步从试点推广到全域。2008年，生态环保财力转移支付制度扩围至八大水系源头地区45县（市、区），并在2012年进一步扩大到全省所有县（市、区）。《浙江省生态环保财力转移支付试行办法》从根本上体现"谁保护，谁得益""谁改善，谁得益""谁贡献大，谁多得益"以及"总量控制、有奖有罚"的原则。这项制度的建立，将财政转移支付与生态环境保护有机结合，有助于生态功能区得到相应经济回报，有效地促进了生态补偿范围的扩大，为区域协调发展奠定了基础。

二是拓展生态补偿要素。浙江省生态补偿要素从2004年的森林逐渐拓展至2017年的林、水、耕地等要素，再到2020年覆盖林、水、气、耕地、湿地、海岛等全部生态要素。补偿标准逐年提高，以公益林为例，最低补偿标准从2004年的8元/亩，逐步提高到2023年的36元/亩，主要干流和重要支流源头县、山区26县及省级以上自然保护区的公益林补偿标准提高到43元/亩。此外，浙江省部分市、县根据财力状况和区位重要性等因素，探索开展分类补偿机制，如宁波市建立了按一般区域、大中型水库水源地、中心

城区供水水库水源地、四明山区域为主的生态效益差别化分类补偿制度，补偿标准分别为每亩40元、45元、95元、150元；德清县出台《进一步深化完善生态保护补偿机制实施意见（试行）》，按照水源地保护区域等级进行划分，补偿标准分别为每亩180元、130元、100元、60元和40元。

### （二）丰富资金分配"工具箱"，强化区域协调发展动力

一是创新竞争性分配方式。自2017年起，浙江省打破了传统"项目法"资金分配，创新采用竞争性方式确定补偿资金分配方法，设立了"两山"建设财政专项激励政策。2017—2019年，共安排108亿元，择优支持30个县（市、区）开展"两山"建设试点。2020年，新一轮绿色发展财政奖补机制进一步扩围，将生态保护任务重、压力大的海岛县区纳入政策范围，参与竞争性分配。2023年，更新为"绿色转化财政专项激励"，仍沿用竞争性方式确定扶持范围，并给予不同的财政专项激励政策，这不仅提高了生态保护的积极性，也促进了不同区域间的公平竞争与发展。

二是挂钩生态产品价值。2019年，丽水市率先制定并实施了《丽水市生态产品价值实现机制试点财政奖补机制实施方案》，建立与GEP总量、GEP增长、GEP转化等挂钩的财政奖补机制。2020年5月，省政府出台《关于实施新一轮绿色发展财政奖补机制的若干意见》，对丽水市试行与生态产品质量和价值［生态系统生产总值（GEP）绝对值、增长率指标权重分别为40%、60%］相挂钩的财政奖补机制，加快推进丽水生态产品价值实现机制试点建设。2024年，省财政厅印发《关于完善绿色发展财政奖补机制的通知》，明确对山区26县实行与生态产品质量和价值量挂钩，按照GEP总量、增加值和强度进行奖惩。

三是创立特别生态功能区财政体制。针对浙江重要饮用水水源地，创设了淳安县特别生态功能区财政体制政策。实行税收收入保基数、保增长政策。以淳安县2019年地方财政税收收入实绩为基数，从2020年起，每年按全省地方财政税收收入平均增长比例计算补偿金额。实行配水工程水资源费返还

政策，千岛湖配水工程水资源费省级分成部分，按相关比例返还奖励淳安县，由淳安县统筹用于水源地水资源节约、保护和管理等工作。建立民生增支分级负担机制，淳安县民生政策支出，按照"谁出台、谁提标、谁承担"的原则，由省市县分级负担。

### （三）探索市场补偿"交易经"，激发区域协调发展活力

一是创新开展水权交易。浙江省以"流域水权分配、农村山塘水库水权交易"为突破口，探索了流域间、区域间、取用水户间的多种水权交易模式。比如，东阳—义乌水权交易是中国首例水权交易案例，打破了传统的行政划拨方式，实现了水资源的有效配置，促进了区域间的协调发展。安吉县水利局对农村集体山塘水库的水资源以颁发取水许可证的形式进行确权，以用水权价值评估办法对农村集体山塘水库水资源的价值进行估值，核算了安吉县389座农村集体山塘水库30年的用水权价值。在完成价值核算的基础上，探索开展农村集体山塘水库用水权绿色金融试点，基于用水权价值核算，为用水权交易基准价值、用水权质押或担保资产评估等提供参考。

二是持续推进排污权交易。浙江是排污权交易机制的先行者和探索者。嘉兴市早在2007年率先在全国探索排污权交易，2009年浙江被列为全国首批排污权交易试点省，通过完善制度体系、建立统一交易平台、创新交易管理机制等举措推进排污权有偿使用。截至2021年，全省已累计开展排污权有偿交易超过7万笔，交易金额超过159亿元，约占全国的1/2。嘉兴、丽水两地市和平湖、青田两县（市）开展跨地市排污权交易，深化嘉兴丽水两地、平湖青田两地山海协作，促进区域协调发展。

三是创新绿色金融。浙江省通过权益质押贷款、生态资产抵押贷款、信用贷款、生态环保政府专项债券和绿色期权等多种绿色金融模式，为生态保护提供了资金支持。例如，青田县出台《关于青田县生态产品使用权抵押贷款试点的指导意见》等政策，以调节服务类和文化服务类生态产品使用经营权为质押担保，打造与生态产品价值核算挂钩的"GEP贷""河权贷"等"生

态贷"模式，开发基于生态信用的"两山贷"系列产品。淳安县的生态公益林补偿收益权集体留存部分质押贷款实践，有效缓解了项目前期融资和村集体消薄增收的"两难"问题，促进了区域经济的可持续发展。

### （四）构建横向补偿"对赌池"，促进区域间协同合作

一是跨省横向生态补偿。2012年，在财政部、环境保护部[①]的推动下，浙皖两省在淳安签订了全国首份跨省流域横向生态保护协议，之后不断迭代，截至2024年已经连续执行4轮。新安江流域补偿机制实施10年来，淳安千岛湖的水质持续保持优良、出境断面水质保持Ⅰ类标准、饮用水水源地水质100%达标、千岛湖在全国61个重点湖泊中名列前茅；为全国其他流域建立横向生态保护补偿机制积累了经验，目前"新安江模式"已在全国18个省份、13个流域得到推广。

二是省内横向生态补偿。浙江省通过建立跨市、跨县的横向生态补偿机制，有效促进了区域间的协同合作。2022年，《关于深化省内流域横向生态保护补偿机制的实施意见》印发，补偿标准由500万~1000万元提升至800万~2000万元，覆盖范围从八大水系干流扩展至全省八大水系、京杭运河的主干流和一级支流。丽水市莲都区与金华市武义县签订的跨市流域横向生态保护补偿协议，通过"对赌"方式实行瓯江流域横向生态保护补偿，进一步加强了区域间的合作，共同维护了生态环境质量。

### （五）打出了多元补偿"组合拳"，拓展区域协调发展路径

一是推进共建园区模式。共建工业产业园，全省9个省级山海协作产业园规划总面积50.79平方公里，开发土地面积44.89平方公里。共建生态旅游文化产业园，16个生态旅游文化产业园核心区规划总面积33.28平方公里，计划总投资292亿元，其中政府性投资134亿元。例如，桐乡与开化两地各

---

① 2018年3月，组建生态环境部，不再保留环境保护部。

出资 1 亿元，合作共建开化—桐乡山海协作生态旅游文化产业园。生态资源禀赋高、经济发展较好地区通过共建生态旅游文化产业园，实现优势互补、合作共赢。

二是创新"飞地"模式。积极探索"飞地经济"发展，开展淳安"共富产业飞地"、浙江金磐扶贫经济开发区、衢州海创园等典型模式。2021 年，省级层面进一步加大"飞地"建设力度，强化要素保障，推动山区 26 县到省内发达地区投资建设以先进制造业为主的"产业飞地"；设立异地科创平台和研发中心，建设"科创飞地"；将集体经济薄弱村复垦出的土地指标或筹集资金，通过优质项目入股等方式，建设"消薄飞地"。截至 2022 年底，全省共建有 79 个"飞地"，其中"产业飞地"26 个，"科创飞地"15 个，"消薄飞地"38 个，全部由山区 26 县"飞"入发达地区，且以跨市共建为多。已引进项目 54 个，孵化项目 342 个，有超过 3100 个集体经济薄弱村实现增收，累计返利 4 亿多元。

三是建立互派人才模式。推动干部人才资源向山区 26 县倾斜，加大省直机关、经济发达地区与 26 县的干部人才交流力度。截至 2022 年底，50 个经济强县结对帮扶山区 26 县，累计派出山海协作挂职干部 670 名。深入实施"千名干部交流互派工程"助力共同富裕，自 2021 年起，计划 5 年内组织省部属单位、发达地区与山区海岛县交流互派 1000 名干部人才，采取"订单式选派"模式，由山区海岛县结合当地实际下订单、提需求，省里统筹资源力量选干部、派人才，实现按需选派、精准赋能。

## 三、浙江省深化生态保护补偿促进区域协调发展的启示

### （一）完善生态保护补偿制度体系，强化区域间的生态平衡

浙江省在生态保护补偿方面进行了长期的探索和实践，从 2005 年开始逐步建立了完善的生态保护补偿制度体系。这一制度体系不仅涵盖了森林、水资源、大气等多个生态要素，还包括了纵向和横向的补偿方式，以及市场化

交易、绿色金融等多元化的补偿手段。浙江省通过不断提标加码，将补偿标准逐步提高，并实现了不同生态要素间补偿的有机融合。这种制度体系的构建为其他地区提供了宝贵的经验，即构建多层次、多维度的生态保护补偿制度体系，确保生态资源得到有效保护的同时，促进经济和社会的协调发展。

### （二）优化生态补偿资金的筹集、分配和使用机制

浙江省通过创新资金分配方式，比如竞争性分配、与生态产品价值挂钩等方法，提高了生态补偿资金使用的效率和效果。同时，通过完善特别生态功能区财政体制等方式，增强了生态保护的可持续性。优化生态补偿资金的筹集、分配和使用机制尤为重要：一方面，可以通过市场竞争机制来提高资金使用效率；另一方面，通过与生态产品价值挂钩的方式，鼓励更多社会资本参与到生态保护中来，实现生态产品价值转化。

### （三）积极引入市场化机制，创新生态保护补偿模式

浙江省积极探索市场化补偿机制，如排污权交易、水权交易和绿色金融等，这些市场化的手段不仅能够有效调动社会力量参与生态保护，还能为企业和个人提供经济激励，从而激发生态保护的内生动力。浙江省的这些实践启示我们，积极引入市场化机制，创新生态保护补偿模式，是促进区域协调发展的一个重要途径。各地可以根据实际情况，探索适合本地的市场化补偿机制，如碳排放权交易、生态产品交易等，通过市场手段促进生态保护与经济发展的良性互动。

### （四）推动生态保护补偿方式的多元化和综合性

浙江省在生态保护补偿实践中注重多元化和综合性，采取了共建园区、创新"飞地"模式、互派人才等多种方式，这些措施不仅解决了"如何融资"和"如何造血"的问题，还促进了人才和技术的流动，增强了区域间的合作与发展。这启示我们，推动生态保护补偿方式的多元化和综合性至关重要。

各地可以结合自身特点，采取多种措施促进生态保护与经济社会发展的深度融合，如共建产业园区、人才交流与培养等，以实现生态保护与经济发展的共赢。

## 四、展望和建议

浙江省在生态保护补偿机制的建立和落地方面，形成了诸多有益经验，有效推进了区域协调发展。但是，在实践中也暴露了生态保护补偿范围有待完善、横向补偿机制相对薄弱、市场化机制不成熟等问题。下一步，浙江省生态保护补偿工作需着力做好以下几个方面的内容。

### （一）查漏补缺，尽快完善生态保护分类补偿制度

水流生态保护补偿机制是激励或倒逼行为主体积极参与水生态环境保护的重要手段。浙江水流生态补偿制度主要以出境水水质财政奖惩制度和流域横向生态补偿为主，实施以来已取得良好效果，但对国家意见点明的蓄滞洪区、受损河湖等水流要素的补偿制度仍待建立健全。蓄滞洪区承担洪水临时贮存重任，通过生态补偿可以让此类区域更好地发挥生态服务作用，建议探索建立针对省级防洪重点流域蓄滞洪区的生态补偿制度，研究出台蓄滞洪区运用补偿办法。浙江水系下游地区仍存在一些水环境有待修复提升的受损河湖，建议开展杭嘉湖平原河网等区域受损河湖的水流生态保护补偿试点。此外，建议浙江进一步完善出境水水质财政奖惩制度，探索将水量纳入考量，同时加大对江河源头、重要水源地所在市、县（市、区）生态保护补偿力度，将重要水生态功能区的水流生态补偿机制建设与推动山区26县共同富裕相结合。

另外，浙江水资源、海洋资源相对丰富，渔业发展历史悠久。渔民作为一个特殊群体，不同于岸上农民，尤其对那些"靠海吃海"的渔民来讲，"失海"等同于失业，特别是一些年龄较大、文化程度较低的渔民，在"失海"

后找不到合适的就业岗位，生活较为困难。因此，浙江应完善海洋渔业资源养护补贴制度，以"造血式"补偿推动退捕渔民转产就业。积极探索建立用海项目生态补偿办法，创新建立浙江特色海洋生态补偿模式。同时，积极研究出台与八大流域禁渔期制度相配套的退捕生态补偿政策。

### （二）权责一体，加快落实生态补偿各方主体责任

进一步明确"谁来补"。对生态保护受益主体能够明晰且生态效益可以计量的，应由受益者补偿。如引水工程中的用水多少、水质如何等均可计量，应通过用水户有偿使用方式实施生态补偿。对生态保护受益主体不能明晰且生态效益无法计量的，应由政府补偿。如生态保护增加的水土保持功能，由谁受益、受益多少等难以界定，只能采取政府补偿方式。具体补偿方式，可上级政府补偿下级政府，也可下游政府补偿上游政府。对生态保护受益主体部分可以明晰、生态效益部分可以计量的，应采取混合补偿。能够明晰和计量的部分采取受益者补偿，不能明晰和计量的部分采取政府补偿。

进一步明确"补给谁"。加快推进重点区域自然资源确权登记，持续拓展登记范围，逐步实现国家公园、水、林、草、湿、矿、海等各类自然资源确权登记全覆盖，划清各类自然资源资产所有权、使用权边界，夯实生态保护补偿产权基础，做到产有主、主有权、权有责、责连利。深入实施《深化集体林权制度改革推进林业强村富民实施方案》，全面推行集体林地"三权分置"，落实所有权、稳定承包权、放活经营权，确保改革落地见效。

### （三）深化融合，持续完善纵横结合转移支付体系

权衡不同地区发展水准、财政水平、生态资源、基本公共服务均等化程度等因素，加强对重点生态功能区的补偿力度，优化生态补偿转移支付结构，进一步提高一般性转移支付的比例。迭代完善纵向补偿重点范围，将对全省生态功能具有突出作用的地区，包括国家重点生态功能区、以国家公园为主体的自然保护地、特别生态功能区、26 县以及承担重大生态环境保护建设工

程任务的地区作为浙江纵向生态补偿重点地区，全面纳入省对下生态保护补偿转移支付范围。对领域相同、用途相近或互补的专项生态转移支付则加以清理、整合和规范。严格控制新立项，明晰一般性转移支付、专项转移支付和共同财政转移支付的定位和边界。

在横向生态补偿方面，逐步搭建起"全面覆盖、权责对等、共建共享"的横向生态补偿合作平台，建立成本共担、效益共享、合作共治的共赢模式，给予保护自然环境、提供良好生态产品的地区适当的补偿。积极参与建立太湖流域、浙闽交界闽江流域（建溪）生态保护补偿机制，加强跨省流域水生态环境综合治理，推进跨区域联防联控；探索钱江源—百山祖国家公园与相邻区域横向生态保护补偿机制。推动省内八大水系横向生态保护补偿全覆盖，重点推进跨地市的重点流域建立横向生态保护补偿机制。对建立跨地市的重点流域横向生态保护补偿机制地区，省级财政予以引导支持。

### （四）市场助推，务实推进生态保护补偿多元发展

首先，进一步规范用水、排污等环境权益初始确权政策，完善环境权益政府储备出让、企业挂牌转让等交易机制，优化网络竞价平台，加快形成反映资源稀缺度和环境成本的价格形成机制，提高二级市场（企业间交易）活跃度，进一步释放市场配置资源环境要素效能。

其次，持续健全生态资源产权制度，依托丽水、衢州、安吉等基础较好的地区，率先探索生态资源及其提供的生态产品的权属界定，按资源属性将其纳入"资产包"或村集体资产，以村集体股份制、合同约定等形式进行资产管理。同时充分发挥村集体协助作用，对产权切割不清晰、权属存在争议的生态资源，可由村集体通过重新测量、股权化予以破解。探索建立生态产业统计制度和指导目录，确定生态产业及其核心产业的基本范围，研究出台浙江省生态产业化指导目录，制定实施针对性强的配套支持政策。加强产业配套支撑体系，推广农业和旅游"标准地"等改革经验，增强土地要素支撑，并加大基础设施供给，畅通生态资源富集地区通达性，着力降低流通成本。

健全生态利益联结机制，提升农民的参与性，引导经营主体探索生态资源折股量化参与经营，通过采用"保底租金＋盈利分红"等方式推动农户和村集体增收。

最后，加快拓展多元化生态保护补偿路径，打造具有浙江辨识度的生态保护修复综合体试点，对满足条件的生态保护修复社会主体依法给予相应产权激励。加快推进山海协作升级版，落实土地指标、人才引进等激励政策，促进受益地与生态保护地良性互动。探索建立生态产品价值实现机制，因地制宜发展特色产业，提升生态优良地区自身造血能力，避免"饿着肚子看风景"。

### （五）科技支撑，切实增强生态保护补偿科学精准性

生态补偿金额的多少以及怎么确定是生态补偿中一个重要的环节，这关系到补偿主客体之间以及生态补偿实施的效率与公平。补偿标准是生态补偿的核心，因为它关系到补偿的效果和可行性。建议进一步健全生态产品总值核算标准体系，以核算结果和生态保护红线覆盖率作为制定生态保护补偿标准参考，加大对生态保护红线覆盖比例较高地区的支持力度，推动其基本公共服务保障能力居于同等财力水平地区前列。

# 第十章
## 县域高铁站区综合开发

随着浙江多条高铁的建成、运营，新建高铁站区已成为沿线县（市）近期发展的重点，但部分县（市）对于高铁带动城市规模扩张、功能转型升级等方面存在过高预期，导致规划的县域高铁新区在建设过程中面临诸多制约和瓶颈，开发水平参差不齐。推进县域高铁站区综合开发、科学开发，对县域高质量发展具有重要意义。

### 一、县域高铁站区综合开发的重要性和意义

#### （一）县域高铁站区综合开发能推动经济发展

县域高铁站区的综合开发不仅能够直接促进县域经济的增长，还能通过提升基础设施、创造就业机会、吸引外来投资等多种方式间接推动经济发展。通过合理规划和有效的政策支持，如出台税收减免、土地出让金优惠等政策打造总部经济，利用交通优势发展物流仓储等关联产业，整合当地特色文旅资源吸引游客等，高铁站区可以成为推动县域经济高质量发展的有力引擎。

#### （二）县域高铁站区综合开发能提升城市形象

县域高铁站区的开发建设是拉大城市框架、塑造城市次级综合服务中心的"城市发展增长极"，起到空间引擎作用。谋划高铁站区功能定位时，要充分衔接城市总体规划，综合考虑人口、产业及其布局，以及高铁车站在整个路网中的等级、车站设计规模、车站周边现状等因素，突出本地优势与特色，实现差异化发展。充分利用高铁站区对周边地区发展的积极带动作用，特别

是高铁站区作为一个城市的形象窗口，将其发展成为一个旅游门户、交通门户乃至城市门户。

### （三）县域高铁站区综合开发能促进区域协调

推进高铁站区综合开发，对县域来说更重要的是连接大都市区高端要素、承接都市区功能溢出、吸引高新技术与人才，起到"筑巢引凤"的区域连接承载作用。对于高铁站区的发展不仅需要考虑县城自身发展诉求与影响作用，还要着重思考面向都市区人群、产业需求，打造县城连接都市区发展的核心引擎。同时，高铁站区作为县域交通枢纽，能够将人流、物流快速输送到周边乡村地区，使得城市和乡村之间的资源流动更加顺畅，有助于城乡协同发展，促进共同富裕。

### （四）新建高铁站区的现实问题

"十三五"以来，浙江省委、省政府高度重视铁路建设发展，建成了杭黄、杭台、杭温、商合杭等多条高速铁路，杭州富春湾新城杭黄高铁片区综合开发、嵊州市高铁新城综合体、温州北站（永嘉）高铁新城综合开发等沿线县域高铁站区的综合开发项目也正处在加快建设阶段，但浙江省县域高铁站区综合开发仍面临以下瓶颈。

一是高铁建设不平衡。截至2023年年底，浙江省设区市除舟山外已全部通达高铁，但54个县（市）中仍有12个县（市）没有通铁路，21个县（市）没有通高铁。整体来看，浙江省县域高铁建设与经济发展水平不匹配，未通铁路县（市）人民群众均殷切期盼加快铁路建设。

二是规划选址大且远。"大"是指部分县（市）高铁站区核心开发范围规模过大，远远超出县域经济体量和发展需求，超前建设各类高铁新区，造成投资浪费。"远"是指高铁站选址距离县城中心区、人口聚集区过远，造成旅客在城市内部的出行距离过远，使城市与高铁"双输"，城市无法享受高铁带来的城际交通便捷，而高铁损失客流。两者都不同程度增加了县域高铁站区综合开发的难度。

三是开发效益打折扣。浙江省县域高铁站区土地开发成本每亩约 300 万元，同时还需投入相关的基础设施配套等，土地综合开发成本高导致新区建设缓慢、较难快速产出效益。由于功能等级、区位条件、周边地区发展水平以及人口密度等不同，高铁站对周边地区经济的拉动作用呈现较大差异，而县（市）政府在规划建设高铁站区时往往追求"大而全"，导致在功能定位、产业选择、开发规模以及建设模式等方面趋于雷同，发展模式单一，综合效益无法达到预期。

## 二、杭黄高铁桐庐站：浙江高铁站区综合开发的经典案例

桐庐县地理区位优越，交通外联内畅，融杭接沪深入推进，高铁距杭州 0.5 小时、距上海 1.5 小时，桐庐高铁站 2023 年旅客发送量达 137 余万人次，湖杭高铁开通后纳入上海 1 小时交通圈。桐庐县依托桐庐高铁站，全力打造快递科技小镇，小镇西面紧邻桐庐主城区（距县政府仅 10 分钟车程），北面是大奇山国家森林公园和富春山健康城，东面为富春江科技城，规划总面积 3 平方公里，核心区面积 1.09 平方公里。通过全面深化"快递回归"战略，实现"三通一达"重大产业项目在快递科技小镇全员落子，将快递人之乡发展为快递产业之乡。近年来，桐庐共招引快递关联产业项目 121 个，协议引资 372.7 亿元，2022 年快递关联产业营收超 350 亿元[①]。

### （一）依托杭黄高铁打造最美特色小镇

一是充分发挥高铁效应。快递科技小镇背靠杭黄高铁桐庐站、紧邻桐庐主城区，高铁距杭州仅 0.5 小时、距上海 1.5 小时，在规划选址时充分考虑发挥高铁同城效应、集聚效应和引导效应，统筹谋划高铁线、高铁站、高铁综合

---

① 资料来源：《浙江桐庐：壮大"快递地瓜"让世界看到桐庐》，人民网，2023 年 11 月 21 日。

开发等文章，推进站城一体融合发展。二是强调"小而精、小而美"特色化发展。摒弃过往高铁站区综合开发"大而全"理念，立足自身特质，做小、做精、做美，规划核心区面积109公顷，以快递产业为核心，深化蓝绿空间设计，力争创建最美高铁小镇。三是"多规融合"明确方向。通过积极推行以交通设施、城市生态设施为导向的综合型开发模式，实现城市规划、空间规划、蓝绿生态规划、产业规划等多规融合，全力推进建设"一轴两心三片区"[①]。

## （二）构建枢纽经济产业生态体系

近年来，桐庐通过全面深化"快递回归"战略，全国首个快递物流装备物资集中采购交易中心建成运行，中国（杭州）国际快递业大会影响力持续扩大，全省首批物流示范县综合改革创新试点通过验收，出台《桐庐县快递特色产业发展规划（2020—2024年）》，争创桐庐物流快递高新技术产业园区，2017—2021年累计招引快递关联产业项目187个，实现快递产业营收603.6亿元，税收31.33亿元。一是构建"1+3+X"[②]产业体系。快递小镇利用自身资源及区位优势吸引各类要素的流动和集聚，构建"1+3+X"高铁枢纽经济产业生态体系。除快递产业项目外，总部经济板块已落地申通国际总部项目、圆通国家工程实验室项目、中通快递第二总部项目、韵达全球科创中心项目等，共投资126亿元、用地413亩，2023年建成投用；创新型产业板块已落户浙江大学高温合金研究所和吉利—中汽新能源商用车联合研发基地，以及即将落地的海康威视智能安检产品产业化基地、中科微至智能传感器研发及快递科技绿谷项目等优质创新项目，产业项目累计投资额超180亿元；高铁站前板块规划建设快递会展中心，包括5万平方米会展中心和可同时容纳2000人以上的会议中心、会务酒店、快递博物馆、快递研究院和快递党群服务中心等。同时，结合枢纽周边功能布局规律，在枢纽核心圈层

---

① "一轴"即总部经济轴，"两心"即小镇之心、物流会展中心，"三片区"即快递科技创新区、综合服务配套区、物流末端拓宽区。
② "1"即快递（物流）业全产业链经济，"3"为数字经济、科创产业和总部经济，"X"为商业、会展、教育培训、现代金融、休闲旅游、文化创意、生产性服务业等高端高新产业。

布局现代服务业、科创研发等枢纽经济型产业，在枢纽影响圈层布局信息产业现代商贸等联动产业。二是聚焦快递全产业链培育。招引落户韵达全球科创中心、申通国际总部等"三通一达"链主项目，围绕快递物流产业的创新链、制造链、服务链、金融链不断进行建链、补链、强链，实现吉利—中汽新能源商用车联合研发基地、快递科技绿谷等"总部经济、科创经济、数字经济"项目落户小镇，为快递物流全产业链生态建设培育提供发展动能。三是加快数字化集成平台建设。快递产业大脑 2021 年成功入围浙江省第一批行业产业大脑建设试点"揭榜挂帅"项目，通过试运行上线快递物流产业链全景云图、共享集采、协同创新三大场景，实现快递物流与数字经济融合向云端迈进。

### （三）聚焦高质量精准招商，整合资源形成合力

桐庐是"中国民营快递之乡"，桐庐人创办的"三通一达"（中通、圆通、申通、韵达）已全体上市，占有中国电商快递市场 60% 以上份额。据不完全统计，全国由桐庐籍民营企业家创办和管理的快递企业已达 2500 余家，从业人员 130 余万人。一是通过整合资源创新打造"抱团出击、精准招商"新路径。以"队伍共建、信息共研、项目共落、产业共育、成果共享"的"五共"举措，重点联合科技城、民营快递服务中心，实现招商资源、信息共享，形成共享、互补、共赢的发展合力。二是针对快递重大产业项目招引，制定"一产一策"的专项扶持政策。主要在基金扶持、进度奖励、部门及研发机构搬迁补助、地方贡献奖励等方面给予支持。针对快递供应链企业，出台《桐庐县支持中国快递物流装备物资集中采购交易中心建设七条政策》，在装备采购、费用补助等方面支持快递产业发展，明确给予入驻供应商通过集采中心交易产生的税收留抵部分（指增值税和企业所得税）40% 的奖励等。

### （四）完善一体化服务，打造优良营商环境

一是"一机构"提供"贴心"服务。以机构改革为契机，组建中国（桐

庐）民营快递发展中心（以下简称发展中心），专门负责快递产业规划、政策、招商、服务和对外交流等工作。由发展中心牵头常态化开展"服务快递专项行动"，聚焦桐庐快递回归攻坚战工作任务清单、"三通一达"在桐投资项目问题清单、"快递人、家乡事"需协调解决问题清单这三张清单，建立"累计销号"制度，确保第一时间解决问题。二是"一中心"优化交易服务。联合顺丰、"三通一达"等建成运行全国首个快递物流装备物资集中采购交易中心。该中心由政府控股的蜂网公司负责运营，提供信息发布、交易撮合、集中议价与采购等服务，切实降低快递物流企业和供应商的经营成本。配套出台《桐庐县支持中国快递物流装备物资集中采购交易中心建设七条政策》。三是"一平台"集成公共服务。创设快递物流行业"一站式"综合服务平台，为快递物流企业提供产品展示、技术鉴定、金融保险等配套服务。建设运行快递物流行业检验检测和绿色认证中心，为企业提供装备检测与认证、信用认证与绿色认证等服务。创新投融资机制，推出"快采贷""增信贷""科技贷"等产品，进一步夯实产业发展的金融支撑。

### （五）多规融合，建设未来县域城市样板区

一是规划先行，以公共交通导向的开发模式（TOD）、多规融合等理念规划建设快递科技小镇。快递科技小镇原貌为传统工业厂房和城乡接合部，城市环境面貌较差，产业效能低下，启动建设后按照"一年打基础、三年初见成效、五年基本建成"的建设时序，2019年一年完成485户集体土地征迁和17家国有土地收储，并完成了各项规划编制工作，通过积极推行以交通设施、文化设施、教育设施、综合医疗设施、城市生态设施为导向的综合型开发模式，探索产业、商住、公共设施与市政基础设施等用地的复合开发，实现了城市规划、空间规划、蓝绿生态规划、产业规划、新基建规划等"多规融合"，为后续建设、招商明确方向。

二是积极引入优质公共配套。将加快公共配套设施建设作为攻坚战的关键一役，持续加速桐庐县第一人民医院、桐庐县叶浅予建兰学校、华东师范

大学附属桐庐双语学校、综合客运枢纽中心、桐庐富春未来城未来湖等配套建设；加快城市之芯节点改造、会展中心方案论证及前期审批；5G网络布局和新基建示范应用提标，推进打造未来"高配"生活，持续提升未来城的核心吸引力和承载力。在配套实施建设上始终突出建设理念的前瞻性、引领性、差异性和独特性。最终将建成集山水生态、产业迭代、治理创新、年轻活力、未来生活于一体，"产城人文景"高度融合的"未来县域城市样板区"。

三是聚焦发展需求强化要素保障。加强用地供应保障，统筹县域建设用地指标，优先安排快递科技小镇重大项目用地。完善财政管理体制，除按国家和省规定的计提资金之外，规划范围内土地出让等县本级收入按规定用于快递科技小镇土地开发和基础设施建设。鼓励支持县属国有公司参与快递科技小镇开发建设。

## 三、展望和建议

### （一）坚持"做小做特、做精做细"

充分把握新建高铁带来的新区块开发建设机遇，突出规划引领作用，深化前期研究。一是核心区规划要小而实。县域经济总量有限且较为集中，高铁站选址时应考虑尽量靠近县城中心区，使高铁新区与县城中心互动互补，且要严格控制核心区（原则上不大于100公顷），避免新区规划大而空。二是促进站城融合发展。注重车站引入多元化城市功能，与县城建成区合理分工，提升枢纽自身的功能价值与发展空间，将站城融合的效益共同做大，实现"一站一区一特色"。三是精细化管理空间资源。同步编制新区空间规划、产业规划、生态规划，加强控规约束性，最大化程度利用有限的土地资源、生态资源，做到"绿产城"融合发展。在规划选址及土地预审阶段提前布局统筹谋划，尽量做实高铁可研阶段的综合开发方案，规划预留开发用地四至范围、规模、开发时序和取地方式等关键内容，实现建设用地有效预控，坚决防控单纯房地产化倾向。

### （二）坚持构建枢纽偏好型产业体系

一是招引特色产业链。坚持扬长避短、扬长克短、扬长补短，以形成特色产业链为导向，强化补链延链强链工作，大力引进一批"链主"产业项目。在高铁站区核心范围招引总部经济，在辐射影响范围内引入上下游配套的产业项目，确保产业人群全面到位，争取实现产业集群化、串链式发展。二是着力引导产业集群迭代升级。把握全省数字化改革发展机遇，加快智能化、数字化改造，实现创新链与产业链深度融合。对科技型、前瞻性产业项目实施精准招引培育，引导实体总部回归，形成产业新支柱。三是创新招商模式。通过驻点招商、产业链精准招商等方式，完善创业安居、扶持奖励等政策，以乡情为纽带推动县贤、乡贤回归创业，吸引更多优质产业项目落地。

### （三）坚持以地方自主建设为主导

设立高铁新区管委会并明确其主导地位是县域高铁站区综合开发成功的核心与首要条件。一是实施扁平化管理。通过权力下放充分发挥新区管委会的规划实施、审批服务、招商引资、沟通合作、协调利益等多重功能，重点在策划最合理的开发规模与方案，打通城市规划与土地管理开发障碍，统筹各类配套资源等。二是深化与铁路方合作。统筹协调站房周边市政道路、公交场站、轨道交通等项目建设，涉铁施工要做到无缝衔接，尽量减少对新区的分割。三是招引优质开发商联动一二级开发。可考虑成立联合开发公司，利用优质开发商在投融资（包括垫资）、建设（包括代建）、物业持有等方面的资源优势，大力提升旅客服务、加快人才人流集聚、推进技术设施升级，实现融合发展、降本增效。

### （四）坚持做优配套保障

一是做好新区生活配套。贯彻落实以人为本的新型城镇化发展理念，营造自然生态蓝绿交织、人与自然和谐共生、高品位高幸福感的优质人居环境，做到产业引人、生活留人。二是加强人才保障力度。同步建设各类人才房，积极招引大院名校专业团队入驻，举办各类人才论坛、沙龙，丰富业余生活，增加人才归属感。三是强化政策支持与资源倾斜。出台产业发展扶持专项政策，将"科技投入、研发平台导入、产业人才引入"等关键指标纳入项目考核约定和政策兑现条款，突出项目对 GDP 等核心指标的贡献率和转化率。加强综合开发用地供应保障，单独安排年度新增建设用地。加大财政支持力度，以奖励形式返还新区核心范围内县级计提部分土地出让收入。

案例篇

# 第十一章
## 城乡融合类案例

### 一、秀洲区：推进跨乡镇土地综合整治，实现城与乡的共融与共荣 [①]

#### （一）案例概况

嘉兴市秀洲区是嘉兴的主城区之一，也是长三角生态绿色一体化发展示范区规划协调区、国家城乡融合发展试验区、国家级高新区。该区新塍镇、高照街道（秀洲国家高新区）被列为浙江省首批省级跨乡镇土地综合整治试点，试点开展以来，两镇（街道）坚持新型城镇化和乡村振兴双轮驱动，充分发挥全域土地综合整治的空间载体和重要平台作用，以"千万工程"破局"大区小城"，加快迈向产城高度融合、城乡高度融合的现代化主城区。

#### （二）主要做法

##### 1. 坚持规划引领，一张蓝图绘到底

秀洲区总面积 547.7 平方公里，拥有耕地 30.6 万亩，永久基本农田 26.6 万亩，主城区规模偏小，耕地、建设用地双碎片化，"大区小城"特点显著。秀洲区在浙江省率先启动全域土地综合整治，系统谋划新塍镇—高照街道、王江泾镇—油车港镇、王店镇—洪合镇 3 个整治片区，支撑运河湾新城、嘉

---

[①] 素材来源：《全域土地综合整治试点典型案例 | 浙江省嘉兴市秀洲区：城与乡，在共融中共荣》，《中国自然资源报》，2024 年 7 月 9 日。

兴国家高新区、临空经济示范区三大主力发展平台建设。做精详细规划，高质量编制项目区内"多规合一"实用性村庄规划，推动和美新乡村、城乡融合新社区联动发展。细化实施方案，结合农业产业功能布局，将项目区细分为万亩高产粮油示范区等 8 类整治单元，并以整治单元为基础，分片有序推进。通过全域规划，秀洲区不断提升空间治理能力。

**2. 筑牢粮食"耕"基，"多田套合"引产业**

在"浙北粮仓"新塍镇开展农田集中连片整治，推动"多田合一"。通过田、土、水、路、林、村、电、技、管、服"十要素"一体设计和整体提升，逐步将永久基本农田全部建成"田成方、地成块、路相通、渠相连、旱能浇、涝能排"的高标准基本农田。同时充分发挥"土地综合整治+"效益，探索"产业大脑 + 未来农场"发展模式，制定水稻未来农场建设指南，创新"全域土地综合整治 + 集中流转 + 标准地"开发模式、"整村整组流转 + 强村抱团公司 + 标准地"拎包入住模式、"创业创新孵化园 + 农创客 + 标准地"共富模式等 4 种标准地改革模式，不断提升农业土地亩产效益和农业产业能级。

目前[①]新塍镇共建成 2 个高标准万亩良田，新增集中连片耕地 8445 亩，亩均土地流转收入由 800 元增长至 1200 元。新建高标准农田 1767 亩，整治区块亩均增收 100 斤，实现了高质量农业生产经营。

**3. 保障农民利益，强村富民谋长远**

安置方面，在充分尊重群众意愿的前提下，丰富安置方式，提供公寓房安置、联排自建宅基地两种基本途径，配合货币、房票等激励手段。提升安置房标准，落实"好地段、好设计、好质量、好配套"，以未来社区标准建设公寓房安置区，以未来乡村理念推进联排自建宅基地建设。增收方面，大力盘活村内闲置民房，开发推出多元化乡村旅游产品。由村集体组建"强村公司"，打造一批共富车间、共富大棚等致富体，增强村集体经济活力，带动农

---

① 截至案例收集时间 2024 年 6 月底，下同。

民增收致富。创新公寓房"股东 + 房东"模式，农民租金保底、股金分红、薪金创收。

**4. 推进城乡融合，要素共融提效益**

秀洲区以全域土地综合整治为平台，推动要素跨越流动。建立节余指标统筹调剂机制，以节余指标调剂资金反哺农业发展，推动解决土地整治过程资金来源问题。因地制宜推进土地整治生态转型，推动生态产品价值转化，如全国首批乡村旅游重点村潘家浜村利用原有猪舍打造咖啡馆，提升环境、经济双重价值。通过"增减挂钩"指标交易等推动资源向主城倾斜，通过节余指标统筹保障高新区教育、医疗等民生重点项目，全力供给城市优质公共服务，全面提升城市能级和品质，吸引农户搬迁集聚。首创进城农民登记备案制度，对全域土地综合整治搬迁进城的农民实行居住地登记备案，户口保留在原农村户籍地，土地承包经营权、集体收益分配权等原有权益不受影响，并同步享受居住地就业、教育、卫生、医疗、文化、养老、社会保障等社区全生命周期公共服务。

### （三）典型意义

一是立足资源本底，加强全区统筹。厚植"六田一水三分地""大区小城"资源本底，以全域规划为基础，加强全区统筹并一以贯之。

二是坚持做好"田"的文章，"筑巢引凤"。立足新塍镇为浙北产粮大镇、耕地质量等级高的本底，统筹推进高标田、生态田及改革田，发挥"土地综合整治 +"效益。

三是坚持以"人"为核心，充分保障群众利益。强村富民谋长远，实现土地整治到哪里，美好家园、共同富裕就出现在哪里的崭新局面。

四是做好"地"的文章，坚持推进城乡融合发展。加快提升高新区承载能力和辐射带动能力，把高新区城市发展能量和新塍镇整治产生流量有机结合起来，充分利用好城市的高能级，实现原有存量土地的低能级优化转换。

## 二、吴兴区：公共服务精准触达，让新居民共享优质服务闭环

### （一）案例概况

湖州市吴兴区针对新居民普遍面临的公共服务诉求反应不及时、服务不精准、覆盖不全面等问题，开展了一系列创新实践。该区以构建新居民优质公共服务精准触达机制为核心，围绕新居民关注的公共服务领域，采取有效措施，旨在提升新居民的生活质量和稳定性，确保其在共同富裕进程中的全面参与。吴兴区构建的"一环四机制"服务体系，涵盖了需求全量掌握、政策精准直达、安居就业支持和满意度评价等方面，形成了闭环服务模式。同时吴兴区制定了一系列配套政策，如《吴兴区关于保障义务教育阶段随迁子女就学的实施办法》，为新居民提供了更为精准和全面的公共服务保障。

### （二）主要做法

#### 1. 构建新居民医疗保障服务体系

吴兴区针对新居民医疗保障问题，构建"15 分钟医保服务圈"，有效解决了医疗资源分布不均和医保待遇差异问题。在织里镇及所有村社区设立医保服务专窗，下沉服务事项，派驻专业工作人员，实现医保服务的"同城同规通办"。通过开展医保宣讲活动，深入车间、厂区、宿舍，动员企业及个体工商户参与职工医保，确保新居民与本地居民享有同等医疗待遇。加强异地就医费用直接结算和医保关系转移接续工作，织里镇异地联网结算医疗机构开通率达到 100%。

#### 2. 创新新居民创业帮扶机制

面对小个主体贷款难题，吴兴区开发"小个贷"线上金融服务模式，提供"一站式、全链条、全周期"的融资服务。2024 年以来，通过"小个贷"向在册新居民经营主体放贷 273 笔，同比增长 16.3%。创新信用评价体系，

将"新居民市场经营主体"作为正向赋分指标，构建经营主体信用画像，实现精准评价。将"创业贷""童装助力贷"等专项扶助产品融入"小个贷"应用，根据信用画像在"小个贷"授信额度和贷款利率上向新居民市场主体倾斜。通过"个体工商户服务月"活动，制定一系列"小个贷"的宣传推介方案。

**3. 探索新居民公共服务全链条服务模式**

吴兴区创新新居民民生诉求发现归集机制，在全省率先建立110非警务协同处置机制，多渠道搭建线下诉求桥梁。创新"居住证＋积分排序"就学服务模式，畅通"居住证办理"咨询渠道，保障符合条件的新居民随迁子女100%入读公办学校。建立"资源联盟＋合作共建"发展模式，持续创新教共体等城乡结对帮扶新机制，打造"吴兴教育魔方"数智平台。试行"长幼随学"服务，进一步优化教育资源配置。开展保障性租赁住房筹集和质量排查整治，重点推进长租公寓项目建设，打造"住房租赁＋产业发展"和"住房租赁＋人才安居"模式。出台《吴兴区"才聚湖州 凤栖吴兴"人才安居工程实施办法（试行）》等政策，降低新居民买房落地成本，提供多样化的住房解决方案。建立新居民就业创业促进机制，积极推进"家门口的人社驿站"先行试点建设工作，支持符合条件的新居民参与社会化职业技能培训及评价、企业职工参加职业技能等级自主认定评价。建立就业监测机制，对57家样本企业实行智慧用工动态监测。

**4. 畅通新居民公共服务精准智达路径**

吴兴区针对新居民政策获取不及时问题，探索政策精准推送机制，推进"家在织里"App升级，建立新居民收入、健康、教育三大精准画像库，个性化推送可享政策。构建新居民"1+6+X"政务服务体系，坚持新老居民需求导向，推动11个部门入驻便民服务中心，设置71个服务窗口。以6个下辖片区为依托，实现养老保险、基本医疗保险等服务下放村、社区。打造政务帮办代办队伍，为新老居民提供帮办代办服务，提升了服务的便捷性和可及性。此外，吴兴区还打造了全方位媒体宣传矩阵，综合运用"织里城事"微信公众号、"王金法广播"、"车间好声音"等进行全方位、立体化、多角度的新居民创业安居政策及服务宣传。

### （三）典型意义

一是数字赋能的创新示范。吴兴区坚持数字赋能，构建了集多跨协同、全面汇集、精准智达于一体的智慧服务体系。通过"一件事改革"，实现社会治理、公安、司法等多部门间的信息共享与业务协同，推动管理"一屏通览"和部门协作"一网联办"。在新生儿出生医学证明、落户登记、社保医保参保等关键民生事项上，实现场景化、数字化的集成服务，统一集成到"浙里办"应用平台，为群众提供了"一指通办"的全新体验。

二是共建共享的服务模式。吴兴区在新居民服务中，坚持共建共享的理念，打造了"以心联新、以新调新、以馨助新"的基层服务样板。通过党员干部在医保异地结算、随迁子女入学等关键领域的主动作为，推动新居民与政府的同频共振，实现从管理外来人口到服务新居民的治理模式转变。通过迭代升级区社会治理中心与新居民和谐促进会的组织架构，吸纳更多优秀新居民力量参与社会治理，推动新老居民共同承担服务职责。建立新居民满意度评价指标体系，探索构建长效的评价机制，以量化的方式反映群众满意度，为持续优化服务提供了科学依据。

## 三、普陀区：探索"打造'2431''一条鱼'全产业链"发展模式，助力乡村振兴

### （一）案例概况

舟山市普陀区深入学习贯彻习近平总书记考察浙江重要讲话精神，以"渔业增效、渔民增收、渔区共富"为目标，以"串珠成链、聚链成群、集群成势"为方向，着力优化一产、深化二产、强化三产，聚力打造"2431""一条鱼"全产业链体系，实现年产值规模超400亿元，助力海岛乡村振兴。

**（二）主要做法**

**1. 强源头，巩固两大基础产业**

一是聚力近海捕捞提质增效。全面推广船载超低温冷冻保鲜技术，累计升级改造国内渔船598艘，拖虾渔船覆盖率达96.2%，水产品附加值提升30%以上。加快推进海上"千万工程"，融合"安全、环保、生态、智慧、美观、舒适"六大理念，累计培育引领渔船120艘，改造设施渔船798艘，整治"船证不符"渔船87艘、"船图不符"渔船73艘，淘汰"病老"渔船263艘。

二是聚力远洋捕捞提档升级。持续拓展远洋"地瓜经济"，鼓励支持舟山市海利远洋渔业有限公司开辟阿曼渔场，注资成立海拉特海洋鱼类有限责任公司，海利888船在阿曼生产半年、产量较好，开创了全省渔船赴阿曼渔场作业先河。持续推进远洋渔业强链、提能、升级三年攻坚行动，充分发挥财政奖补资金激励作用，2023年全年新购浙江省外带配额渔船7艘，启动建设配套运输船3艘，更新改造装备设施248套，厚植远洋特色优势。

三是聚力水产养殖提速扩量。制定出台《普陀区海上养殖产业规划》，全面布局深水网箱、围栏、智能化养殖平台、渔旅融合等新兴养殖模式。2023年全年新建投放周长40米深水网箱114只，桃花岛老埠头大黄鱼围栏野化养殖项目建成投产，桃花岛围栏智能化养殖农艺农机融合示范试验基地入选省级农业"双强"项目，舟山施诺海洋科技有限公司、舟山天沐水产科技有限公司分别成功创建市级未来渔场、省级数字渔场。

**2. 建链条，做强四大延伸产业**

一是提升水产加工能级。推进重大项目落地，舟山欣悦海食品科技有限公司的"海洋产品'中央厨房'及供应链项目"实现单月产值约4500万元，年产值预计可达1.5亿元。积极培育水产精深加工企业上规升级，平太荣远洋渔业集团有限公司、浙江和盛海洋科技有限公司、浙江博升食品有限公司、舟山欣悦海食品科技有限公司等水产精深加工企业完成年度"小升规"。积极谋划推进普陀海鲜预制菜产业研究院建设，成功入选第一批市级创新深化试点，与浙江大学未来食品实验室就研究院建设目标及思路、合作重点、合作模式等方面达成初步意向。

二是开拓水产贸易市场。实施"百企百展"拓市场攻坚行动，组织85家外贸企业参展美国波士顿水产展、西班牙巴塞罗那水产海鲜展、上海渔博会、中国国际渔业博览会、中国进出口商品交易会（广交会）、中国国际海事会展等境内外展会，推荐舟山格林食品有限公司、舟山市晟泰水产有限公司等申报内外贸一体化"领跑者"试点培育企业，舟山市普陀华兴水产有限公司申报省级出口名牌企业。培育打造"一条鱼"电商产业园，入驻舟山头部电商企业27家，探索形成特色鲜明、产业链清晰、服务体系完善的电子商务产业集聚区。

三是搭建渔旅融合场景。依托"小岛你好"海岛共富行动，发展独具普陀特色的渔旅休闲产业，成立舟山金鳌海洋集团有限公司和普陀金鳌船艇服务管理有限公司，全国率先实行海钓船艇"公司化管理、市场化运营、联合式执法"新模式，海钓船艇"六统一"纳规管理做法受到新华网等媒体广泛报道。加快推进现代海洋牧场建设，白沙海洋牧场顺利通过项目验收，桃花岛海洋牧场完成鱼礁工程招投标，六横海洋牧场项目实施方案获浙江省农业农村厅批复，全年累计投放人工鱼礁超2.2万空立方米，增殖放流海洋水生生物苗种8个品种共10个批次，约1.84亿单位。

四是打造医药研发基地。持续做优海洋生物精深加工产业，浙江融创食品工业有限公司、浙江海士德食品有限公司等3家企业成功入选市水产品精深加工全流程自动化改造提升示范项目。加强海洋活性物质开发，加大天然鱼油、海洋肽等保健（医药）类物质研究，开发高活性蛋白、生物肽产品，重点推进金枪鱼加工副产物系列健康食品高值开发。

**3. 优配套，提升三大支撑产业**

一是谋划打造水产冷链物流平台。加快推进舟山国际水产城冷链物流园区一期建设项目，布局建设冷链中央仓、冷链服务中心、数字化码头、综合交易中心、电商产业中心、海鲜新零售中心及配套设施七大板块，建成投运后将推动水产城实现从单一的物业管理型企业向水产全产业链服务商转型，年均利润总额可达1亿元以上。

二是积极打造高端装备建设平台。紧扣浙江省"415X"先进制造业集群培育工程建设要求，制定出台《关于加快推动制造业高质量发展的若干意见（2023—2025）》，聚力形成"高端绿色智能"的产业生态，加快推进国内重要的海洋生物精深加工基地建设。围绕产业链关键环节招引落地符合产业导向的项目，成功引进落地总投资3033万美元的万邦重工绿色渔业装备制造示范基地项目。

三是持续打造精密智控服务平台。在全面完成1494艘60马力以上渔船安装"天通电话"、1395艘12米以上渔船安装"插卡式"船舶自动识别系统（AIS）、1392艘24米以上渔船安装"宽带入海"的基础上，推动全区1782艘渔船固定式北斗示位终端升级换代，实现渔船"电话通、视频通、数据通"。在浙江省率先以"一数仓、多主题"架构海钓管理智慧大脑，搭建"浙里钓2.0"平台，相关应用案例分别荣获第二届全国智慧海洋大数据应用创新大赛成果路演活动二等奖（全国第3位）、工业和信息化部第六届"绽放杯"浙江区域赛决赛一等奖。

### （三）典型意义

一是强基础，巩固捕捞产业。通过强化源头管理，巩固近海与远洋捕捞两大基础产业，不仅提升了水产品附加值，还促进了渔船设施的现代化改造，为渔业可持续发展奠定了坚实基础。

二是延链条，拓展多元产业。在四大延伸产业中，通过提升水产加工能级、开拓贸易市场、搭建渔旅融合场景及打造医药研发基地，实现了渔业产业链的多元化拓展，增强了产业竞争力和附加值，为渔业的转型升级提供了新路径。

三是优配套，支撑产业升级。在支撑产业方面，通过谋划打造水产冷链物流平台、高端装备建设平台及精密智控服务平台，进一步提升了渔业生产的智能化、绿色化水平，为渔业现代化提供了有力支撑。

## 四、建德市：创新乡村人才精准培育模式，探索乡村"扩中""提低"建德路径

### （一）案例概况

杭州市建德市近年来在乡村人才精准培育模式方面积极探索，实施了一系列创新举措。以引领乡村家庭实现"扩中"（扩大中等收入群体）和"提低"（提高低收入群体收入）为目标，致力于推动共同富裕和建设"宜居建德"，实现了经济社会的全面发展和城乡面貌的显著改善。2023 年，全市生产总值达到 450.11 亿元，全年数字经济核心产业增加值 21.07 亿元，比上年增长 15.1%，展现了建德市迈向高质量发展的坚实步伐。同时，建德市坚持绿色发展理念，环境质量持续优化，2023 年全年空气质量优良天数高达 354 天，PM2.5 平均浓度低至 25.4 微克 / 立方米，荣获全球绿色城市等荣誉。在民生领域，居民人均可支配收入稳步提升至 50907 元，同比增长 4.9%，公共服务不断改善，安全生产形势稳定向好，平安指数位居杭州首位，绘就了一幅人民生活更加美好的新画卷。

### （二）主要做法

**1. 构建目标与工作体系，确保行动计划的精准实施**

在《建德打造高质量发展建设共同富裕示范区"县域样板"行动计划（2021—2025 年）》的指导下，确立了将家庭可支配收入 20 万 ~ 60 万元作为中等收入群体的标准，并设定了到 2025 年的明确目标。为保障目标的实现，建立了由书记、市长任双组长的市级领导领衔的工作专班，形成了"专班牵头、部门协同、社会参与"的工作推进机制，并通过清单化闭环式管理，确保了工作的有序进行。出台了包括技能人才队伍建设和职业技能培训在内的多项政策，构建了"共性 + 个性"的政策工具箱，为实现"扩中""提低"行动提供了坚实的政策支撑。

**2. 精准识别与帮扶，实现家庭收入的稳步提升**

制订了精准画像方案，作为浙江省财政厅构建家庭型财税政策体系探索

的样本县，通过编制实施方案，为家庭动态监测和政府帮扶政策体系提供了有力支撑。在杨村桥和乾潭镇安仁村开展的"一镇一村"先行试点中，成功开发了"扩中家庭"筛选模型和家庭信息基本数据库。通过突出户籍、婚姻、收入等关键词，形成了"核心家庭＋主干家庭"的"家庭单元"标准和基础数据，明确了"扩中"家庭的定义和筛选标准，为精准帮扶提供了可靠的数据支持。

**3. 培育特色人才队伍，激发乡村发展新活力**

大力培育"建德师傅"队伍，从草莓师傅到豆腐包师傅，不断延伸至建德阿姐，累计培育"建德师傅" 2 万人，人均年收入超 10 万元，成为推动中等收入群体扩大和低收入群体提升的重要力量。开展返乡入乡合作创业带头人培训，举办合作创业大赛，认定农创客 3000 余人，激发了乡村创业创新的活力。此外，成立浙江省首支技能大师志愿团，采取"公布服务清单、企业直接点单"的帮扶模式，为乡村人才提供了技术咨询、技术攻关、技能人才培养等精细化服务。

**4. 构筑乡村人才培训生态，提升人才发展质效**

建立了多元化的人才培训体系，通过课堂集中授课、田间学校现场教学、名师面对面指导等多种方式，举办了 100 多期"建德草莓师傅"培训班，有效提升了乡村人才的专业技能。同时，建德豆腐包制作、草莓种植两项操作规范已列入浙江省人社厅专项职业能力考核规范，并获得了国家人社部备案，为乡村人才的职业发展提供了标准化路径。通过举办各类节庆活动和技能竞赛，推动了技能培训与乡镇品牌的有效结合。

**5. 完善就业创业服务体系，搭建乡村人才发展的坚实平台**

推动国资公司、村集体、农户组成利益共同体，建设草莓"标准地"，累计建成 5090 亩，降低低收入农户种植草莓的门槛，形成了可复制推广的《草莓"标准地"园区建设标准》。开发"数智草莓"应用场景，实现了草莓师傅随时随地精准服务。同时，指导建立豆腐包协会、农创客联合会等协会组织，为乡村人才提供了全方位的支持。出台了支持乡村人才就业创业的专项政策措施，织就了一张强有力的政策网，为乡村人才的培育和发展提供了坚实的保障。

### （三）典型意义

一是数据驱动的精准识别。建德市的"精准画像"支撑行动，通过多向数据接入和细化标签，成功构建了丰富的"家庭单元"数据池，为识别"扩中家庭"重点群体提供了强有力的数据支撑。完善"线上申报＋线下核验"工作模式，推进"线上主动申报＋线下网格核查"，形成"建模—识别—画像—反馈"精准画像工作闭环。

二是技能提升的创新培训。"精准培训"提升行动聚焦高素质农民培育，通过与高校和科研院所的合作，以及多样化的培训方式，有效提升了"建德师傅"的专业技能。针对新型农业经营主体和低收入农户的培训项目，不仅提高了创业创新水平，还增强了低收入农户的就业创业能力，为乡村人才的全面发展奠定了坚实基础。

三是服务优化的数智转型。"精准服务"赋能行动通过完善标准规范体系和优化服务保障体系，为乡村人才提供了从培训到就业创业的全程服务。数智化水平的提高，特别是在服务端、产业端和治理端的数字平台建设，实现了乡村人才服务的高效供给和产业的数字化管理，为乡村人才的高质量发展提供了有力支持。

四是资源要素的保障升级。"精准施策"保障行动通过加强用地和资金保障，为乡村人才发展提供了坚实的物质基础。推动乡村"地瓜经济"的提能升级，不仅促进了乡村人才对外部资源的拓展利用，还通过产业链的延伸和协作机制的创新，培育"藤蔓型人才"，增强了乡村人才的经济活力和创新能力。

## 五、宁海县：深化客货邮融合，健全乡村物流服务体系[①]

### （一）案例概况

宁波市宁海县积极推动农村客货邮融合发展战略，打造了集士驿站、公交邮路、客货邮数字化集成等一系列创新的农村物流模式，形成交邮融合"一张

---

① 该案例入选交通运输部全国首批交通物流降本提质增效典型案例。素材来源：《浙江宁海深化客货邮融合 健全县乡村农村物流服务体系》，中国道路运输公众号，2024年9月6日。

网"、数字智管"一应用"、集士驿站"一品牌"等标志性成果，建成1个县级共配中心、11个乡镇综合服务站、128个集士驿站，实现县、乡、村三级物流节点网络全覆盖。通过集士驿站成功推动了农特产业、旅游产业等多业联动发展，加速数字赋能乡村经济的进程，累计助力农产品销售超过1亿元。

### （二）主要做法

**1. 优化顶层设计，面上"一盘棋"**

宁海县委、县政府高度重视农村物流发展，成立由县长任组长的富民工程领导小组，负责统一指挥，协调全县农村物流发展工作。科学制定资金保障和考核机制，实施集士驿站建设的配套政策，将公交邮路、快递进村和集士驿站运营纳入政策补助，并将集士驿站发展纳入各乡镇（街道）年度目标考核任务。

**2. 强化运力整合，线上"一张网"**

针对农村物流末端成本高难题，成立宁海县集士驿站科技有限公司，联合邮政公司、民营快递企业和公交企业打造农村物流服务新体系，部分农村物流链路由三级变为二级。同时，还首创"公交邮路"和"公交邮箱"，定制63辆全国首批客货邮公交车，充分利用城乡公交"村村必达"的优势和公交富余运力实现快递进村，打通城乡物流"最后一公里"。截至2023年年底，已开通公交邮路20条，公交带货446.5万件，快递进村率由2020年的55%提升至100%，降低农村物流成本20%以上。

**3. 深化驿站功能，点上"多功能"**

聚焦农村物流站点经营可持续性差问题，优选集士驿站站长，持续完善物流寄递、金融保险、代销代购和政务服务等现有功能，深化"快递物流服务中心""乡村便民服务中心""农特产品代购代销中心""农村创新创业中心"的"四中心"体系建设，实现驿站"一站多能"。截至2023年年底，开展便民服务20万件，培育年收入10万元以上的站长20名。

**4. 线上+线下，供应链"一站式"**

针对农产品销售难问题，优化集士驿站线上商城，结合村庄和站长特色培育"一村一品",打造集士驿站农产品品牌矩阵,让每个乡村集士驿站都拥有自己的专属电商频道,进一步激发农村物流需求,建设"电子商务＋特色产业＋物流运输"的供应链一站式服务体系。

5.数字赋能,服务管理"智慧化"

宁海县围绕"快递进村""物流促富"总目标,建设智慧物流信息平台,打造物流布点、物流链路、物流促富和物流治管四大子场景。围绕服务端,升级开发好物流、好买卖、好出行和好服务四大热门服务;围绕治理端,统筹设计物流布点分析、物流链路分析、驿站农产品展示、公交与驿站安全监管等功能模块,以商流带动物流发展。

### (三)典型意义

一是充分发挥"统"的作用,凝聚工作合力。宁海县委、县政府抓统筹,强化党建引领、系统思维、整体谋划、政策保障,有效避免部门各自为战、力量分散问题,形成多跨协同、一体推进工作合力。

二是充分发挥"融"的作用,增强推进动力。通过"微改造、精提升"途径,结合乡村产业、农村电商等现有业态,有效盘活公路服务站、农村小店、农商行丰收驿站等存量资源,因地制宜规范集士驿站建设,通过资源整合健全县、乡、村三级农村物流服务体系。

三是充分发挥"育"的作用,激发主体活力。探索实施政策扶持运行机制,建立县级统筹、部门(乡镇)协作、村级联动、企业考评、驿站自营的规范管理运行体系,调动集士驿站主体积极性。

## 六、乐清市:"村企共建",走出民营经济大县共富路

### (一)案例概况

温州市乐清市作为"温州模式"的重要发源地,凭借十余年的"企业下乡"实践经验和民营经济的先发优势,已经成为农村集体产权制度、农村宅

基地管理、农民专业合作社质量提升等四项国家级改革试点的汇聚地。2022年，乐清市的"村企共建"共富模式被选为省级共同富裕示范区第二批试点项目。截至2023年年底，已有119家民营企业和50家商会与179个村结对，实施共建项目144个，为乡村振兴和企业下乡提供了有力的借鉴和示范。

**（二）主要做法**

**1. 创新村企合作模式，激活乡村发展新动能**

乐清是"温州模式"的主要发祥地、民营经济的先发地，约有35万人在外经商创业，乐清在全国各省市成立乐商回归与引进工作联络处，在乡镇政府、村级组织的招引下，探索形成了3种企业与农村合作的模式。

一是生产性合作：激发农村闲置劳动力创富价值。生产性合作模式通过将企业生产环节下沉至农村，有效利用农村的闲置劳动力，促进农民的就地就业和收入增长。乐清市已建成的146家"共富工坊"中，10家被评为三星级"共富工坊"，数量居温州前列。特别是淡溪镇陈坦村的"老花镜"共富工坊，通过与乐清经济开发区的联盟，成功引入多家电器制造企业，开通6条生产线，为超过350人提供了就业机会。

二是经营性合作：以经营创新放大乡村产品价值。经营性合作模式依托乡村的自有资源，通过企业下乡参与农业产业发展，实现乡村产品价值的最大化。如浙江铁枫堂生物科技股份有限公司，通过与高校合作建立科研载体，推动铁皮石斛全产业链的发展，提升产品的市场竞争力。"岭底山珍"项目通过种产销一体化的农业产业化链条，2023年来累计带动农户增收超过350万元。

三是投资性合作：投资开发促进乡村资源创造性转化。投资性合作模式通过乡贤投资和能人带动，促进乡村资源的创造性转化和乡村治理结构的优化。以北塘村和下山头村为代表，树立企业与农村主动融合的投资性合作的典型，已经形成了较为成熟的"三金惠民"经营模式。北塘村书记苏德生先后出资3亿多元规划村庄整体布局，带领全村人建设现代农业园区，成立果蔬专业合作社，建成 1300 亩现代田园综合体，获评中国美丽休闲乡村。下山头村通过乡贤珀莱雅 CEO 方玉友投资 22 亿元建成铁定溜溜田园综合体，获评国家 4A 级旅游景区。

**2. 构建"村企共建"长效机制，促进乡村经济高质量发展**

乐清具备民营经济优势、农业农村改革基础优势，集聚要素，建立了以股份合作制为基础的有效运营体制机制，创新了全流程闭环管理的精准化村企供需匹配机制，走出了较为成熟的村企联结新路径。

一是供需匹配机制的智能化与精准化。乐清通过建设数字化村企供需匹配场景，实现村社资源与企业发展需求的精准对接。通过数字化应用，智能匹配企业与村社供需，搭建项目供需信息通道，提高合作的准确性和效率，建立"村企共建"项目落地标准化匹配机制，打造项目管理全流程闭环。

二是产权交易机制的规范化与市场化。乐清以全国农村集体产权制度改革试点县为契机，探索赋予农村集体资产股份权能和多种形式壮大农村集体经济，形成了"设立、流转、运营"的规范化流程机制。首创农村产权交易网络竞价模式，有效盘活农村闲置资源，截至目前，累计完成农村产权交易项目 1747 宗，成交 1093 宗，实现村集体资产增收超 22 亿元。

三是资源要素集聚机制的系统化与多元化。乐清坚持市场导向，建立集聚资源、资金、技术、人才的全要素支撑体系。在土地盘活方面，有序推进农村土地承包延期 30 年试点，在特定山区村庄探索宅基地有偿退出机制。在金融支持方面，实现稻谷、小麦等主要农作物 100% 的农业保险覆盖率，生猪养殖保险覆盖率达到 95.41%，实现铁皮石斛、茶叶、枇杷、杨梅、柑橘五大特色产业政策性保险全覆盖。在人才培养方面，通过"绿领人才培育计划"培养 1158 名农村人才，包括 935 名农村实用人才和 223 名高素质农民。在营商环境方面，实施《乐清市企业投资项目促产"一件事"改革操作细则》，开展"不动产登记＋竣工"联合验收；通过"无感转贷"服务快速办理了 241 宗不动产登记业务，为企业增加了 45.29 亿元的融资。

### （三）典型意义

一是地缘人缘业缘的天然融合。乐清市的"村企共建"模式凸显了地缘、人缘、业缘三者在乡村发展中的重要性。乐清本土及回归的"乐商"，凭借天然的地缘优势和乡土情结，与乡村社会紧密融合，形成一种基于情感和信任的合作关系。这种合作不仅降低了资金和知识成本，还促进了资源共享和品牌建设，为乡村发展注入了新的活力。乐清"一棵仙草"带动"一方共富"入选浙江省2022年度乡村振兴最佳实践案例。

二是把企业作为激活乡村资源的关键力量。下乡企业注重改进管理经验、优化生产要素配置和农业产业结构及土地制度，使得农村"闲人"有活干，"沉默"的土地活化，低效"资产"变高效，有助于农村发展、促进农民增收。"村企共建"转移了农村富余劳动力，加速了农村闲置土地活化，促进了农业品牌升级和产业链拓展。

三是党建引领下的村企价值共识。党建在"村企共建"中发挥引领作用，通过建立村企联合党支部或让企业负责人参与村两委班子，加强了村企之间的组织联系。这种模式强化了发展目标的共识，保障了农民的主体地位，并为企业参与乡村建设提供了激励机制，促进了村企之间的互惠共赢。

## 七、安吉县：水权改革"唤醒"沉睡资源，助力乡村发展

### （一）案例概况

湖州市安吉县境内"七山一水两分田"，拥有县乡级水库12座、农村集体山塘水库389座。为进一步挖掘集体山塘水库生态价值，在省"用水权和激励性水价"改革试点县创建基础上，安吉启动农村集体山塘水库用水权价值实现机制研究，逐步探索出了"确权发证—价值核算—流转开发—收益分配"的一整套水资源价值转化路径，并在2023年第十八届世界水资源大会上承办"水资源的价值转化与共同富裕——浙江湖州安吉的实践"专场会议，从理论与实践层面向世界展示了用水权改革的主要成果，实现了绿水青山向

金山银山的高效转化。

### （二）主要做法

**1. 深化水权改革，激活"沉睡山塘"**

一是制度先行，夯实转化基础。制定《安吉县农村集体山塘水库用水权确权管理办法（试行）》，实现村集体申请、属地乡镇审核、水利局确权发证。通过向村集体颁发取水许可证的形式，逐一明确取水权属、取水用途、取水水量、取水期限等，为用水权价值核算、交易、抵押提供制度支持。目前，已对360座农村山塘水库开展确权发证工作。

二是摸清家底，核定价值基准。制定《安吉县农村集体山塘水库用水权价值核算指引（试行）》，形成安吉特色的农村集体山塘水库水资源价值核算体系，为水资源交易、抵押等提供基准价值参考。经评估，全县389座农村集体山塘水库30年用水权的总价值高达173.6亿元，其中，文旅价值达150.2亿元，供水价值达23.5亿元。

三是搭建平台，促进流转交易。通过安吉特色生态资源资产线上交易平台两山合作社，搭建农村集体山塘水库用水权交易平台，进行线上系统展示、信息发布、流转交易，提升农村集体山塘水库的整体宣传效果，加速优质水资源的价值转化。目前，全县已有22座农村集体山塘水库完成流转交易，生态价值转换金额达2亿元。

**2. 优化利益联结，促进"水岸共富"**

一是以用水权交易带动村集体增收。通过用水权流转交易，村集体可获得一次性流转交易收益，并进行后续分配经营。例如，杭垓镇大坑村利用山塘水库优质资源，成功吸引浙江吉森野旅游开发有限公司开发漂流项目，交易用水量达10万立方米/年，交易额达32万元/年，撬动项目投资1.3亿元。

二是以资源资产入股推动村民致富。用好"两入股三收益"机制，推动村民以水资产、水资源入股，实现分股金、拿租金、挣薪金，通过"企业＋村集体＋农户"形式合作经营漂流商铺，村集体再增收110万元/年，带动当地就业100人、村民人均再增收4000元/年。

三是以水资源融资厚植发展后劲。对已找到合适的市场开发主体、实现用水权交易的山塘水库，引导金融机构开展"用水权抵押＋项目贷"等绿色金融服务，撬动实施一批乡村振兴项目，助力村集体经济发展壮大和村民增收致富。目前已与中国建设银行湖州市分行、中国农业银行湖州市分行，就全县农村集体山塘水库用水权融资方面达成初步合作意向，签订框架协议。经初步评估，全县农村集体山塘水库30年的可授信额度超过100亿元。

**3. 深化多元融合，提升转化实效**

一是搭好改革平台，以机制引入项目。迭代升级用水权交易制度、用水权交易平台、利益分配机制等，通过用水权流转、融资推动、投资增值、利益分配等环节，与更多金融机构合作，在提供开发资金的基础上，形成清晰有效的项目投资清单，对外发布招商。

二是做好资源转化，以成果引聚人气。在山塘水库水权交易案例的建设、开发、运营过程中，注意挖掘试点案例，推出更多具有借鉴意义的水资源改革故事，扩大安吉"绿水生金"改革影响力。联合国开发计划署驻华代表处计划与安吉进行多领域合作，来推动可持续发展目标的本地化。

三是丰富改革内涵，以创新引领发展。依托用水权改革工作，全面激发闲置水资源活力，开展"水利＋农林旅"等多形式实践，助力"漂流经济""露营经济""咖啡经济""夜市经济""演唱会经济"等新模式新业态，摸索水资源价值转化新思路新方法新模式。目前，以幸福水网为框架，幸福河湖、幸福灌区为重点任务的新探索实践已在规划中，谋划投资规模超100亿元。

## （三）典型意义

一是建立制度体系。要发挥生态资源价值，必须了解生态产品种类、数量、质量，同时运用相应生态产品价值核算标准，核算生态产品价值，并建立基于核算价值的生态产品交易规则或平台。安吉县在实施农村集体山塘水库水资源价值转化过程中，重点谋划出台了《安吉县农村集体山塘水库用水权确权管理办法（试行）》等政策体系，为全面推进改革工作奠定了扎实的制度基础。

二是强化利益联结。农村集体山塘水库是农村集体的重要资产，在改革过程中，必须把生态资源转化成果与村集体共享，推动村集体增收致富。安吉县在实施农村集体山塘水库水资源价值转化过程中，通过用水权流转交易，村集体可获得一次性流转交易收益，并进行后续分配经营；还可将用水权用于抵押贷款，扩大项目融资来源。同时，村民以水资产、水资源入股，可实现分股金、拿租金、挣薪金。村集体、村民在改革中获得了实实在在的收益，进一步推动了可持续发展。

三是拓宽融合路径。以农村山塘水库为支点，通过多元要素融合，可以进一步激活生态资源开发潜能。在实施农村集体山塘水库水资源价值转化过程中，安吉县通过多元渠道丰富山塘水库价值，如通过金融机构支持，将山塘水库作为项目投资标的进行对外招商，进一步扩大社会资本参与项目开发；通过拓宽"水资源+"产业，提升农村山塘水库项目应用领域，进一步提升项目转化实效。

四是强化示范推广。农村山塘水库用水权改革是安吉县基于县域实际探索开展的生态产品价值实现新路径，尚处于起步阶段，需要更多地方应用优化，为全国在农村山塘水库用水权改革提供经验，形成全国性制度规范。同时，安吉作为"两山"理念诞生地，肩负习近平生态文明思想国际传播的重要责任，通过与塔吉克斯坦官方、联合国开发计划署驻华代表处等合作，也将进一步提升国际影响力，从而助力全国改革。

## 八、磐安县：打造农村快递服务"直通车"

### （一）案例概况

金华市磐安县是"九山半水半分田"的典型山区县，面临快递服务难以覆盖的挑战。在现代社会，快递服务已成为生活的重要组成部分，然而磐安县 216 个行政村中曾有 130 个未能享受到便捷的快递服务，导致农产品销售受限，快递成本高昂。为了突破物流壁垒的瓶颈，磐安实施了"公交带货进村、邮政兜底服务"的新机制，成功构建了农村物流的"直通车"。此举切实破解了农村快递覆盖率低、物流时间长成本高、服务质量差三大难题，快递进村覆盖率从 40% 提升到了 100%，有效促进了乡村振兴，为农民开辟了增收致富的新途径。

### （二）主要做法

#### 1. 基础设施与服务网络优化

磐安县政府以基础设施建设为先导，推进专业物流园区和客货邮共配中心建设，有效填补了物流节点和配送分拨中心的不足。通过整合邮政、快递、商贸配送等资源，集成物流车辆 168 辆，开通了 5 条农村物流集约运输专线，构建起覆盖县、镇、村三级的物流服务网络。特别是，按照"三统一"（统一名称、统一标识、统一标准）建成的服务站点，实现了快递进村和快递企业全覆盖，为农村群众提供了便捷的快递上门服务。

#### 2. 信息化物流服务系统建设

依托"磐安畅行"微信小程序，开发了"城乡客货邮 BRT"服务系统，整合了城乡综合运输数据资源，重塑了农村寄递物流服务流程。该系统实现了线上全流程查询与监管，有效消除了信息不对称问题，提升了物流服务效率。目前，该系统已实现两个全覆盖，即快递进村全覆盖和快递企业全覆盖，极大地提升了农村物流服务的透明度和便捷性。

#### 3. 运力资源统筹与服务效率提升

磐安县政府通过优化客货邮运力调配，充分利用城乡公交客流低谷时的闲置运力资源，保障和提高了偏远镇村快递收寄的通达性和时效性。同时，引导城乡共同配送发展，依托城乡三级物流服务网络节点，建立配送联盟，提高运输车辆配载率，促进了城乡配送到达农村物流末端，实现了双向流通。

### 4. 产业链融合与农产品市场化推进

通过"直通车+"模式，磐安县政府促进了旅游民宿村、农业特色村、商业中心村的产业融合，推动了中药材、茶叶等农业特色产业的电商化发展。以光明村为例，通过直通车销售迷你小番薯达30万斤，创收90余万元，带动了旅游产业的二次消费，实现了农产品向商品的转变。

### 5. 人才培养与专业化服务提升

磐安县政府针对物流节点人员、物流企业人员或代理人员开展专业培训，提升了行业基层人员的应用技能，提高了物流节点工作人员素质，提升了服务水平。同时，鼓励物流企业采用先进、适用和标准化的物流配送、分拣和运输设施装备，积极发展农村冷链物流装备和服务管理体系。

### 6. 返乡创业激励与就业增收促进

便捷的快递物流服务有效解决了农村来料加工运输难题，促进了农村富余劳动力和留守老人的就业。磐安县政府通过新建"巾帼共富工坊"、物流服务点新增就业岗位等措施，带动了网点人员年增收，吸引了近600名新农人回乡创业，促进了农村经济发展和居民收入增长。2024年上半年全县农村居民人均可支配收入增长5.5%，城乡居民收入比由1.88缩小到1.85，有效推动了物质、精神"双富裕"。

### （三）典型意义

一是降本增效，实现惠民利民。磐安县通过创新物流模式，显著降低了农村快递成本，从5元降至1.2元，降幅高达76%，同时将寄递时间缩短至原来的1/4，仅需12小时。这一变革大幅提高了快递服务质量，减少了寄递纠纷，为群众节约了往返取件成本超过600万元，配送快递数量达到193.25万件，有效提升了民众的获得感和满意度。

二是促进乡村振兴，助力农民增收。磐安县的新模式有效推动了农村电商的发展，新增电商500户，带动农特产品销售达到1.85亿元，显著促进了农民增收。此外，线上消费品零售总额增长47%，反映出农村消费升级的趋势。通过支持"巾帼共富工坊"建设，吸收了4.2万名农村富余劳动力，发放加工费3.25亿元，为农村经济发展注入了新的活力。

三是经验复制，推广示范效应。磐安经验获《中国新闻报》《中国交通报》《浙江日报》等媒体报道，入选国家交通运输部农村物流服务品牌，成功创建省农村客货邮融合四星级样板县，入选第二批全国交通运输一体化示范县，成为全省营商环境优化提升的典范，展现了其示范引领作用。

## 九、义乌市："农创客"点燃乡村振兴新引擎 ①

### （一）案例概况

近年来，义乌市后宅街道李祖村村"两委"带头、村民参与、团队入驻，李祖村围绕"国际文化创客村"IP定位，通过"引、育、融"三把"金钥匙"招才引智，持续为李祖村注入生机与活力，聚力打造了一个农创客集聚、新老村民融合的新型乡村、众创乡村，实现创客产业年销售额超1500万元，带动村民人均年增收近3万元，点燃乡村振兴新引擎。2023年9月20日，习近平总书记考察调研李祖村，与农创客深入交流，称赞李祖村扎实推进共同富裕，是浙江"千万工程"显著成效的一个缩影，要再接再厉，在推动乡村振兴上取得更大成绩 ②。

### （二）主要做法

#### 1. 变废成驿，以点带面提价值

后宅街道李祖村从曾经看不到希望的"水牛角村"，逐步蜕变为环境优美、颜值在线的"明星村"，李祖村"千万工程"的成功实践，离不开农创客的鼎力支撑。

---

① 素材来源：《探李祖村"农创客"如何点燃乡村振兴新引擎》，义乌政府门户网站，2024年5月7日。

② 《始终干在实处走在前列勇立潮头 奋力谱写中国式现代化浙江新篇章》，《人民日报》2023年9月26日第1版。

2020年李祖村试点职业经理人运营模式，招引"乡遇文旅"团队入驻李祖村，作为第三方运营开展统一招商、产业孵化、活动策划、宣传推广等，将重点放在年轻创客和新型业态的培养引进上，以"在这里我们和一批有趣的人做乡邻"的理念，吸引众多年轻人加入，几年来先后招引66家260余名创客来到李祖村创业。引进的清华大学文创学院"乡村特派员"，在李祖村落地一间火遍义乌的"屋顶咖啡馆"，最多的时候一天能卖掉100杯咖啡，在小红书同城咖啡店榜单上名列第1位，为李祖村引流近10万人。

栽下梧桐树，引得凤凰来。李祖村结合未来乡村建设，邀请浙江大学专家团队对村庄进行全方位规划，按照城乡融合标准提升基础设施和公共服务，先后建成乡村会客厅、电商金融驿站、妇女儿童驿站和康养驿站等应用场景，吸引越来越多的人不仅在李祖村创业，也在李祖村安家，成为真正的"新李祖人"。

为确保项目稳健成长，李祖村通过以奖代补的形式，为运营方进村提供了3年每年120万元的培育期扶持资金；村集体与义乌市水务集团、农商银行等结对共建，保障部分村庄改造提升的建设资金。同时，运营团队与村集体探索出台"三年免租"等系列招商举措，助力青年创客进村轻资产创业，吸引了一批青年人来村"试水"。

**2. "育"火燎原，返乡创业形成"雁阵效应"**

保持创业创新活力，在于产业、服务、人群的持续更新迭代。2018年年底，30名满怀激情的村民汇聚一堂众筹50万元，共同创办"豌豆花乡厨"，仅用半年就收回成本，目前股东已分红5次。在此基础上，村庄进一步成立强村公司，携手运营团队，精心规划并实施了一系列接地气且具吸引力的产业项目——从勾起乡愁记忆的"妈妈的味道"美食街，到引领休闲新风尚的"十亩时光共享营地"。众筹项目的落成，激发更多村民化身创客，带动100多位本村村民和周边村民实现"家门口就业"。

与此同时，李祖村利用村内的老旧厂房以"微改造"方式打造了集创业指导、创业孵化、电商培训、金融法律于一体的"众创空间"。通过培训、沙龙、现场考察、翻转课堂、举办农创客大赛等多种形式，为农创客提供系统的成长方案，先后引入农村电商直播、电影工作室、策划设计等10余种业态。近60岁的"李氏梨膏糖"主理人老李，通过培训也当起"播客"，直播时吹拉弹唱，成为众多创客学习的对象。

2022年，以李祖创客为主体，成立义乌市农创客发展联合会，引入新女性共富联盟、青年众创联盟等社群促进抱团发展。创客从"单打独斗"到成为"项目合伙人"抱团发展，提高了整体竞争力。农创客发展联合会开发的以农耕文化体验为主的周末亲子研学项目，一经推出就获得游客热捧，已累计接待学员超过30万人次。

3. "融"为核心，共绘文化、治理与生活新图景

共富共融方能留住人心，保证村庄可持续的生命力。在乡村振兴的宏伟蓝图中，李祖村以其独特的视角诠释了"融"的深刻含义，展现了如何通过文化认同、社会治理创新以及生活方式的共享，激发乡村活力，实现共富共融的目标。

李祖村深挖"有礼"文化内涵，依托"全国文明村"之名，将梨的形态与礼仪之魂巧妙结合，打造"有礼的祖儿"村庄品牌IP，联合创客开发"争做有礼人"乡村小创客夏令营、"李祖乡约"等文创产品，通过"礼文化"增强创客对于村落文化的认同感、融入感、归属感。

在李祖村，引入农创客参与村庄治理，不仅为传统乡村治理体系注入新鲜血液，更通过"新村民计划"和"有礼分"制度，构建起新老村民共同参与、和谐共生的治理新模式。这种开放包容的治理结构，促进了思想观念的碰撞与融合，激发了全体村民参与乡村建设的积极性与创造性，共同绘制乡村治理的新蓝图。

一系列精心策划的"乡村造节运动"，让李祖村的生活场景生动多彩。近年来，李祖村策划邻里节、摄影节、村民生活节、创客音乐节、文创艺术节等一系列主题节日活动，促进创客与村民、游客之间的充分互动，打造令人向往的"李祖温度"，初步形成三产融合发展的农创产业格局，构建"共建、

共创、共享"的乡村生活共融体。

### （三）典型意义

一是农创客入驻，引领乡村价值重塑与经济振兴。李祖村成功吸引了大量农创客入驻，利用闲置资源和创新业态，不仅改善了村容村貌，更激发了乡村经济活力。这一模式不仅提升了村庄整体价值，还为年轻人提供了广阔的创业舞台，实现了从"水牛角村"到"明星村"的华丽转身。

二是众创共富模式，激活乡村经济。李祖村通过众筹创办项目、成立强村公司、打造众创空间等措施，激发了村民的创业热情，形成了良好的创业氛围。农创客的集聚效应不仅带动了本地就业，还促进了产业的多元化发展，为乡村振兴注入了持续动力。

三是文化融合与治理创新，构建和谐共生新乡村图景。李祖村深挖文化内涵，打造特色品牌，通过文化认同增强创客与村民的凝聚力。同时，引入农创客参与村庄治理，创新社会治理模式，促进了新老村民的和谐共生。一系列主题节日活动的举办，更是丰富了乡村文化生活，构建了共建共享的美好家园。

## 十、龙游县：集聚转化让山区农民进城"富得快"

### （一）案例概况

衢州市龙游县作为城乡融合发展的先行者，县委、县政府以创新的"公司化运作、市场化安置"模式，引领农民集聚转化工作。通过实施易地搬迁富民工程，成功引导山区群众向城市和集镇梯度集聚，实现转产转业，探索出一条具有地方特色的新型城镇化道路。2022年，龙游县的"县域农民集聚转化 助推共同富裕"项目荣获省级试点认定，并随之出台了《龙游县县域农民集聚转化助推共同富裕试点实施方案（2022—2024年）》。该方案以"富得快"为牵引，通过一系列创新举措，有效解决了山区农民进城后的就业增收问题，为推动共同富裕提供了切实可行的改革发展路径。

## （二）主要做法

### 1. 高标准制定农民集聚转化路线图，梯度化推进搬迁安置

为实现农民集聚转化，以人口集聚为抓手、整村搬迁为关键、优质公共服务为重要载体。从下山脱贫易地搬迁1.0版，到国土整治易地搬迁2.0版，迭代升级至"小县大城共同富裕"农民集聚3.0版。在公寓安置、迁建安置、兜底安置等传统方式的基础上，创新推出房票安置、物业费减免等政策，基本实现搬迁群众"零成本"购房。通过"宅基地置换""宅基地换养老"等多样化安置方式，为低收入农户、老年人等特殊人群提供了全面保障。通过转让建房指标、置换房屋、宅基地使用权换取政府老年公寓养老等方式，确保了特殊群体的权益。

在安置小区建设方面，通过明确时间、任务、责任三张清单，确保了士元居、文成、南海家苑、新溪小区、辰西花苑、月荷等安置小区的有序推进。飞云安置小区、辰中花苑安置小区等项目前期工作也在稳步推进。政府以成本价作为安置价，大幅让利给老百姓，每平方米可获得财产性增收约1万元，每户搬迁农民可获利约100万元，农民集聚增收约50万元/户。

### 2. 整合集聚搬迁配套政策包，体系化推进"暖心"措施

以县域农民集聚转化省级共富试点为契机，联合17个单位制定了"暖心十条"惠民利民政策，提供公积金贷款、承包地流转、子女就学保障等服务，实现农业转移人口共享基本公共服务和社会保障。在"暖心十条"1.0版本基础上，推出2023年农业转移人口暖心政策（2.0版本），包括四项优先、五项免费、八项市民待遇和十项优惠等系列暖心服务政策，实现进城新市民享有比老居民更好的管理服务，吸引了更多搬迁农民进城，尽可能实现"愿聚尽聚"。

此外，全国首创试点住房公积金"公农贷"，将农业转移人口纳入灵活就业人员建立公积金制度试点范围，推动公积金制度往农村扩面覆盖。探索实

施"定额定贷""多缴多贷"公积金模式，贷款额与缴存额挂钩，且月缴存额可根据农户收入水平调整，减轻搬迁农民购房贷款压力，使集聚农民享受与市民同等的公积金贷款政策优惠。

**3. 抓牢数字赋能服务接力棒，智慧化书写后半篇文章**

聚焦农民集聚转化各阶段工作和不同用户群体的切实需求。依托浙江奔通数智科技有限公司，基于"浙里办"开发了面向集聚农户的"龙游通"服务专区，并上线"奔富通"数字化应用，构建一个包含"人、房、地、物、钱"等全要素、跨系统的空间数据库，形成从村、乡镇（街道）到县级部门跨部门、跨业务的智慧决策系统。

通过"奔富通"，群众可以享受到从报名、选房到"暖心"政策落地的无纸化、全流程服务，实现"一库整合""一屏总览""一并审核""一码通办"，在提高政府服务效率的同时，也提升了群众惠民感受。通过"奔富码"，农业转移人口不仅享有与城镇户籍人口同等的基本公共服务和社会保障，还保留了在农村的合法权益。"奔富码"持有人可以依托应用服务端实现普惠性和个性化公共资源享受、政策精准推送等全流程一站式服务，更便利、更快捷、更精准地享受到暖心政策。


**（三）典型意义**

一是审批流程的优化。通过创新的"测一测"政策匹配、"自动算"补偿费用、"一键申请"集聚转化等功能，实现农户报名提交材料的无纸化，填报效率提高了50%以上。审核周期从1个月缩短至2周，实际减少7个环节，减少时间50%。单笔业务等候时长平均缩减5分钟。

二是全流程闭环管理和服务的实现。完成历年集聚人员的信息系统归集近5万条，受理2万余人次，提供3万余人次的咨询服务，实现了农民集聚转化工作的全流程闭环管理和服务。奔通数智公司承接翠光、溪口未来社区等45个数字化项目和县数字化改革总门户及五大综合应用项目，收益约400万元。利用"龙游通"平台举办民生实事等各类线上活动，参与打造"县城整体智治数字基础设施平台"项目，成功入围并获补贴199万元。

三是"龙游模式"的区域影响力。奔富通"龙游模式"不仅在本县取得了成功，更得到了周边县（市）的广泛认可。衢江区、江山市等地学习采用了这一模式，并委托龙游县奔富通团队打造数字化平台，实现了"一地创新、周边共享"，帮助其他县（市）更好地支撑和保障农民集聚转化工作。

## 十一、仙居县：风貌驿助力城乡居民增收 [①]

### （一）案例概况

近年来，台州市仙居县聚力城乡风貌样板区试点建设，依托优质旅游资源，精选人、物、资金"流量"集聚地，通过盘活闲废空间、厚植多元服务、聚合资源长效运营等举措，着力打造集群化共富风貌驿，推动风貌游线"旅游+"经济提升，助力城乡居民共富。目前，已盘活废弃、闲置土地100余亩，建筑面积1.9万余平方米，建成高品质共富风貌驿18个，为500余万人次提供购物、娱乐休闲、艺术体验等服务，农产品销售额达15亿元。

### （二）主要做法

#### 1. 变废成驿，以点带面提价值

一是特色化建设，盘活废旧闲置空间。在风貌样板区内，精选"流量"集中地，深挖特色风貌建筑、古民居、废弃粮仓、生猪屠宰场、荒废边角地等空间，采取改造、新建方式，打造特色共富风貌驿。如投入820余万元将下各镇的生猪屠宰场改建成"厦数驿·各家暖"共富风貌驿，投入500余万元在白塔镇上叶村建成"上叶来信"共富风貌驿。

二是集群化建设，集聚风貌游线客流量。根据风貌样板区"流量"密度，在客流集中的"苍岭丹枫""四季花海""神仙画游"三条共富风貌游线建设

---

[①] 素材来源：《仙居："共富风貌驿"点睛之笔 绘就县城"美丽因子"》，台州市住房和城乡建设局官网，2024年6月3日。

18 个共富风貌驿。如白塔—淡竹"神仙画游"县域风貌样板区，依托国家 5A 级神仙居景区、神仙居旅游度假区、国家森林公园等"顶流"之地，集群建设"神仙氧吧""北斗七星"等 8 个共富风貌驿。

三是复合化建设，增强空间功能利用率。在风貌样板区人流量大、有特殊纪念意义但功能单一的景点，采取多部门联建方式，整合资源、加强要素保障，拓展共富风貌驿功能。如在网红打卡点南天顶与民政部门联合打造"缘定烟霞"共富风貌驿，为新人办理结婚登记服务，加盖"神仙眷侣"颁证纪念章，2023 年以来，已为 150 余对新人举行颁证仪式。

**2. 多元融合，共建共享促民生**

一是增强公共服务体验感。在风貌驿植入商业零售、休憩娱乐、咨询医疗、体育健身、文化创意等公共服务功能，打造附近居民的"共享客厅"和 15 分钟生活圈中心；加载数字应用场景，扫码即可了解本地风貌游线、特色产品、特色文化等信息，丰富群众和游客的体验感和获得感。2023 年以来，在"神仙画游"风貌样板区内共举办民俗婚礼、非遗市集等活动 80 余场次，2023 年国庆假期区内车流量同比增长 63%。

二是打造特色文化体验区。把风貌驿打造成文脉传承的有效载体，引入非遗体验、农耕体验、康养体验等服务，彰显风貌区文化和人文特色。如"古韵堰语"共富风貌驿植入汉青染坊和百年豆腐坊制作技艺，展陈汉青印染工艺的工具、材料、蓝印花布以及制作豆腐的石磨等各类工具，打造非遗研学基地。

三是开发沉浸式文创项目。根据地域特色开发文化创意项目、全息数字展示等内容，让游客参与其中沉浸式体验创意乐趣，2023 年以来，已为 150 多万名游客提供沉浸式创意服务，游客现场亲手制作文创产品 350 余万件。如"古窑东鲍"共富风貌驿立足其成熟的制陶工艺，为游客提供陶艺 DIY 服务。

**3. 聚合资源，长效运营促发展**

一是创建区域农产品公用品牌。创建共富风貌驿"神仙大农"区域农产品公用品牌，涵盖仙居九大类 275 款优势农产品，覆盖全县 80% 的农业从业人员，引领小农户创出大市场，同时在淘宝、抖音等平台和风貌驿线下联动，助推特色农业产业发展。

二是拓展共富风貌驿外延。与浙江高速商贸经营有限公司合作，把共富风貌驿建到高速服务区，通过共富风貌驿商品展陈、引导宣传等，充分展示区域自然文化特色、民俗风情优势和特色农产品主题，让风貌驿"旅游+"产品进入更多平台。

三是共同投入联合经营。采取"政府＋企业"模式，联合镇村、部门加大投入，引导国企、村企、个体团队等参与运维，增强风貌驿自身造血功能，实现可持续长效运营。如"水韵埠头"风貌驿引入个体网红村姑和中药材销售团队运营，实现运营团队与村民共富共赢。

### （三）典型意义

一是以产业带动为核心引擎。仙居县以项目建设为抓手，以"文化＋百业"理念推动乡村产业振兴，注重传统文化资源保护利用，创新适应市场、富有竞争力的新业态和新产品，打造独特文化品牌。村企合作取得了实效，如埠头镇引入中药材公司，2023 年村集体增收 50 万元；强村公司一体化运营效果释放，如下叶村一体化管理 120 家民宿，全年接待游客 50 万人。

二是以群众共享为基本导向。仙居县注重激发群众的内生动力，尊重基层首创精神；发展壮大村集体经济，推动公共文化服务均等化覆盖；聚焦群众的精神文化需求，通过举办接地气的文化活动，增强了乡村的文化氛围和凝聚力，为乡村可持续发展提供了精神支撑。

三是以均衡发展为目标追求。仙居县坚持政府引导、市场运作、社会参与的多方联动机制，有效整合了各方资源力量，创新体制机制保障，为乡村振兴提供了全方位的支持。同时，注重乡村间的差异化发展，一村一策，确保了乡村特色与竞争力的持续提升。

四是赛马比拼与文化引领。制定文化引领三年行动计划，以人、物、项目、活动"四张清单"盘清家底；举办"人文乡村"建设项目擂台赛；实施历史文化挖掘研究工程，截至 2023 年，已形成 20 个地标性文化 IP；精心打造"一村一品"，构建富有乡愁记忆、特色品质的人文环境。同时，构建集成培育机制，组建了文化顾问团、工作指导团；加强各条线资金等整合使用，如区域协调美丽乡村建设项目资金 200 余万元，用于 14 个村的古民居修缮等设施建设；累计招募共富合伙人 78 位、乡村规划师 47 位。

## 十二、玉环市：打造浙派工匠增技增收新样板

### （一）案例概况

台州市玉环市作为浙江省工业大市，以其雄厚的工业基础和技能人才需求，成为技能型社会建设的先行者。近年来，玉环市紧紧围绕技能人才培养、薪酬激励和技能成才氛围营造三大核心，全面推进技能型社会建设试点工作，取得显著成效。全市现有技能人才 17.02 万人，占全部从业人员的 39.78%，位居浙江省前列。玉环市为技能型社会建设提供了有力保障和示范引领。

### （二）主要做法

1. 数字赋能，开发技能人才"双增"地图

玉环市积极开发应用技能人才"双增"地图，通过归集和分析技能人才数据，构建技工个人、企业及行业的多维画像。重点分析技能人才在求学求职、住房保障、技能提升和精神文化等方面的需求，同时关注企业的用人需求和产业对技能人才的特定需求。以需求为导向，制定相关政策保障措施，提供精准化、精细化的服务，助力技能人才减轻生活负担、缓解职场焦虑，同时解决企业招人难、用人难的问题，实现对口技能人才精准匹配，提升区域技能人才服务管理能力。

2. 搭建平台，举办技能大赛

2024 年 5 月，首次开启第十七届玉环市职业技能大赛"竞赛季"，至同年7 月已开展包含物业行业、CAD 制图、玉环海岛特色美食制作、保育师、养

老护理员等技能竞赛，共有381名选手参赛。下阶段将开展行政办事员、供应链管理师、劳动关系协调员等项目竞赛，已有超过1500人报名，搭建"以赛代评"的平台，扩大技能大赛影响力。

**3. 重视培育，壮大技能人才队伍**

玉环市全力构建"大技工教育"体系，持续开展"金蓝领"职业技能培训，充分发挥企业培训主体作用，鼓励技工院校、职业培训机构等社会力量积极参与。建立培训资源优化配置、培训载体多元发展、劳动者按需选择、政府加强监管的体制机制，开展大规模、普惠性、高质量的职业技能培训。同时，加快推进职技融通改革，实行"双证书"制度，加速技工成长，扩大技能人才总量。

**4. 强化指引，推动技术工人"扩中"改革**

引导企业落实《技术工人职业发展通道设置指引》和《技术工人薪酬分配指引》，建立劳资双方收益共享机制，推动技术工人进入中等收入群体。指导企业以职工技能水平、业绩和贡献度为关键要素，完善职务晋升和薪酬待遇激励机制。截至目前，有835家规上企业实现技能与薪酬挂钩。

**5. 选树典型，营造重才爱才氛围**

挖掘玉环特色技能型基本单元，已选树"文旦花开"等3个技能型乡村（社区），浙江双环传动机械股份有限公司、迈得医疗工业设备股份有限公司等15家技能型企业，以点带面推进技能型社会基本单元全覆盖。造足尊匠重技氛围，定期开展技能竞赛、星级技工评选，联合媒体推出"匠人匠心"系列报道活动等，精心营造尊匠重技氛围。2024年5月，开展劳模工匠年度人物发布仪式，为47名劳模工匠年度人物颁奖，5对师徒现场签订"传帮带"协议，引导全市职工及青年学子向劳模工匠学习，弘扬劳模工匠精神。

**（三）典型意义**

一是数字赋能，精准服务技能人才。通过开发技能人才"双增"地图，实现了对技能人才需求的精准洞察与响应。这不仅为技能人才提供了个性化、精细化的服务支持，有效减轻了他们的生活与职场压力，还帮助企业解决了招聘与用人难题，促进了技能人才的合理流动与高效配置，极大地提升了区域技能人才服务管理水平。

二是强化培育，壮大人才队伍。构建"大技工教育"体系，深化"金蓝领"职业技能培训，促进了技能人才队伍的不断壮大。通过整合资源、优化培训模式，玉环为劳动者提供了多样化的学习机会，加速了技能人才的成长步伐，为区域产业升级和经济发展提供了坚实的人才支撑。

三是政策引导，促进收入提升。持续推动技术工人"扩中"改革，通过政策引导与激励，鼓励企业建立健全技能工人薪酬分配机制，助力技术工人实现收入增长。这不仅提升了技术工人的获得感与幸福感，还激发了企业参与技能型社会建设的积极性，为构建共建共享的新格局奠定了坚实基础。

四是典型示范，引领技能型社会建设。推进技能型社会基本单元建设，通过选树典型、以点带面，玉环正逐步构建起覆盖全域、全层次的技能型社会框架。这不仅丰富了技能型社会的内涵与外延，还为社会各界积极参与技能型社会建设提供了可借鉴、可复制的范例。

# 第十二章
## 区域协调类案例

### 一、柯桥区：加大养老领域改革力度，以"乐龄柯桥"提升康养品质

#### （一）案例概况

2023年，绍兴市柯桥区有60周岁及以上老年户籍人口19.27万人，占总人口的27.38%，老龄化形势日趋严峻。2023年以来，柯桥以改革奋进之姿，大胆创新实践，积极探索实施国企参与养老事业和产业改革省级试点，创新打造"党建+乐龄系列"家门口幸福养老柯桥模式，率先整合多项养老领域数字应用形成多跨集成康养智慧场景，以改革重塑养老服务体系，全面打响"乐龄柯桥"康养品牌，提升康养品质。

#### （二）主要做法

##### 1.探索实施国企参与养老事业和产业发展改革

一是建立公办养老机构国企化改革模式。组建成立浙江金柯桥康养产业发展集团，注册资本1亿元，为浙江第一家县区级国有直属一级养老企业。以"指标目标清单、核心任务清单、支持事项清单"三张清单进行任务责任细化分解，建立12个工作小组挂图作战，形成一套成熟的改革推进模式。

二是激发多要素资源的活力。沉寂15年的社会福利中心资产得以有效盘活，重新评估利用100亩土地、6万平方米建筑资产；康养集团投资1亿元的社会福利中心提升改造项目正在实施；与康复医院签订合作协议，规划照护专区，医康养结合提升服务能力水平；实施"国企职业经理人"制度，对养

老管理人才实行市场年薪制，制订养老护理人员薪酬考核办法，提升养老护理员水平和薪酬，增强行业吸引力，建立融合学历教育、职业培训、实习实训的养老人才培育模式，目前每万名老年人持证护理员数达 37.96 人。

三是形成事业产业双发展的改革溢出效应。发挥企业运营机制灵活的优势，建设乐龄助餐中央厨房，全面承接该区老年"乐龄助餐"业务；发挥更丰富的服务项目优势，积极承接"爱心卡"七大类 30 项惠老服务；发挥国有资源在养老领域的资源配置作用，已签约承接 3 个"一老一小"服务综合体；着力激发养老市场，建设全域适老化改造场景，已参与适老化改造 50 户；承接 2024 浙江（国际）康养产业博览会，承办区级养老护理员"金梭奖"技能大赛；谋划康养产业综合体项目等事业和产业双发展的改革溢出效应正在形成。

**2. 创新打造"党建＋乐龄系列"家门口幸福养老柯桥模式**

一是建设多层级乐龄矩阵。继绍兴市首家乐龄中心正式启用后，柯桥已建成镇街级乐龄中心 16 家，年底前实现 16 个镇街乐龄中心全覆盖，村社级"乐龄之家"134 家，并分别组建上门服务"乐龄管家"。

二是构建三化"乐龄助餐"服务体系。柯桥打造实施"智慧化、集采化、阳光化"的"乐龄助餐"服务体系，各乐龄场所配建"乐龄食堂"与"助餐配送餐点"，构建"1+1+N"助餐服务架构网络，落实"122"双享双补的补助政策，将助餐服务精准覆盖全区有需要的老年人。实现老年助餐服务村社覆盖率 90% 以上，日均老年助餐人次超 7500 人次。

三是打造多元化乐龄服务。强化社区资源整合，与社区党群服务中心、卫生服务站、社会工作站等融合建设。采用"五社联动"模式，充分引导社区党员、社会工作者、社区志愿者、社会组织、社区慈善等力量参与，到目前该区共有为老服务社会组织 424 家，2023 年已开展为老服务活动 800 多场次。

**3. 率先整合多项涉老数字应用集成康养智慧场景**

一是四网合一，一个平台受理。在不新增财政资金支出的基础上，打通原有"一键通"、96345 为老服务平台，结合新建老年助餐、"爱心卡"系统，整合四项数字应用，有效打通涉老数字孤岛，集成四网合一为康养智慧新场景。

二是四地合一，一支队伍坐席。原有的"一键通"、96345为老服务平台有不同的办公场地和服务人员，通过整合，实现四地统一办公，人员合一坐席，实现了空间和人力资源的节约。

三是四项合一，一个流程通办。按照统一受理、事项分类、服务派遣、出勤跟踪、结果评价五大类流程，再按照四网不同要求细化到每项程序，实现智慧化与个性化相统一，有效地达到提升服务效率、精度和温度的目标。目前已为该区老年人开通养老服务"爱心卡"8.99万张，服务人次月均达3.5万人次以上，满意率达100%，打响"乐龄柯桥"养老金品牌。

### （三）典型意义

柯桥积极打造"一盘棋盘整养老资源、一体化运营养老机构、一张网推行养老服务、一站式提升养老队伍、一条链打造养老品牌"的"五个一"标志性成果。创新打造"党建＋乐龄系列"家门口幸福养老模式，以跨镇街或镇街级区域性打造"乐龄中心"，以村社居家养老服务照料中心升级打造"乐龄之家"，以居家上门开展"六助"服务打造"乐龄管家"，统筹聚合政府、社会、市场、家庭各方资源力量，实现多层级、有侧重、全覆盖的"15分钟、10分钟、5分钟"养老服务圈。柯桥"国企参与养老事业和产业发展试点"被列入浙江省高质量发展建设共同富裕示范区第三批试点名单。

## 二、金东区：一块"飞地"，提升两县产业能级 [①]

### （一）案例概况

2022年8月，金华市金东区与金华市磐安县正式签署"产业飞地"协议，确定在江岭高新智造区内规划1501.95亩为"产业飞地"，并建立工作联席会

---

① 素材来源：《深化"山海协作"做优"产业飞地"金义新区（金东区）荣获省级督查激励》，金义新区公众号，2024年8月17日。

议制度，成立金华市东安飞地开发建设有限公司，制定公司章程，形成实体化运作。合作采用"收益保底、税收分成"的方式，确保磐安县的收益以每年 4500 万元为基数，并逐年递增 3%。

### （二）主要做法

#### 1. 聚焦平台共建，创新管理运营机制

为深化"产业飞地"的协同发展，建立完善的领导协商机制，确立金义新区（金东区）、磐安县相关领导为总召集人的联席会议制度，定期召开工作例会，及时跟进项目进展，共商重大事项。通过制订年度工作计划，明确责任主体任务，确保工作内容落实落细。探索建立由金义新区（金东区）纪委监委牵头的协同监督机制，保障"产业飞地"建设的规范性和有效性。在"产业飞地"指挥部的统一决策管理下，东安公司作为实体化运作主体，加快决策治理结构重塑，确保飞地建设决策顺畅，实现基础及配套设施建设、园区开发、人才引进服务等多维度发展。

#### 2. 聚焦收益共享，构建抱团协作机制

创新构建"产业飞地"项目共招共引机制，成立招商工作专班，优先将符合准入条件的项目落户"产业飞地"，并构建招商项目信息共享机制，实现双方项目信息共享。改革优化收益共享机制，实行"收益保底 + 税收分成"方式，确保双方经济效益共享。同时，探索创新对飞出地的"反哺"机制，利用税收分成支持磐安县绿色高质量发展，拓宽就业创业渠道，推动人才在磐安县创新创业，深化两地农文旅合作，实现区域共建共富。

#### 3. 聚焦产业共兴，提升发展带动能力

加快"产业飞地"基础设施建设，构建新型基础设施体系，打造智慧化产业环境，推进项目落地。加强主导产业共育，引进行业知名企业，实施培大育强工程，建立重点企业招引和扶持机制。推进强链延链共生，构建"飞地引领 + 本地联动"模式，树立重点产业链的"四梁八柱"，推动制造业服务业共生机制，探索产业反哺共生机制，实现飞入地帮助飞出地承接产业转移项目。

### 4. 聚焦合作共赢，打造最优营商环境

创新完善承诺容缺机制，建立承诺管理体系，制定审批容错正负面清单，构建支持改革、鼓励创新、宽容失误的容错氛围。建立做地主体承诺机制，实现"项目等地"变"地等项目"。创新审批部门和建设单位双向承诺制，构建"审"与"批"流程分离机制。建立全过程项目服务体系，搭建"产业飞地"项目服务团，创新"网格＋专班"服务模式，提高项目监管和助企服务的质量效率。

### 5. 聚焦园区共治，强化要素投入保障

强化土地要素保障，明确共建双方分工，确保"产业飞地"项目所涉及新增建设用地规划指标应保尽保。强化金融要素保障，搭建综合金融服务平台，整合产业投资发展基金，降低企业融资成本和风险。强化人才支持政策，创新人才招引机制，落实产业飞地大学生人才同城待遇，搭建区域人才合作交流平台。落实减税降费措施，统筹落实相关优惠政策，推行"码上掌办"模式，帮助企业破解税收优惠政策落实过程中的难题。

## （三）典型意义

自明确共建以来，金东区深入研究地块基础、产业配套、规划布局等情况，在金东区最具发展前景、最强要素集聚的江岭高新智造区"明星地块"划定规划，全面启动"产业飞地"建设。2023年4月，金义新区—磐安"产业飞地"获评浙江省共同富裕示范区第三批试点，打造以"产业飞地"为主导的复合型"飞地"共同体；8月，"飞地"内落地的润马光能项目摘得全省特别重大产业项目，是全省"飞地"中唯一入选的项目。润马光能项目仅用120天建成9万平方米厂房，已完成年度投资12亿元，产业飞地投资强度350万元/亩以上，实现当年签约、当年建设、当年竣工、当年投产，刷新项目建设"金东速度"，预计为磐安县带来税收分成4635万元，带动就业3500人以上。

金义新区—磐安"产业飞地"建设，助力破解飞地模式创新与管理运营机制不畅的矛盾，助力破解项目建设周期长与飞出地收益保障之间的矛盾，

助力破解要素流动与区域利益壁垒之间的矛盾。创新共建共管共治共享的"产业飞地"建设运营模式，形成反哺带动效应明显的"产业飞地"收益分享机制，打造"容缺审批制度"改革引领的营商环境改革样板。

## 三、衢江区：建设"四省边际枢纽港"，打造区域发展大动脉

### （一）案例概况

衢州市衢江区锚定建设"四省边际枢纽港"目标，打造"聚浙西、通四省、联全国"的区域物流集散中心，以衢江港区大路章作业区一二期运营、铁路货场搬迁、铁路专用线以及莲花机场选址落地为契机，不断将区位优势、交通优势转化为枢纽优势、产业优势，促成"公、铁、水、空"四位一体格局，构建"陆港、水港、空港、信息港"四港联动设施网络和多式联运组织体系。

### （二）主要做法

**1. 完善多式联运运输通道**

提高交通基础设施一体化布局和建设水平，加快衢州机场迁建前期，大力推进衢江港区大路章作业区三期、320国道龙游平山桥至衢江平塘段改建、钱塘江三级航道整治工程（衢州段）、杭金衢高速衢江互通连接线、衢州铁路专用线等重大交通项目建设，促进公、铁、水、空不同运输方式之间，以及干线与区域网络间高效衔接。以大通道、大枢纽、大网络建设为重点，构建"一轴一核四区多点"的物流空间布局，加快形成设施完善、畅通通达、高效衔接的多式联运集疏运体系。

**2. 推动运输组织模式创新**

重点打造三条示范线：以木浆等"散改集"进口和特种纸集装箱出口为代表，创新"江海联运＋水铁联运"集装箱双重运输模式，打造产业链供应链融合发展的国际循环示范线；以煤粮钢纸等大宗货物流入和以矿建、普货

化工吨包等流出为特色，促进同船"重进重出"，打造水运干线航道与公铁区域集散网络高效衔接的国内循环示范线；以作为中欧班列的喂给枢纽为目标，充分利用中欧班列的跨境运输能力，为四省边际的生产企业提供便利的产品出口渠道。加强与上港集团、省交投集团以及常熟港、南京港、上海港等长三角区域通联港口联系，不断拓展多式联运示范线路，积极构建多式联运运输服务体系。

### 3. 打造多式联运公共信息服务平台

利用互联网技术，整合水路、铁路、公路等多式联运信息系统资源，构建政府与政府、政府与企业、企业与企业之间的公共信息平台，实现数据交换、数据共享来满足各多式联运参与方对信息的综合需求，促进不同运输方式之间的协同联动。不断推进枢纽港碳排放管理信息平台、大宗货物公转水在线应用等数字化系统的迭代升级，打造成浙江省低碳试点县创建的重要场景。推进港区管控一体化网络系统建设，推广应用智慧船闸"浙闸通"App应用，为船户提供"一键式"过闸服务。加快发展交通物流新质生产力，创新集约、高效、智能的物流管理新模式，提升多式联运综合服务水平，实施高等级内河航道数字化改造，依托浙江"四港"联动智慧物流云平台，强化大宗货物"公转水"、集装箱物流运输业务系统等数据联通，推动物流管理链、运输链、信息链、服务链的融合发展。

### 4. 发展运输物流业态新模式

以多式联运国家项目创建为契机，加强港区宣传推介及营商环境建设，强化与国内外优秀物流企业对接，做好选商、亲商、安商工作，吸引一批有实力和影响力的现代物流企业。围绕现代物流主导产业，积极拓宽产业链，培育发展物流信息服务、中介服务、物流金融等临港经济，制定产业链图谱和招商图谱，针对性开展延链、补链、强链招商，通过举办临港经济论坛、多式联运大会等大型活动，吸引产业关联度高的优质企业来港考察，展开精准对接和招商，推动临港经济高质量发展，重点推进衢州智慧冷链物流基地项目、衢江港区保税仓项目等物流产业建设。推进多式联运"一单制""一箱制"创新发展，着力提升省际地区物流服务质效。

### （三）典型意义

一是着力引领重点产业培育。通过多式联运枢纽港的建设及交通物流产业的发展，聚焦枢纽经济、港口经济，紧抓衢江城区和枢纽港两大主平台，有效推动现代物流及重点产业链突破，实现产业聚集高效发展，助力衢州市成为四省边际重要交通物流节点城市。

二是改善综合交通物流结构。优化区域运输结构，改变衢州及周边地区"公路独大、铁路薄弱、水路航空基本空白"的运输结构现状。降低运输能源消耗，通过公水联运运输模式提高运输和物流效率，以减少车辆的空驶率，降低运输能源消耗80%以上。

三是强化多式联运技术创新场景应用。依托多式联运公共信息服务平台，整合水路、铁路、公路等多式联运信息系统资源，构建信息处理枢纽，以数据交换、数据共享来实现协同联动，实现物流业务在线化、数字化、标准化、智能化的多式联运全链路物流服务，构建物流数据枢纽港。

## 四、苍南县：生态资源撬动"山海"共富

### （一）案例概况

温州市苍南县位于浙江东南端，是一个自然资源丰富、地理位置优越的县城。尽管面临土地资源有限和传统能源缺乏的双重挑战，苍南却凭借绿色发展理念，成功实现了经济的跨越式发展。近年来，苍南连续入选全国县域经济百强县，成为浙江省山区26县中的佼佼者。

### （二）主要做法

#### 1. 拓展紫菜产业链，实现产业共富

苍南以"中国紫菜之乡"为依托，不断推动紫菜产业向外拓展，实现了

产业的共富发展。赤溪镇流歧岙村作为紫菜养殖的先行者，从最初的几亩用海面积发展至如今的8000多亩，见证了紫菜产业的蓬勃发展。2013年，紫菜大户收入达到百万元，这不仅带动了当地经济的增长，也为村民提供了致富的途径。面对大渔湾海域资源的有限性，苍南养殖户积极"走出去"，在温岭、象山等地开展养殖，2021年一位养殖户在温岭养殖100余排紫菜，年收入高达500余万元，有效带动了当地经济发展和共同富裕。同时，赤溪本地紫菜养殖密度的降低，也带来了更高的存活率和养殖户收入的增加。赤溪当地的加工和销售大户卢孔值的加工厂通过引入全自动和手工加工线，日加工量可达3500多公斤，年销售额达2000多万元，客户遍布全国各地，进一步拓宽了紫菜的销售渠道。

**2. 融合生态旅游与乡村振兴，激发区域经济活力**

苍南依托得天独厚的自然资源，将生态旅游与乡村振兴紧密结合，打造了一系列示范带和旅游点。通过创建12条乡村振兴示范带，苍南成功塑造了马站中魁村、钱库项东村等一批美丽乡村，成为游客争相前往的"网红打卡点"。赤溪镇园屿村作为典型的海边小村庄，通过发展民宿和休闲渔业，实现了从传统捕捞向多元化产业的转型。目前，该村已开设10家民宿，村民在休渔期间通过民宿经营获得可观收入，深海黄鱼养殖也为村民带来了额外收益。随着168环海公路的建设，苍南的生态旅游将更加便捷，进一步促进区域经济的繁荣。此外，苍南通过举办各类文旅活动，如世界矾都明矾文化旅游节、中国马站四季柚文化旅游节等，吸引了大量游客，生态旅游越做越精彩。

**3. 抢抓新能源产业发展机遇，打造工业强县新引擎**

苍南紧跟国家"双碳"目标，以新能源产业为抓手，推动工业强县建设。通过引进中广核、中核、华润、华能等央企项目，落地了千亿级的三澳核电、海上风电项目以及总投资50亿元的远景零碳产业基地等关联产业项目，为苍南经济发展注入了新动力。特别是中广核浙江三澳核电项目1号机组完成穹顶吊装，标志着该机组从土建施工阶段全面转入设备安装阶段，新能源产业发展迈出了坚实步伐。苍南依托省级经开区、绿能小镇等产业平台，重点招引清洁能源及核关联产业、先进装备制造业、高端塑料制品等战略新兴产业，累计引进优质项目 494 个，开竣工项目 485 个，为工业强县建设提供了有力支撑。2021 年，苍南地区生产总值再次突破 400 亿元，连续 4 年入选全国县域经济百强县，展现了苍南工业强县建设的辉煌成就。

### （三）典型意义

一是推动产业融合，提升生态农业价值。苍南深化紫菜全产业链发展，不仅注重生态化、数字化、品牌化，更通过精深加工拓展紫菜产业的附加值。此举不仅提升了紫菜产业的经济效益，更通过"产业+"模式的创新，如文化旅游和休闲体验的拓展，增强了产业的多元化和可持续发展能力。苍南紫菜产业发展模式和共富模式的引领作用，为农业绿色转型提供了可借鉴的路径，有效实现了村集体与农民的双增收。

二是全域旅游发展，促进区域经济提升。苍南以乡村振兴示范带为基础，通过"串珠成链"和"闭合成环"的方式，巩固并提升了全域生态旅游的品质。苍南 168 生态海岸带公路项目的推进和升级，不仅优化了交通基础设施，更促进了生态旅游与文化、民宿、交通、运动等多元业态的融合发展。这一系列举措，不仅提升了苍南的旅游品牌形象，更加速了"两山"理念的实践转换，为区域经济的全面发展注入了新动力。

三是绿色能源布局，引领产业转型升级。面对核心产业转型的机遇与挑战，苍南积极布局绿色能源产业，以新型能源和"双碳"目标为契机，推动绿色能源及相关产业集群的发展。通过吸引先进技术和人才，苍南合理规划新兴产业新城，使绿色能源产业成为推动地方经济高质量发展的新引擎。这一战略布局不仅有助于苍南产业结构的优化升级，更为实现可持续发展目标提供了有力支撑。

## 五、海盐县：外资引领，助推县域产业量质并举

### （一）案例概况

嘉兴市海盐县致力于解决外资项目引进、落地和发展中的难题，创新实施全方位、全周期、全链条的"三全服务"工作机制，营造放心投资、安心落户、舒心发展的优越环境，有效促进高质量外资的集聚，形成依托高端外资推动县域发展的"海盐实践"。2024 年 1—7 月，新设立外资企业 16 家，合同利用外资 5.8 亿美元，实际利用外资 3.43 亿美元，同比增长 11.1%，完成率列嘉兴市第 1 位，规模总量及增速均列嘉兴市第 2 位，展现了海盐在高水平对外开放和高质量发展方面的显著成就。

### （二）主要做法

#### 1. 全方位夯实服务基础，提升外商投资吸引力

为有效破解外资企业"引进难"的问题，海盐紧扣外资企业关注焦点，全面加强交通基础设施建设，加快构建"2+2+X"接沪连杭融嘉通苏甬现代综合交通体系，实现与长三角核心城市的无缝对接，充分激发区位交通优势，显著提升外商投资的吸引力。依托全国唯一的县级"中欧城镇化伙伴关系示范区"优势，高标准打造北欧（丹麦）工业园，为重点外资企业量身定制10~20 年的特色产业承载区规划，极大提升了县域的国际化开放水平。创新定制招引服务，针对外资初期投资以轻资产为主的特点，通过先租后售、定制厂房、政府代建等模式，为比利时道默、美国威莱克等 10 余个优质项目代建厂房，提供全要素保障，让外商投资吃下"定心丸"。

#### 2. 全周期强化服务保障，赢得外资企业长期信任

针对外资企业"扎根难"的问题，海盐提供全周期、闭环式服务，确保外资企业能够长期发展。首先，针对外资企业不熟悉落户审批政策的问题，设立外资项目推进服务中心，实现全程代办、闭环服务，由县领导主抓直管、部门组团服务，及时协调解决企业困难诉求。其次，针对外资企业用能问题，

发挥核电余热、光伏等资源优势，为企业提供绿电解决方案，全国首个零碳未来城发展规划获省级批复。再次，针对外资企业用工问题，创新开展"订单式"招聘、技能培训，县职教院校与丹麦南方职业技术学院合作，为企业定向培养高技能人才。最后，针对涉企日常检查多、频的问题，深化综合查一次行政执法改革，加快推进税费服务和征管协同共治省共富试点改革，打造"和盐悦数"数据协同应用，以数字赋能减轻企业负担。

### 3. 全链条推进服务增值，引导外资企业做大做强

为解决外资企业"壮大难"的问题，海盐围绕企业成长中的烦恼，提高服务的"含金量"和"附加值"，引导外资企业在本地做大做强。一方面，强化政策支持，推动企业盈利增资，在"8+4"政策体系基础上，创新出台促进开放型经济稳定发展的地方政策"加油包"，鼓励外资企业拓展国际市场、持续增资扩股。近年来，外资企业利润再投资等增资扩股占全县实际利用外资比重保持在 25% 以上，位居全省前列。另一方面，强化关键支撑，助力企业集聚壮大，如为丹佛斯等项目提供最优地块，吸引其动力系统等 5 个优质项目落户，并计划迁入全球 6 家制造工厂，为吸引更多外资项目打下坚实基础。同时，强化"链群配"，形成特色产业集群，创新建立外资企业家俱乐部、外资企业联谊会等平台，加快外资企业产业链本土融合，推动产业链集群发展。特别是在核技术应用（同位素）产业方面，引入中国同辐等核素、核药领域龙头项目 15 个，总投资超 50 亿元，国际医药龙头诺华高端核药项目签约落地，为外资企业发展壮大提供了强有力的支撑。

### （三）典型意义

一是创新机制提升外资吸引力。海盐通过全方位夯实服务基础，有效破解外资"引进难"的瓶颈问题。强化交通基础设施，构建起高效的综合交通网络，同时搭建特色开放平台，如中欧城镇化伙伴关系示范区，为外资企业提供了量身定制的产业承载区，确保了外资"引得来"。

二是闭环服务优化营商环境。全周期强化服务保障的举措，针对外资

"扎根难"的问题提供系统性解决方案。海盐设立的外资项目推进服务中心，实现了全周期、闭环式的服务，涵盖了落户、用能、用工等多个关键环节。通过数字化手段的应用，进一步减轻了企业负担，营造了优良的营商环境，赢得了外资企业的长期信任和持续投资。

三是政策支持激发产业集群效应。海盐全链条推进服务增值，助力破解外资"壮大难"的问题。通过创新政策体系，鼓励外资企业增资扩股，同时通过关键支撑和产业链集群发展策略，激发了外资的"葡萄串"效应，引导企业在本地做大做强。这些举措不仅促进了特色产业集群的形成，为区域经济的高质量发展注入了强劲动力，也为其他地区在外资招商与服务方面提供了实践案例和经验借鉴。

# 六、德清县：在区域融合发展中谱写新篇章

## （一）案例概况

湖州市德清县凭借其紧邻上海、毗连杭州的得天独厚区位优势，积极实施区域融合发展战略，旨在深化与周边地区的经济、社会及文化等多方面的互联互通，共同绘制区域协调发展的新蓝图。在2023年德清凭借强劲的经济增长动力、蓬勃的科技创新活力以及日益增强的城市能级，正奋力在长三角一体化进程中谱写着区域融合发展的新篇章。2023年，全县完成地区生产总值680.7亿元、增长5.3%；数字经济核心产业投资增长34.4%，高新技术产业增加值占规上比重达66.6%；自主培育国家级人才28名，引进博士141名、新增技能人才9639名、大学生2万名。2023年以来，德清城市能级持续提升，一批批重大事项有序推进、接连落地。杭州城西科创大走廊北翼中心、杭德市域铁路、浙大儿院莫干山院区、省中医院莫干山院区加快建设，杭州第19届亚运会三人篮球赛和部分排球小组赛成功举办。同时，德清持续开放融合，立足靠近上海、紧邻杭州的区位优势，深入推进交通出行、产业发展、公共服务、民生共惠等领域的合作共赢，逐渐成为沪杭都市圈城市群的发展共同体。

### （二）主要做法

**1. 下好先手棋，规划引领开放融合**

德清是联合国秘书处在我国设立的首个直属专门机构——联合国全球地理信息知识与创新中心所在地。在"八八战略"引领下，德清坚持通过改革、创新、开放放大区位优势，始终把"接沪融杭"作为发展战略执着践行，不仅带来了 680 多家杭州企业、60% 的创新载体和转化成果等实打实的发展红利，更打开了"跳出德清、发展德清"的格局视野，为德清走向更广阔的国际舞台打下了坚实基础。

放眼全省，杭嘉、杭绍、嘉湖等一体化合作区建设开展得如火如荼。湖州作为杭州都市圈的重要组成部分，杭湖一体化也亟待推动实质性合作建设。目前杭湖毗邻区块包括杭州临平、余杭以及湖州德清、安吉等县（市、区）。为了更好支撑杭州都市圈一体化发展，德清充分利用区位优势，加强融杭一体，以新一轮杭州都市圈规划获得国家批复和杭州市、湖州市共同推动杭湖一体化合作为契机，出台《德清县建设杭湖一体化合作先行区规划方案》。

"以城西科创大走廊德清片区为重点，探索建立杭湖一体化发展的统一规划政策体系"是德清区域融合进程中的重点工作。德清有关部门正联合省发展改革委谋划杭湖一体化合作先行区建设的总体思路、功能定位、发展目标，并对有关重点发展产业、主要空间承载、文化品牌共建、生态环境保护、要素市场化改革、工作协调机制等提出思路建议。

**2. 平台添动力，产业合作双向赋能**

自 2023 年 4 月成为全国首个以县域为主体创建的国家级车联网先导区以来，德清依托地理信息产业集聚优势，持续推动地理信息与车联网产业跨界融合发展。2024 年浙政办印发"1 号文件"——《浙江省人民政府办公厅关于支持国家级车联网先导区（浙江德清）高质量发展的若干意见》，为高水平建设国家级车联网先导区（浙江德清）提供了支持。莫干山脚下的德清地理信息小镇是德清近年来推进融合发展、加快城镇化建设的一个缩影。12 年来，这座从零起步的产业小镇，已集聚 400 多家企业，营收突破 300 亿元。小镇里聚集了数千名地理信息、智能通信等领域海内外高层次人才，成为全国地理信息业态最为集中的区域。

杭州以北，德清的禹越、新安、雷甸、下渚湖、康乾等镇街，犹如一条长长的"链条"与杭州深度绑定。在这条"链条"上，多个"接沪融杭"新平台从无到有，为德清高质量发展蓄力添能。2022 年，德清以浙江工业大学莫干山校区为圆心，在环绕周边的 10 平方公里范围内，划定了"环浙工大创新经济圈"。如今共签约落地科技型产业化项目 50 余个，其中人才创业项目 40 余个，引育海内外高层次人才 30 余人，智能制造、生命健康、电子商务、影视文化等产业持续壮大。2024 年年初浙工大莫干山研究院产业创新园的建成投用，给 2024 年的发展注入了"强心针"，内部的顶尖创新平台及概念验证中心，搭建起了实验室和转化链的桥梁，为超前孵化的进行提供了空间基础。目光继续向东，德清融杭"桥头堡"雷甸镇自 2023 年开始，也有了新定位——临杭产业新区，重点打造临杭产业平台，重点提升新区的交通规划、人才配套、政府服务等方面，目前在谈项目 36 个。

**3. 全要素融入，接轨沪杭深度协作**

交通，是开放发展第一步。随着杭州至德清城区铁路的加速推进，德清与杭州之间的距离，再度拉近。这条全长 25.6 公里的铁路起点为杭州余杭仁和北站，终点为湖州德清高铁站，全线设 9 座车站，项目建成后不仅能实现德清与杭州地铁无缝衔接，而且能兼顾德清县域出行，德清中心城区至德清高铁站 10 分钟可达。根据规划，这条铁路将于 2026 年年底建成通车。杭州绕城高速西复线湖州段 2020 年正式通车，湖杭高速 2024 年 9 月底通车，毗邻杭州的德清县已纳入杭州都市区 30 公里紧密核心圈内，杭宁高速、杭州二绕、练杭高速、104 国道、304 省道、213 省道穿境而过，两地之间高铁通勤仅需 13 分钟，日常通勤在半小时左右。

互联互通的"半小时德杭通勤圈"也全面增强了德清的城市承载力、竞争力、吸引力，德清人尽享杭州的高端公共服务资源。2023 年，德清与杭州西湖区教育局实现了各学段的全面合作，全面提升县域教育水平；德清县人民医院与浙大医学院附属邵逸夫医院启用国际医疗中心；浙大儿院莫干山院区、浙江省中医院莫干山院区加快建设；德清成功挂牌成立长三角首个老字号品牌产业集聚区，入驻品牌 28 个。2024 年，德清将紧盯上海龙头，加强融杭一体，加快推动产业、交通、人才等与沪杭深度合作，为县域高质量发展注入新活力。

### （三）典型意义

一是深化体制改革，为区域一体化树立制度典范。德清通过加强与杭州、湖州等周边地区政府的沟通与合作，积极推动体制改革和政策创新，有效打破了行政壁垒，为区域一体化发展提供了坚实的制度保障。这一举措不仅促进了资源的自由流动和优化配置，还增强了区域间的协同效应。

二是强化人才培养与引进，构建区域人才高地。德清加大了人才政策的扶持力度，提高了人才待遇，并创新了人才培养模式。这些措施成功吸引了大量高端人才，为区域一体化发展注入了强大的智力支持。

三是优化产业布局，促进区域经济协同发展。德清以产业链协同为导向，充分发挥自身与周边地区的产业优势，推动产业结构调整和优化升级。产业布局的优化不仅提升了经济整体竞争力，还促进了区域间的产业互补和协同发展。

四是坚持绿色发展，守护生态环境底线。在区域融合发展的过程中，德清始终将生态环境保护放在首位，强化生态环保意识，落实绿色发展理念。通过加大生态环境保护力度，德清确保了区域一体化发展的可持续性。

五是提升基础设施互联互通，打造区域发展快车道。德清加大基础设施建设投入，在交通、能源、信息等方面取得了显著成效，进一步提升了与周边地区的互联互通水平。这不仅方便了区域间的人员往来和物资流通，还降低了交易成本和时间成本，为区域一体化发展提供了坚实的基础保障。

## 七、诸暨市：积极融入杭州都市圈发展

### （一）案例概况

绍兴市诸暨市位于浙江省中部，地处长江三角洲南翼，是杭州都市圈的核心区域，是杭绍同城化的重要支撑窗口。近年来，诸暨市深入贯彻"长三角一体化发展"国家战略，以省"四大"建设、推进"杭绍甬一体化发展"为契机，从"北承南接"到"杭绍同城"，全力以赴融入都市区、接轨大上海、拥抱长三角。

### （二）主要做法

#### 1. 规划引领，融杭更有"高度"

一是借省级规划之力，谋县域一体化发展。自浙江省委在《浙江省推进长江三角洲区域一体化发展行动方案》中明确支持诸暨实施同城三年行动计划后，《杭绍甬一体化实施方案》《杭州湖州嘉兴绍兴共建杭州都市区行动计划》《杭州都市圈发展规划（2020—2035年）》等文件中均列入了不少诸暨元素，为诸暨融杭工作提供了重要支撑和行动指引。

二是借"计划方案"实施，促部门合力推动。发布《诸暨市"与杭同城"三年行动计划（2019—2021年）》《诸暨市"杭绍同城"三年行动计划（2023—2025年）》，并成立专班实体化运作，先后与杭州拱墅区、萧山区、绍兴市柯桥区签订战略合作协议，以此为抓手，每年制定部门融杭任务清单，通过督查、推进会等形式，统筹协调推动融杭工作有序、稳定地开展。

三是借"十四五"规划纲要编制契机，定未来五年发展方向。在"十四五"期间，诸暨市紧扣打造"融杭品质城，都市金南翼"总目标，坚定不移推进"杭绍同城"战略，从全市总体规划层面进行了制度安排和工作统筹，全面争创区域竞争新优势。

#### 2. 交通互联，融杭更有"速度"

一是顺利推进"两高三快"路网骨架构建。杭金衢高速拓宽和杭州绕城

西复线诸暨段、萧山至磐安公路（金浦桥至三江口大桥段）快速化改建等工程建成通车，浦阳快速路改造已通过初步设计审查，柯诸高速、G235诸暨段改造按计划稳步建设中。

二是全力突破轨道交通发展瓶颈。2016年起，诸暨先后开通杭—诸通勤高铁"西施号"和诸暨—北京首发班列，之后，再次新增6个沪—杭—诸城际班次，沪杭"绿巨人"通勤列车延伸至诸暨站始发终到。另外，杭诸城际铁路已纳入国家《长江三角洲地区多层次轨道交通规划》，轨道项目进入实质性谋划阶段。

三是综合提升水运航道运输能力。2019年，新亭埠集装箱码头正式启用，实现至杭州、上海、宁波方向的通航。2020年，店口综合港工程开工建设，已于2023年完工验收，建成后全面打通浦阳江与钱塘江、杭甬运河、京杭运河的航线，融入长三角高等级航道网。

**3. 产业协同，融杭更有"热度"**

一是做大做强融杭主平台。对标杭州城西科创大走廊、未来科技城等高能级产业平台，对开发区、高新区整合提升，积极争创国家级开发区，打造杭州高端创新要素"引得进、留得住"的桥头堡。启动应店街临杭片区科技城项目建设，积极打造以创新成果转化、高端人才招引为重点的"杭绍同城"先行区。2016年以来，新引进亿元以上项目200余个，累计实到内资超700亿元。

二是"飞地"从独岛向群岛发展。诸暨岛是产业融杭的重要抓手。"诸暨岛—杭州港"创新园汇聚80多家企业，引进国家高新技术企业42家，浙江省千人计划以上人才22名，已促成杭州15家企业在诸暨设立生产基地，28家企业在诸暨实现产业化。诸暨岛被认定为浙江省第一批数字经济"飞地"示范基地，"诸暨岛—杭州港"创新园被评为省级双创示范基地。

三是高校赋能开辟产业新方向。诸暨市围绕新材料、航空航天、网络安全等国家战略发展高新技术领域，主动牵头对接浙江大学、西安交通大学、中俄联合实验室等高校院所，打造诸暨航空航天科技创新高地、中俄（诸暨）

国际实验室等。

**4.民生共享，融杭更有"温度"**

一是教体合作更加深入。诸暨市累计杭绍结对学校增至40所，与中国美术学院、杭州电子科技大学等在杭高校共建研学基地5个，明德小学挂牌成为浙江外国语学院附属小学。2018年浙江广厦选择诸暨作为赛事主场，2020年，诸暨更是成为CBA新赛季承办赛区之一。

二是医疗服务更加便民。全市共引进名医工作室90家，每个工作日有21名以上三甲医院副高以上医师来诸驻点办公，人民医院与浙二医院、中医医院与杭州市一医院等开展战略合作，市级医院与杭州三甲医院协作全覆盖。全市所有46家医疗机构开通跨省、异地就医直接结算。

三是惠民政策推陈出新。2019年9月，《关于诸暨—杭州高速公路双向通行免费的实施办法（试行）》发布，此后持续扩大受惠群体、延长政策期限至2025年，为在诸暨工作、生活、创业的杭州户籍居民和高层次人才释放政策红利。

**（三）典型意义**

一是提供区域一体化发展的成功范例。规划引领下的"融杭"战略，提升了诸暨市在长三角区域一体化发展中的地位。通过省级规划和地方行动计划的紧密结合，诸暨成功谋取了县域一体化发展的新机遇，为城市长远发展奠定了坚实基础。

二是交通互联提升城市综合竞争力。交通互联的推进，为诸暨插上了"速度"的翅膀。立体式综合性交通网络的建设，不仅改善了市民出行条件，也促进了物流、信息流的畅通，为经济发展注入了新活力。

三是产业协同增强"融杭"热度。诸暨通过打造融杭主平台，引进高端项目，培育新兴产业，提升了产业链水平，为地区经济发展创造了新的增长点。

四是开放包容增进市民归属感和自豪感。民生共享的举措，让"融杭"

更具"温度"。教体合作、医疗服务、惠民政策的深入实施，提升了市民的生活品质，增强了人民群众的获得感和幸福感。

## 八、武义县：探索山区县公共文化服务"精准速达"新路径

### （一）案例概况

金华市武义县的"文艺百花会"自 1983 年起已连续举办 40 年，成为浙江中部地区历史悠久、参与度极高、影响广泛的草根文化品牌，在促进乡村旅游资源开发、培养乡土文艺人才、丰富农村精神文化生活以及推动乡风文明建设方面发挥了重要作用。近年来，武义以公共文化品牌"文艺百花会"为依托，以开发建设的"共富百花云"应用为支撑，以打造精神共富的山区县样板为目标，迭代升级"共富百花会 2.0"，探索智慧公共文化服务新模式，旨在精准高效地满足群众文化需求，探索出一条山区县公共文化服务"精准速达"的新路径。该县的创新做法在中宣部《学习与交流》上刊发推广。

### （二）主要做法

#### 1. 构建全面的需求感知网络

为精确捕捉群众文化需求，搭建了线上线下相结合的需求感知体系。组建"4+N"文化工作队伍，形成 301 个感知网点，覆盖县级至村级，实现了对群众需求的全方位收集。线上应用"共富百花云"平台发挥了关键作用，通过智能分析，自动生成区域需求热力图和群众文化需求热点清单，为文化服务的精准供给提供了数据支撑，显著提升了服务的针对性和有效性，确保了文化服务与群众需求的紧密对接。

#### 2. 精细化整合文化服务资源

深入挖掘并整合文艺人才、文化作品、服务阵地等资源，构建了高效的"多库一池"资源管理体系。实施文化人才奖励和管理制度，通过多种途径壮大"本地人才库"和"流动人才库"，推动"15 分钟品质文化生活圈"驻圈服

务。同时，通过文化文艺精品奖励制度，广泛收集并优选出 2278 个文化精品充实"作品库"。财政资金通过"以奖代补"的政策激发社会力量参与公共文化服务的积极性，如对文艺志愿者团队的奖补政策，促进了 40 余个团队的常态化活动开展，对乡村博物馆的奖补则撬动了近 30 亿元的社会资金，有效推动了旅游、研学产业的发展。

**3.智能化实现供需精准匹配**

利用"共富百花云"平台，实现了文化服务供需的智能化匹配。平台根据群众文化需求热点清单，智能匹配"资源库"中的服务资源，形成供给清单，并推送相关的文化活动信息，有效促进了供需双方的对接。建立文化需求"即时响应"和"揭榜挂帅"机制，确保了对高频文化需求的快速响应和满足。对于无法立即满足的需求，推行双向"揭榜挂帅"机制，整合资源，满足群众需求。此外，"三评价"体系的实施，即群众对活动组织质量、人才质量、节目质量的满意度评价，与"人才库""节目榜"调整和活动经费奖补挂钩，形成了文化服务品质提升的倒逼机制，促进了文化服务的持续改进和优化。

### （三）典型意义

一是提升群众文化服务体验。"共富百花会 2.0"通过实现公共文化服务的"精准速达"，显著提升了服务质量和群众满意度。自 2022 年以来，共有 3443 位文化文艺人才入驻，举办了 1.96 万场文化活动，同比增长 312%，吸引 1300 万人次的线上线下受众参与，群众满意率稳定在 95% 以上。

二是激发文化创新活力。通过制定公共文化服务考核制度和奖励管理等配套文件，文化内驱力得到持续增强。统筹文化经费 1.7 亿元，兑现奖补资金 758 万元，有效撬动了 42 亿元的社会资金。这些措施催生了一批如《心墙》这样的省级金奖文艺作品，以及 36 个省级乡村博物馆的建立，数量居全省第 1 位。此外，武义籍国家级戏曲演员超过 100 人，这些成果彰显了文化创新的活力和地方文化的深厚底蕴。

三是增强文化品牌影响力。"共富百花会 2.0"的品牌影响力在不断扩展，其成功入选文旅部"百姓大舞台"网络群众文化品牌、省第三批共富试点、省委宣传部共同富裕精神富有最佳案例，获得了省级以上主流媒体报道30 余篇次。"共富百花云"应用被评为省数字文化系统优秀应用，并在全省宣传文化系统专题研讨班上交流，成为"一地创新、全省共享"的典型，这不仅提升了地方文化品牌的认知度，也为其他地区提供了可借鉴的经验和模式。

## 九、永康市："东迁西归"，探索跨区域人才合作新模式 [①]

### （一）案例概况

金华市永康市作为全省知名的工业强市，以其活跃的民营经济和强大的对外来人口吸引力而著称。作为五金之都，永康在技能人才的需求上显得尤为迫切，技能人才短缺成为制约其高质量发展的关键因素。面对这一挑战，永康秉承打造先进制造业基地的目标，以市职技校（五金技师学院）为核心，深入推进职业教育改革，创新性地构建了"东迁西归"的技能人才培养机制。通过实施"订单式"全流程精准培养模式，有效破解了东部企业的"技工荒"和西部职教学生"就业难"的双重问题，探索出了一条东西部协作共赢的特色发展道路。

### （二）主要做法

#### 1. 联合培养，打破职教协作的空间壁垒

为响应国家东西部协作战略，实施东西部联合招生计划，创建"东迁西归"数字化应用平台，实现教育资源的精准对接。平台汇集了行业需求、用工信息等关键数据，与云南、贵州、四川、安徽、江西 5 省的 12 所职业院校

---

① 素材来源：《永康：以"东迁西归"模式 加快打通各族青年技能培养以及民族共富的多维路径》，中共金华市委统战部官网，2024 年 7 月 17 日。

建立战略伙伴关系，实行互嵌式民族交流、一体化联合办学、订单式对口帮扶、挂单揭榜式联合招生等，实现人才需求预测和人才培养周期的有效匹配。特别是"2+1"或"2+1+2"的"云上职校"机制，为中西部学生提供了与东部地区同等优质的教育资源。至今，已接收来永康交流学习500多人，联合招生2000余人，开设云上职校班级39个，上架课程92门，开设"云上课堂"1000余课时，开展实训车间直播教学700余次，有效提升了教育质量和学生实践能力。

**2. 产教融合，推进职教学生毕业即上岗**

深化产教融合，创新性地将生产线建在课堂上，打造技能人才训练场、新品研制试验场、技术难题攻关场、五金创客体验场四大功能场实训平台。聘请企业资深工程师担任专业实践导师，为中西部职技校学生提供学习新工艺设计、精加工技术和3D成型等关键技术的实训机会。目前已设置覆盖五金产业链的专业群21个，建成研究制造中心2个，下设实训室20余个。创新专业岗位双向匹配机制，与9个行业协会、75家企业共建现代五金产教合作联盟，建成覆盖五金产业链的新型学徒制培养基地30个，实现了学生"跟岗实习＋专项实习"的实践教学模式，毕业生初次就业率达到100%，企业满意率高达96.8%。

**3. 就业创业，促进职教学生持续发展**

依托技能人才数据库，对职校毕业生和中西部产业工人进行精准"画像"，设置"金银铜铁锡"五级"技工码"，实现个性化的技能学历提升方案推送。构建"学分评价体系"，通过学分银行系统，将产业工人的职业经历、工作能力和培训经历转化为标准学分，达标后发放相应的学历证书和职业技能等级证书，有效促进职校学生的增技增收。同时，为愿意返乡的毕业生与产业工人提供就业信息、职业规划指导以及创业培训等专业帮扶，推动"西归"学子更好就业创业。通过与行业协会、企业的紧密合作，为职教学生提供了丰富的实习实训机会，确保了学生在校期间就能接触到真实的工作环境，提前掌握实操技能，为毕业后的就业和创业打下坚实基础。

### （三）典型意义

一是技能人才培养的创新实践。永康市的"东迁西归"协作模式在技能人才培养上取得了显著成效，累计联合培训产业工人9000余人次，培养中高级技工3100余人，全市高技能人才比例从29.8%提高至32.4%。这一提升不仅显著增强了本地产业的核心竞争力，也为中西部地区提供了超过3000个就业机会，带动永康五金等产品进一步打开中西部市场。

二是改革成果的广泛推广。"东迁西归"职教协作改革的成功经验已在四川平昌、贵州纳雍、云南怒江、江西上饶等地得到推广实施，并入选省共同富裕第二批试点，获得7项省级评选荣誉，在2022年全省职业教育大会等6场会议上作为典型案例。"东迁·西归：东西部跨地区协作培养技能人才赋能共富的永康实践"获浙江省优秀案例。

三是获得国家级认可与媒体关注。"东迁西归"的创新做法得到了国家、省领导的批示肯定，被国家发展改革委相关刊物刊登推介，并被多家官方媒体如《人民日报》《中国改革报》《中国新闻报》等专题报道，入选"高质量发展共同富裕浙江市县亮点工作选编"，其影响力和认可度得到了社会的广泛认可。

四是服务保障体系的优化提升。永康市在服务保障方面的创新举措，如跨省异地学分互认机制的建立，以及"金银铜铁锡"五级"技工码"的设置，为各族学生提供了量身定制的技能提升方案。此外，与中西部协作地区共同完善的50余项支持保障制度以及推广的45个技能致富典型案例，有效激发了各族青年的创业热情，400余名青年在"东迁西归"模式下实现了自主创业成功，为民族共富绘制了新图景。

## 十、开化县：构建省际协作区，共奏发展"协作曲"

### （一）案例概况

衢州市开化县地处钱江源头，与江西婺源、德兴、玉山，安徽休宁，浙江常山、淳安，地缘相近、人缘相亲、县情相似、发展水平相当。为了进一步凝聚发展合力，探索省际边界地区区域协调发展的新路径，2023年，开化县突破地域界限和行政区划，强化突破性抓手、制度性支撑，联合共同打造浙皖赣三省七县（市）协作区，围绕党建引领、产业发展、生态保护、社会治理、公共服务五大领域开展全方位协作，促进要素资源合理流动和高效配置，加快区域协同一体实现高质量发展，省际协作区共奏发展"协奏曲"。

### （二）主要做法

#### 1. 基础设施互联互通

积极推进区域内基础设施建设，推进一批省际协同重大项目。开化、休宁签订关于持续深化合作交流促进区域更高质量一体化发展战略合作协议，围绕生态共保、产业协同、文旅融合、民生共享等7个方面共18项示范协作工作，目前社区矫正跨区域协作模式、钱江源边界治理示范带建设等项目已经初具规模。常山、玉山签订战略合作框架协议，两批35个合作事项加快落实。杭淳开高速纳入交通运输部"十四五"中期调整，池黄高铁、德上高速、开化通用机场、空铁绿色物流园等项目建设加速推进。

#### 2. 公共服务跨省共享

持续推进文化、教育、政务服务等省际"一盘棋"，开展"浙皖赣共富新闻行"活动，重启浙皖赣边际地区"三边艺术节"。推动浙赣108项政务事项实现跨省通办，2023年共办理跨省服务业务2800余件，相关经验获浙江省委改革办《竞跑者》刊发推广。将各地优质讲师、课程纳入金星党建培训体系，衢州旅游学校与浙皖赣3省5校签订"365区域职教共富联盟"协议，实现校际优质教育资源共享互推。"365巾帼共富联盟"入选省级"十大妇建联盟"名单。

#### 3. 治理模式不断创新

建立环国家公园保护网，以权属不变、属地管理，在环钱江源国家公园范围开展资源保护、科研宣教、地役权改革等合作，成立钱江源国家公园生态共建联盟，并邀请阿里公益基金会助力，揭牌成立生物多样性保护农业试验地，实现浙皖赣3省4县8（乡）镇38村及2个自然保护区合作保护模式全覆盖。同时，制定出台《环钱江源国家公园跨省合作保护"工分制"考评激励办法》，每年安排一定的资金对跨省合作保护工作成效进行激励。

**4. 生态产业集群发展**

以开化糖醇、有机硅，常山胡柚、淳安水产业、婺源正稀茗茶、玉山台球、德兴黄金、休宁冷水鱼等产业为龙头，构建区域分工合作、相互支撑的生态产业体系。联合黄山市、休宁县、婺源县成立"绿茶金三角"核心区品牌推广组委会，完成农产品交易平台建设（可提供产品展示、需求发布、采摘游玩等功能）。建立阿里巴巴数字人才就业基地，吸引三省七县（市）青年人才，带动一批有意愿发展线上业务的创业群体，降低线上创业成本。集合各区县（市）优质特色农产品开展的线上直播选品会，截至2023年年底消费额已经超3000万元。

**5. 文旅产业战略联动**

依托阿里引进高德、飞猪、游侠客等优质文旅App，创新打造"365共富协作区"文旅合作品牌，以95联盟大道串联7个县（市）的4个国家5A级景区和25个国家4A级景区，推出全国首个县域联合文旅IP，推出旅游精品路线6条以上，通过文化走亲、景点联动、游客互动、资源共享等协作模式，加速协作区文旅融合联动发展。2023年共开展文旅走亲互访活动5次、民宿及美食等特色产业洽谈交流20余次，协作区内游客互送超10余万人次，全年可接待游客超9000万人次。

**6. 互补产业成链攀升**

组建招商群、企业家联系群，创新协作招引模式，利用定期联席会议制度，分享招引经验、承接溢出项目。比如，德兴市、开化县建立起通办机制、规范办理材料、探索商会制度，实现企业开办"足不出省"；开化县七一电器和玉山县明泰电气设备有限公司就生产环氧绝缘件产品达成合作协议；开化县泰明新能源和江西纬科新材料就生产太阳能电池胶膜达成合作意向。

### （三）典型意义

一是构建完善了一批体制机制。通过加快编制"365共富协作区"规划方案和"三年行动"方案，明确了产业发展、党建引领、生态保护、社会治理、公共服务五大板块的合作方向。同时，构建系统架构图，强化制度性支撑，确保协作区工作有序推进。通过细化工作颗粒度，明确季度重点任务，配套建立"清单+闭环"推进体系，凝聚了部门合力，找准了协作切口，有力推动了先行工作的开展。这种科学、系统的规划方法，为全国其他地区在推动区域协作时提供了有益的参考。

二是相继成立了一批共富联盟。与周边地区签订系列框架协议，成立了多个共富联盟，如生态产业招商联盟、宣传联盟等，达成了友好合作关系。各毗邻乡镇也积极行动，将协作延伸至更小的单元，如镇与镇、村与村之间，实现了边际地区的党建联建、边界平安共治和环境治理联防。这种跨界合作、资源共享的模式，对于推动全国各地区之间的经济、文化、生态等多方面的协作具有积极的借鉴意义。

三是合力推进了一批特色亮点。通过党建"联"建，创新了党建培训模式，构建了学员互导、师资共享、业务共推的党建培训新格局。通过产业"联"推，聚力打造"绿茶金三角"品牌，并联合多地成立品牌推广组委会，推动了农产品的交易平台建设。同时，在文化"联"姻、活动"联"办和生态"联"防方面也取得了显著成效，提升了边际文化旅游的软实力和整体竞争力，为跨区域协商和共富"十件事"的发布提供了有力支撑。

## 十一、云和县："小县大城"促进城乡共融

### （一）案例概况

丽水市云和县地处浙西南，是一个"九山半水半分田"的山区县。云和实施"小县大城"发展战略，探索走出了一条独具特色的山区县城镇化科学发展之路。实现了58%的农民下山转移，78%的农村劳动力向第二、第三

产业转移，80%的人口在县城居住，90%以上的学生在县城就读。城镇化率74.5%，远高于全国平均水平。2018年和2021年，云和先后荣获全国脱贫攻坚组织创新奖、全国脱贫攻坚先进集体。

**（二）主要做法**

**1. 坚持因地制宜、尊重地形地貌，确立城镇发展着力点**

调优县域城镇发展空间。根据"九山半水半分田"的地理实际，完成多轮土地利用总体规划和城市总体规划修编，拉开县城发展框架，扩大县城发展空间。2003年到2023年，完成多轮县域乡镇调整撤并、村社规模调整，全县从"4镇10乡"调整为"4街道3镇3乡"，行政村从170个缩减为71个，新设立城市社区15个，实现行政格局优化集中、服务管理整合集成。

推动县域人口进城集聚。持续推进"万名农民下山转移"和"大搬快聚富民安居"工程，鼓励引导农民采用自建房屋、公寓安置、资金补助等方式下山转移，先后在县城及镇区建成53个易地搬迁安置小区（点），累计完成农民易地搬迁4.1万人，实现58%的农民下山转移，78%的农村劳动力向第二、第三产业转移，80%的人口在县城居住。

激活农村居民进城资本。深化农村产权制度改革，推进农村产权"确权、活权、保权"，在全国首创农村产权抵（质）押融资免担保模式，实现城乡同权同贷。深化农村宅基地改革，推动宅基地在合理范围内转让、盘活利用，并建立网络竞价平台，将全县闲置的农村产权向全国发布，实现规范化、市场化流转，累计完成交易152宗，交易额达3000余万元。

**2. 坚持以产兴城、注重就业固人，绘就共同富裕新图景**

拓展园区，集聚产业。坚持走工业强县之路，推进低丘缓坡开发利用，实现下山农民充分就业、园区能级有力提升。2003—2023年，入园企业从67家增加到1041家，全县工业总产值从12.2亿元增加到223.28亿元，云和工业园区升格为省级经济开发区。

做强产业，支撑就业。坚持以促产业来稳就业，立足"木玩名城"产业优势，大力发展木制玩具等劳动密集型产业。全县 96% 的企业集中在县城发展，其中木制玩具企业有 1000 多家，形成了相对完整的产业链条和产业集群，创造了 4 万多个就业机会，有效支撑了人口在县城的大规模集聚。

坚持集约，提升质效。不断深化"亩均论英雄"改革，在全市率先建立工业企业绩效综合评价数据平台，盘活资源要素、淘汰落后产能。创新"标准地＋亩均论英雄＋拿地即开工"模式，将"亩均论英雄"评价结果充分运用至招商引资、项目审批等过程，实现流程前置、高效审批。

**3. 坚持民生优先、突出服务留人，打造美好社会新模式**

创新开展"街乡共治"。推动片区组团发展，在"街乡共治"基础上，统筹行政事务和资源，成立白龙山区委，实现白龙山街道、雾溪乡合署办公，降低管理成本，提升行政效能。推行"互联网＋乡事城办"服务，下山农民 80% 以上原需回户籍所在地办理的事项实现"线上办、跑零次"。

落实进城农民同城同待遇。强化优质教育资源供给，确保进城农民子女无差别享受城区优质教育服务，实现全县 100% 的高中学生、86.92% 的义务教育阶段学生、95.8% 的幼儿在城区就读。打造由县人民医院、县中医院和 8 家基层医疗机构组成的县域医共体和城市医联体，实现医疗卫生资源共建共享。

建设平安稳定共同体。聚焦建设"全国最平安县"，高标准打造县矛盾调解中心，实现矛盾纠纷调处一扇门进出、一揽子调处、一体化联动。整合应急指挥中心、城市管理指挥中心等指挥平台，深入探索平安报表、矛盾化解、基层智治等治理实践，云和实现平安建设"十九连冠"。

**4. 坚持乡村振兴、强调以城带乡，焕发乡村文明新气象**

加快新时代美丽乡村建设。深入践行新时代"千万工程"，全面实施乡村振兴战略，按照"把乡村建在公园上"的思路，全域推进公园乡村建设，连续 4 年获评全省深化新时代"千万工程"建设宜居宜业和美乡村工作优胜县。

推动公共服务有效覆盖。探索实施"长者益智幸福坊"、云善护苗等服务模式，在浙江首创流动供销致富车，推动土货进城、好货上山，年均帮助偏远山区群众销售农产品价值1000余万元、户均增收3000多元，先后入选全国首批县域流通服务网络建设典型案例。

以全域5A推进乡村振兴。紧抓"一城一湖一梯田"资源禀赋和县域优势，争创云和湖国家级旅游度假区，并成功创成全国首个梯田类5A级旅游景区，全面打响"万里挑一·童话云和"县域品牌。

### （三）典型意义

一是空间布局优化，城乡融合加速。科学规划城镇空间，因地制宜，扩大县城规模，优化行政格局，促进人口与资本双向流动。此举不仅加速了城乡要素融合，更缩小了发展差距，为构建新型城乡关系、迈向共同富裕奠定基石。

二是产业驱动升级，就业支撑强化。以产兴城，就业固人，工业园区成为产业集聚高地，吸引企业入驻，创造就业机会。深化"亩均论英雄"改革，提升资源利用效率，推动产业转型升级，为县域经济注入强劲动力，助力高质量发展。

三是民生福祉聚焦，公共服务提升。坚持民生为本，创新治理，利用"互联网＋政务服务"提升效率，确保进城农民同城同待遇。教育、医疗、社保等资源均衡配置，增强居民幸福感与归属感，构建和谐稳定的社会环境。

四是全域公园乡村，文明新气象展现。以城带乡，全域推进公园乡村建设，提升乡村居住品质，焕发文明新貌。促进公共服务均等化，带动乡村经济繁荣，树立乡村振兴典范，绘就城乡融合共进的美丽画卷。

## 十二、景宁畲族自治县：山区和民族地区发展的景宁模式

### （一）案例概况

丽水市景宁畲族自治县长期面临山区县发展不平衡的挑战，2022年6月，被选为全省唯一的山区县域综合试点。景宁畲族自治县以走山区县高质量发

展和共同富裕特色之路为主轴，致力于解决发展瓶颈问题，努力缩小城乡、收入和区域差距。通过实施县域空间重塑、基础设施提升、公共服务优化、生态产业延拓及民族团结进步等行动，景宁畲族自治县在搬迁安置、交通建设、教育医疗、农业产业及民族文化等方面取得显著成效。特别是小规模学校优化调整，实现全县 98% 的中小学生在县城就读，展现了景宁畲族自治县在推动城乡与区域协调发展的坚定决心和实际行动。

### （二）主要做法

#### 1."大搬快聚富民安居"工程的深入实施

为促进移民人口共享共治共富，景宁畲族自治县通过迭代升级搬迁安置政策，如大搬快聚富民安居三年行动方案，引导群众向县城核心区块转移集聚，同时提高补助标准和搬迁奖励，为不同经济条件的群体提供多样化的安置房源。全面推进安置小区建设，特别是"红星建房模式"，实现了搬迁群众"零"成本安置。示范小区的打造，如包凤、创业园、城南等安置小区，从产业到文化多方面全面振兴，提升社区的创业、富民、和谐水平。此外，通过推进土地复垦工作，如白鹤村的香榧基地建设，不仅优化了土地利用，更为当地居民提供了大量的就业机会，显著提高了人均收入。易地搬迁群众的充分就业问题也得到了有效解决，通过提供就业岗位和技能培训，澄照特色产业平台为搬迁群众创造了大量就业机会，促进了当地经济的发展。

#### 2.民族生态特色产业的大力发展

景宁畲族自治县坚定以民族风情旅游为主攻方向，多维度打造了"畲·IP"风情旅游产品，成功创建省 5A 级景区城，推进国家级旅游度假区建设。通过开发特色精品路线，如"畲韵撩人，秋醉景宁"入选全国乡村旅游精品线路。在农业方面，特别是惠明茶产业的培育，通过"品质惠明"行动，实现了品牌的塑造和产业的多业态开发。生态工业的发展同样不落后，通过特色产业平台和丽景园产业平台的打造，推动了制造业等的持续增长。农村产权制度的改革创新，如"三权分置"改革，促进了农业产业集约化、规模化发展，有效盘活了农村闲置的土地资源，拓宽了农民的增收渠道。在非遗文化的保护与利用上，通过"畲乡非遗共富"应用的上线，重构了非遗的保护和发展新格局，为文化旅游产业的发展提供了新的动能。

### 3."爱心卡"模式下的山区养老服务创新

面对山区养老服务的挑战，景宁畲族自治县作为全省首批养老服务"爱心卡"试点，通过搭建"畲乡爱老"智慧服务平台，规范了养老服务的行业标准，并通过整合资源保障了老人的权益和资金安全。"爱心卡"的筹资机制得到了有效的完善，实现了财政资金、慈善资金和村集体资金的多元化筹资。养老服务的专业化也得到了显著提升，山区养老管家队伍的建立，提高了服务的专业性。居家养老服务保障机制的完善，如村级照料中心的转型和养老流动服务的常态化，有效解决了山区老人的实际需求，提升了养老服务的覆盖面和质量。

### 4."畲乡优学"模式下的义务教育优质均衡发展

景宁畲族自治县以"全国民族地区智能教育试验区"建设为契机，通过建设教育数据中心，实现了教育管理的数字化。乡镇小规模学校的优化调整，促进了教育资源的均衡分配，学校教育经费成本从9.9万元/生降低到2.1万元/生，降幅近80%。"钱随人走"的制度改革，保障了学生流动中的教育需求。这些措施有效提升了教育教学水平，提高了教育质量，促进了教育公平。通过跨地区教共体的组建和"钱随人走"改革的实施，景宁畲族自治县的基础教育生态监测位列全省 A 等，职业高中单招单考上线率达到100%，教育服务的整体效能显著提升。

### （三）典型意义

一是创新搬迁安置模式，实现可持续发展。景宁畲族自治县在"大搬快聚富民安居工程"中展现了创新的搬迁安置模式，该模式不仅关注搬迁的初始阶段，更重视搬迁后的可持续发展。通过系统化架构和精准施策，确保了搬迁群众能够"搬得出、稳得住、有就业、能致富"。特别是通过产业帮扶和党建引领，促进了搬迁群众的快速融入和社区参与，为其他地区提供了可借鉴的经验。

二是聚焦民生需求，打造特色公共服务体系。针对不同群体的急难愁盼问题，景宁畲族自治县采取了五项措施，构建了特色鲜明的公共服务体系。特别是针对婴幼儿、儿童和老年人群体的服务创新，如"5+X"托育服务体系和"爱心卡"养老服务模式，有效提升了公共服务的质量和效率，增强了群众的满意度和幸福感，为山区公共服务提供了新思路。

三是加强文化引领与品牌建设，推动生态农产品产业发展。景宁畲族自治县在惠明茶产业发展中，以文化塑魂为引领，深入挖掘产品文化内涵，强化了品牌建设和市场导向。通过优质品质的坚持和生态优势的发挥，提升了惠明茶的市场竞争力和品牌影响力。这一经验为其他山区县发展生态农产品产业提供了宝贵的启示，即通过文化引领、品牌建设和品质保障，有效推动产业的可持续发展。

# 后　记

本书由浙江省发展规划研究院（浙江省习近平新时代中国特色社会主义思想研究中心研究基地、浙江区域高质量发展战略研究中心）组织编写。浙江省发展规划研究院党组书记、院长吴红梅主持和统筹，对书稿的框架结构、主要内容进行总体把关，书稿编撰由副院长潘毅刚牵头组织，战略谋划研究所主办，宏观经济研究所、区域发展研究所、城镇发展研究所、基础设施研究所、产业发展研究所、能源与环境研究所、社会发展研究所、铁路PPP项目研究所等部门参与，办公室、智库建设部等部门给予大力支持。

本书的执笔分工为：第一章，陈达祎、班宁、曹婷婷、杨颖；第二章，祝立雄、许小新、顾艳伟；第三章，潘晓栋、李杨、包尉帅、李澄冉；第四章，葛慧玲、范伟玉；第五章，薛峰、杨天智；第六章，丁懿腾、陈星羽、程振波；第七章，鞠宇聪、楼小明；第八章，施纪平、张晋；第九章，廖彦、丁丽莲；第十章，徐弘；第十一章、第十二章，翁圣、班宁。

本书的完成，离不开浙江省委宣传部、浙江省社会科学界联合会的悉心指导，浙江省发展和改革委员会、浙江省经济和信息化厅、浙江省科学技术厅、浙江省统计局等部门给予了数据方面的支持，有关县（市、区）党委、政府以及浙江日报报业集团提供了大量生动案例，在此一并表示衷心感谢。

感谢中国发展出版社为本书编辑出版发行所做的大量具体细致工作。

由于时间仓促、水平有限，本书难免存在疏漏和不足之处，敬请广大读者批评指正。